纺织服装高等教育"十四五"部委级规划教材

QUALITY MANAGEMENT FOR TEXTILE ENGINEERING
纺织工程质量管理（2版）

◎ 左保齐　主编
◎ 冯岑　魏真真　副主编

东华大学出版社
·上海·

内 容 提 要

本书系统地阐述了质量管理科学的理论和方法。全书共分八章,包括质量管理概述、纺织质量管理的基本方法、纺织统计过程控制、纺织产品设计中的质量控制、六西格玛管理、抽样检验、质量管理体系,以及纺织企业质量管理体系的建立、审核与认证。各章均有知识点提示与思考题。

本书可作为纺织高等院校的教材,也可供纺织企业的工程技术人员和质量管理工作人员学习参考。

图书在版编目(CIP)数据

纺织工程质量管理 / 左保齐主编. —2版. —上海:东华大学出版社,2021.6
 ISBN 978-7-5669-1913-7

Ⅰ.①纺… Ⅱ.①左… Ⅲ.①纺织工业-工业企业管理-质量管理 Ⅳ.①F407.816.3

中国版本图书馆 CIP 数据核字(2021)第 121621 号

责任编辑:张　静
封面设计:魏依东

出　　版:东华大学出版社(上海市延安西路1882号,200051)
出版社网址:http://dhupress.dhu.edu.cn
天猫旗舰店:http://dhdx.tmall.com
营销中心:021-62193056　62373056　62379558
印　　刷:句容市排印厂
开　　本:787 mm×1092 mm　1/16
印　　张:11
字　　数:275 千字
版　　次:2021年6月第2版
印　　次:2021年6月第1次印刷
书　　号:ISBN 978-7-5669-1913-7
定　　价:49.00元

第二版前言

本书第一版于 2010 年 8 月由东华大学出版社出版,经教育部组织专家评审,入选纺织服装高等教育"十四五"规划教材。在第一版的基础上,我们进一步总结教学经验,听取了部分使用该教材的教师所反馈的意见和建议,并结合纺织工程质量管理持续、稳定发展的现状和趋势,形成第二版。

本书共分八章,第一章、第二章、第三章和第四章主要由左保齐修订,魏真真增补了第一章第四节中"全面质量管理基础工作"部分内容;同时根据纺织工程质量管理的发展和要求,魏真真增补了第五章,修订了第七章;第六章和第八章由冯岑修订。全书由左保齐统稿。

限于作者的水平,书中难免存在不妥和错误之处,敬请读者批评指正。

编 者

2021 年 3 月

前　言

纺织工业是我国竞争力较强和国际依存度较高的产业,也属于劳动密集型的传统产业。进入21世纪以来,随着纺织贸易自由化的进一步深入,竞争形式转变为产品质量、品牌、价格等要素的竞争。一个品牌的形成、发展,需要一个较长的过程,而仅以劳动力成本低廉的价格优势正在快速减弱。因此,纺织工业必须尽快发展技术优势,将传统产业逐渐改造成技术密集型产业。其间,积极推动纺织企业质量管理,对提高企业竞争力具有至关重要的影响。

质量管理集管理科学、行业技术、市场经济、数理统计和信息于一体,新理论、新技术、新方法和新标准不断出现并迅速应用于质量管理的实践之中。本书源于1979年何维朴老师编辑的《品质管理》讲义,其内容以质量管理技术、方法为主,1980年以来,几经补充、修订,一直作为苏州大学(原苏州丝绸工学院)纺织工程本科生教材使用。

本书共分七章,第一章、第二章、第三章和第四章由左保齐执笔;第五章、第六章和第七章由冯岑执笔。全书由左保齐统稿。

限于作者的水平,书中难免存在不妥和错误之处,敬请读者批评指正。

编　者
2010年5月

目 录

第一章 质量管理概述 ·· 1
第一节 质量管理的发展简况 ··· 1
第二节 质量的基本概念 ··· 4
一、质量的定义 ··· 4
二、产品质量 ·· 4
三、工作质量 ·· 5
第三节 质量管理程序 ··· 5
一、产品质量形成过程 ··· 5
二、质量管理的三个关键过程 ·· 7
三、质量管理的程序与方法 ··· 7
第四节 全面质量管理 ··· 9
一、全面质量管理的由来及发展 ··· 9
二、全面质量管理的概念及特点 ··· 10
三、全面质量管理的基础工作 ·· 11
四、全面质量管理的组织方式 ·· 14
第五节 质量管理中的数据 ·· 15
一、质量管理中数据的统计特征 ··· 15
二、数据收集要点和修约原则 ·· 16

第二章 纺织质量管理的基本方法 ·· 18
第一节 老质量管理基本工具 ·· 18
一、调查表 ··· 18
二、因果分析图 ··· 20
三、排列图法 ·· 21
四、直方图 ··· 23
五、分层法 ··· 28
六、散布图 ··· 28
第二节 新质量管理基本工具 ·· 30
一、关联图 ··· 30
二、头脑风暴法 ··· 32
三、亲和(KJ)图 ··· 32
四、系统图 ··· 33

五、矩阵图 …………………………………………………………………………… 34
　　六、矩阵数据解析法 ………………………………………………………………… 36
　　七、PDPC 法 ………………………………………………………………………… 36
　　八、箭头图法 ………………………………………………………………………… 37
　　九、对策表 …………………………………………………………………………… 38
　　十、标高分析 ………………………………………………………………………… 38

第三章　纺织统计过程控制 ……………………………………………………………… 40
　第一节　统计过程控制研究进展 ……………………………………………………… 40
　　一、统计过程控制 …………………………………………………………………… 40
　　二、统计过程诊断 …………………………………………………………………… 41
　　三、统计过程调整 …………………………………………………………………… 41
　第二节　纺织产品质量波动及其统计描述 …………………………………………… 41
　　一、纺织产品质量特性值及其波动性 ……………………………………………… 41
　　二、纺织产品质量波动的原因 ……………………………………………………… 42
　　三、纺织产品质量波动规律 ………………………………………………………… 43
　第三节　纺织工序质量参数的统计分析 ……………………………………………… 44
　　一、工序质量分布参数的显著性检验 ……………………………………………… 44
　　二、样本均值及极差的概率分布 …………………………………………………… 45
　第四节　休哈特控制图原理与绘制 …………………………………………………… 45
　　一、休哈特控制图原理 ……………………………………………………………… 45
　　二、控制图的绘制 …………………………………………………………………… 48
　第五节　休哈特控制图的观察与分析 ………………………………………………… 59
　　一、生产处于统计控制状态的正常控制图判断 …………………………………… 59
　　二、生产处于非统计控制状态的问题控制图判断 ………………………………… 60
　　三、控制图的使用 …………………………………………………………………… 61

第四章　纺织产品设计中的质量控制 …………………………………………………… 65
　第一节　质量波动的原因 ……………………………………………………………… 65
　　一、质量的概念 ……………………………………………………………………… 65
　　二、质量波动的原因 ………………………………………………………………… 66
　第二节　质量损失函数及其表达式 …………………………………………………… 66
　　一、质量损失函数及其表达式 ……………………………………………………… 66
　　二、信噪比(S/N) …………………………………………………………………… 67
　第三节　产品质量的三次设计 ………………………………………………………… 69
　　一、系统设计 ………………………………………………………………………… 69
　　二、参数设计 ………………………………………………………………………… 69
　　三、容差设计 ………………………………………………………………………… 70

第五章　六西格玛管理 ·· 72
第一节　六西格玛管理的起源和发展 ··· 72
一、六西格玛管理的起源 ·· 72
二、六西格玛管理的推广与发展 ··· 73
第二节　六西格玛管理的概念 ·· 73
一、六西格玛管理的统计含义 ·· 74
二、六西格玛管理的管理含义 ·· 75
三、六西格玛管理的作用 ··· 75
第三节　六西格玛管理的组织结构 ·· 77
第四节　实施六西格玛管理的DMAIC模式 ·· 80
一、界定 ·· 80
二、测量 ·· 81
三、分析 ·· 81
四、改进 ·· 81
五、控制 ·· 82

第六章　抽样检验 ··· 84
第一节　抽样检验的基本概念 ·· 84
一、抽样检验中的抽样方法 ·· 84
二、抽样检验与分类 ··· 86
三、抽样检验常用的术语 ··· 87
四、我国已颁布的常用抽样检验标准 ··· 89
第二节　抽样检验的基本原理 ·· 90
一、抽样检验的质量指标 ··· 90
二、抽样方案 ··· 90
三、抽样方案的接收概率与特性曲线 ··· 91
第三节　计数型抽样检验 ·· 96
一、计数标准型抽样检验 ··· 96
二、计数调整型抽样检验 ··· 98
三、OC曲线在实施抽样检验中的用途 ·· 108
第四节　抽样检验的管理 ·· 109
一、关于抽样方案的选用 ··· 109
二、抽样检验运行系统 ·· 110
三、抽样检验的有效性 ·· 111

第七章　质量管理体系 ·· 116
第一节　质量管理体系标准的产生与发展 ·· 116
一、质量管理体系标准的产生背景 ·· 116
二、质量管理体系标准的制定和修订 ··· 117

三、我国采用 ISO 9000 族标准的情况 …………………………………………… 119

四、纺织行业与 ISO 9000 族标准 …………………………………………………… 120

第二节　ISO 9000：2015 族标准 …………………………………………………… 121

一、ISO 9000：2015 族标准的构成和特点 ……………………………………… 121

二、ISO 9000：2015 族标准的核心标准 ………………………………………… 122

三、ISO 14000 环境管理体系 ……………………………………………………… 124

第八章　纺织企业质量管理体系的建立、审核与认证 ……………………………… 128

第一节　质量管理体系 ………………………………………………………………… 128

一、质量保证与质量体系 …………………………………………………………… 128

二、质量管理体系的总体设计 ……………………………………………………… 129

三、编制质量管理体系文件 ………………………………………………………… 132

四、质量管理体系的运行与改进 …………………………………………………… 135

第二节　质量管理体系的审核 ………………………………………………………… 136

一、质量管理体系审核的基本概念 ………………………………………………… 136

二、质量管理体系评价 ……………………………………………………………… 137

第三节　质量认证 ……………………………………………………………………… 138

一、认证制度的产生与发展 ………………………………………………………… 138

二、认证的含义与分类 ……………………………………………………………… 140

三、认证程序 ………………………………………………………………………… 145

附录 1　关于 ISO 9000 族质量管理体系文件的编制 …………………………… 148

附录 2　关于 ISO 9001 标准的实施 ……………………………………………… 162

附录 3　关于 ISO 9000 族质量管理体系的审核 ………………………………… 163

参考文献 ……………………………………………………………………………………… 166

第一章 质量管理概述

本章知识点
1. 了解世界质量管理的发展过程,树立质量观念。
2. 全面质量管理的概念、基本观点。
3. 质量、产品质量、工作质量、质量职能、质量管理工作程序和方法。
4. 质量管理各项基础工作。
5. 质量管理(PDCA)循环。

纺织品对美化生活、提高人民生活水平起着主导作用。纺织品质量的好坏,直接关系到人民生活,关系到对外贸易,关系到国家声誉。衡量一个国家的纺织技术是否先进,经济是否发达,工业力量是否强大,既要看其纺织工业产品的产量是否达到一定规模和品种是否齐全,更要看其纺织品的质量是否优良。因此,纺织品质量的水平,又是衡量一个国家纺织工业生产力的发展水平、科学技术水平和经济水平的重要标志。

要提高纺织品质量,首先要强化对纺织品质量的重要意义的认识,形成质量观念,在纺织品生产的各项工作中认真贯彻执行"质量第一"的方针。其次,每个纺织品企业都要不断地提高自身的素质,提高科学技术水平和科学管理水平,认真、积极地实行全面质量管理。

第一节 质量管理的发展简况

质量管理是随着现代化工业生产的发展而逐步形成、发展和完善的。美国在20世纪初开始推行科学管理与质量管理,极大地提高了产品质量和生产力水平。日本在20世纪50年代引进美国的质量管理方法,并结合本国国情有所发展,推动了质量管理理论和方法的完善。

质量管理的发展,是与科学技术和生产的发展,与管理科学化和管理现代化的发展紧密联系的。从工业发达国家的质量管理实践来看,大致经历了三个阶段。

1. 质量检验阶段

质量检验(QI)[①]作为一种科学的管理方式,形成于20世纪初至30年代,并以科学管理的创始人——美国工程师泰勒(F. W. Taylor)为代表。泰勒根据18世纪末工业革命以来大工

---
① QI——Quality Inspect。

业生产的管理经验与实践，分别于 1895 年出版《计件工资制》、1903 年出版《车间管理》和 1911 年出版《科学管理原理》，提出了以计划、标准化、统一管理作为三条科学原则来管理生产，代替以往的经验法则，奠定了科学管理的理论基础。他将企业的职能分为两类：一类是计划职能，即管理职能；另一类是执行职能，即作业职能。因此，产品的质量检验就作为一种独立的管理职能，从制造过程中分离出来，成为企业生产中的一种重要职能。

质量检验阶段的基本特征：

(1) 强调检查人员的质量监督职能，半成品、零件、部件和成品的合格验收决定权属于检查人员及其职能机构。

(2) 对产品进行全数检查和筛选，剔除不合格品。

(3) 对产品的整个加工过程进行层层把关，防止不合格半成品流入下道工序，同时也避免不合格的制成品出厂。

2. 统计质量控制阶段

统计质量控制（SQC）[①]阶段形成于 20 世纪 30 年代。1924 年，美国贝尔电话实验室的休哈特（W. A. Shewhart）应用数理统计中的抽样原理和产品质量特性变异分析，提出了统计过程控制理论及控制图绘制方法，即根据 $\pm 3\sigma$ 控制界限和生产实际记录的质量特性值，绘制可以区分引起质量波动的是偶然因素还是系统因素的控制图，并进一步分析影响产品质量的系统原因信息，判断工序是否处于受控状态。控制图按其用途可以分为分析用控制图和管理用控制图：分析用控制图用于分析生产过程有关质量特性值的变化情况，判断工序是否处于稳定的受控状态；管理用控制图监控生产过程是否出现影响产品质量的异常情况，预防产生不合格品。1931 年，休哈特出版了《制成品质量的经济控制》专著，进一步将控制图实际使用于产品质量控制。

1929 年，同一实验室的道奇（H. F. Dodge）和罗米格（H. G. Romig）发表了论文《挑选型抽样检查法》，提出了统计抽样检验原理和抽检表，形成了预防生产过程中不合格品产生的统计质量控制理论。但由于当时的美国处于经济萧条时期，上述成果未得到广泛应用。

第二次世界大战中，为解决大批生产民用品的公司转向生产各种军需品而出现的产品质量与交货期问题，美国推行战时质量管理标准，强制要求生产军需品的公司、企业实行统计质量控制。实践证明，统计质量控制方法是在制造过程中保证产品质量、预防不合格品的一种有效工具。

统计质量控制阶段的基本特征：

(1) 在继续推行质量检查的同时，推行使用抽样检查，显著降低了检查费用。

(2) 运用控制图对大量生产工序进行动态控制，有效地预防不合格品的产生。

(3) 利用统计方法和工具，把过去那种以评价生产结果的产品质量管理体制，转变到重点研究影响产品质量的原因上来，提倡以预防为主。

3. 全面质量管理阶段

从 20 世纪 60 年代至今为全面质量管理（TQM）[②]阶段。美国通用电器公司费根堡姆（A. V. Feigenbaom）博士于 1961 年出版了《全面质量管理》，强调质量职能应由公司的全体人员承担，质量管理应贯穿于产品质量生产、形成和实现的全过程。全面质量管理就是以质量为

---

① SQC——Statistical Quality Control。
② TQM——Total Quality Management。

中心,由全体员工和企业各部门积极参与,把专业技术、经济管理、数理统计和社会学的相关理论、方法结合起来,建立起涵盖产品研究、设计、生产、服务等全过程且以预防为主的系统的质量体系,从而企业可以有效地利用人力、物力、财力和信息资源,以最经济的手段生产出顾客满意、企业及其全体成员都得到好处的产品,使企业获得长期的成功与发展。

(1) 全面质量管理阶段的基本特征。

① 管理方法多样化。除统计方法外,还有工业工程学、运筹学、价值分析、系统工程学及计算机应用等方法的综合应用。

② 企业全员参与管理。质量管理贯穿于产品研制、设计、制造与服务的整个过程中,所有人员均融于质量管理活动中。

③ 有组织地开展各种现场活动,开展无缺陷活动,组织质量管理(Quality Control 或 Quality Circle,简称 QC)小组活动等。

(2) 全面质量管理的基本观点。

① 系统的观点。由于质量管理贯穿于相互联系、相互制约的产品研制、设计、制造与服务的整个过程中,因此,无论是保证和提高质量,还是解决产品质量问题,都应把企业看成一个整体,运用系统科学的原理和方法,对暴露出来的产品质量问题,实行全面诊断、辩证施治。

② 为用户服务的观点。"用户至上",这里的用户是一个广义的概念,它包含"下道工序就是用户"和"使用本企业产品的单位或个人就是用户"两个方面。

"下道工序就是用户":上道工序将下道工序作为用户,为下道工序提供合格品,为下道工序服务,下道工序对上道工序进行质量监督和质量信息的反馈。

"使用本企业产品的单位或个人就是用户":企业应该对整个寿命周期内的产品质量负责到底、服务到家,实行"包修、包换、包退"制度,做好产品使用过程中的技术服务工作,不断改善和提高产品质量。

实行全面质量管理,一定要把用户的需要放在第一位。因而,企业必须保证产品质量能达到用户要求,把用户的要求看作产品质量的最高标准,以用户的要求为目标来制定企业的质量标准。

③ 预防为主的观点。全面质量管理要求把管理工作的重点从"事后把关"转移到"事前预防",把管理产品质量的"结果"变为管理产品质量的"影响因素",真正做到防检结合、以防为主,把不合格产品消灭在产品质量的形成过程中。在生产过程中,应采取各种措施,把影响产品质量的有关因素控制起来,以形成一个能够稳定地生产优质产品的生产系统。

20世纪60年代以后,全面质量管理的观点在全球范围内得到广泛的传播,各国或地区都结合自身的实践进行了创新。日本学习全面质量管理后结合本国国情,提出了全公司质量管理(Company-Wide Quality Control,简称 CWQC);70年代,田口玄一博士提出了田口质量理论,它包括离线质量工程学(主要利用三次设计技术)和在线质量工程学(在线工况检测和反馈控制)。田口博士认为,产品质量首先是设计出来的,其次才是制造出来的。因此,质量控制的重点应放在设计阶段,从而将质量控制从制造阶段进一步提前到设计阶段。在不到30年的时间里,创建了日本式的全面质量管理,使日本的工业产品质量跃居世界前列。我国工业企业在1977年以前所实行的质量管理基本上处于质量检验阶段,1978年开始推行全面质量管理,经过几十年的实践,已经取得初步效果。但要健全质量管理体系,在全体国民中确立质量意识,还有待于进一步教育、借鉴和学习国外质量管理的先进经验。

第二节 质量的基本概念

一、质量的定义

质量的概念经过"符合标准要求质量""适合顾客需要程度的适用性质量"到"顾客满意质量"的发展演变过程。

根据 ISO 9000：2000《质量管理体系：基础和术语》中的定义，质量是"一组固有特性满足要求的程度"。"固有特性"是指产品具有的技术特征；"满足要求的程度"是指将产品的固有特性与要求相比较，根据产品"满足要求的程度"对其质量的优劣做出评价。

由上述定义可知：

（1）质量可存于各个领域或任何事物中。质量不单指产品、服务、过程，所有可以单独考虑或描述的事物都包含质量。

（2）质量由一系列可测量的特性组成。如物质特性（物理、化学和生物的特性），感官特性（视觉、触觉、嗅觉等感官测控的特性），时间特性（准确性、可靠性、可用性等），行为特性（礼貌、诚实、正直等）。固有特性多数是可以测量的。与固有特性相关的是赋予特性，如产品的价格和交货期等。

（3）满足要求是指应满足明确规定的、隐含的（公认的惯例、一般的习惯、不言而喻的要求）或必须履行的（法律、法规、安全、环境、资源保护等）需要和期望。以固有特性满足要求的程度来评定事物质量的优劣。

（4）顾客和其他相关方面的产品、体系或过程的质量需求是动态的、发展的和相对的概念，随时间、地点、使用对象、环境的变化和人们认识上的深化而变化。

二、产品质量

产品质量的含义广泛，它可以是技术的、经济的、社会的和心理的、生理的，常把反映产品使用目的的各种技术经济参数作为质量特性。通过产品设计、生产、包装、运输、交付和售后服务等产品实现环节，将质量特性以技术、经济、环境、心理、生理的参数或指标固化在产品中，从而形成产品的固有特性。工业产品的质量特性包括性能、寿命、可靠性、安全性、经济性和环境要求、美学要求等七个方面。

（1）性能：产品具有的性质和功能，如织机可织纤维的种类、细度、主轴转速等。

（2）适用性：产品适合使用的程度及适用范围。

（3）可信性：常用产品的可用性、可靠性、维修性和维修保障性表示。这些性能都与时间因素有关。如可靠性是指产品在规定时间内、规定使用条件下完成规定工作任务而不发生故障的概率，一般来说，它指的是产品精度的稳定性、性能的持久性、零件的耐用性等，它是产品在使用过程中逐渐表现出来的一种质量特性。

（4）安全性：产品在使用过程中保证将人身伤害或损坏的风险限制在可接受水平的状态。

（5）环境要求：产品在使用过程中是否产生公害、污染环境、影响人的身心健康等。

（6）经济性：产品的寿命周期成本，指产品结构、重量、用料、成本及使用产品时的动力、燃料等能源消耗,它一般用来衡量产品的经济效果。

(7) 美学要求:追求产品的结构设计合理、制造工艺先进及外观造型艺术性三者的统一。

工业产品的质量特性,有些是可以直接测量的,如织物的强度、化学成分、色牢度等,它们反映的是这个工业产品的真正质量特性;但很多质量特性是难以定量的,如织物的风格、美观等,这就要对产品进行综合和个别的试验研究,确定某些技术参数,以间接反映产品的质量特性,称之为代用质量特性。不论是直接测量还是间接定量的质量特性,都应准确反映顾客对产品质量特性的客观要求。

三、工作质量

工业企业的工作质量是指与产品质量相关的各项组织工作的优劣程度。

工作质量涉及全企业各个层次、各个部门、各个岗位工作的有效性,取决于企业员工的素质,包括员工的质量意识、责任心、业务水平等。企业决策层的工作质量起主导作用,管理层和执行层的工作质量起保证和落实作用。

工作质量一般难以定量,通常是通过产品质量的高低、不合格品率的多少来间接反映和定量。对于工作质量,可以通过建立健全工作程序、工作标准和一些直接或间接的定量化指标,使其有章可循,易于考核。

产品质量与工作质量是既不相同又密切联系的两个概念。产品质量取决于工作质量,它是企业各个部门、各个环节的工作质量的综合反映;工作质量是保证产品质量的前提条件。区分产品质量和工作质量这两个概念的意义,就在于能促使人们不断改进工作,提高企业管理水平和产品质量水平,增强企业素质。因此,实施质量管理,既要搞好产品质量,又要搞好工作质量,而且应该把重点放在工作质量上,通过保证和提高工作质量来保证产品质量。

第三节 质量管理程序

企业质量管理的基本任务是在质量方面指挥和控制企业内各部门协调地活动,实现产品的适用性。

一、产品质量形成过程

产品质量贯穿于设计、生产、售后服务的全过程中。产品质量的产生和形成过程包括市场调查研究、新产品设计和开发、生产工艺策划和开发、采购、生产制造、检验、包装和储存、产品销售及售后服务等重要环节。此过程可以用美国质量管理专家朱兰(J. M. Juran)质量螺旋表示(图1-1)。

从图1-1可见,实现产品质量的全过程包括市场调查研究质量、产品开发及设计质量、制造质量和使用质量等一系列活动,是一环扣一环的,它们相互制约、相互依存、相互促进。质量形成的过程是一个不断上升、不断提高的过程,每经过一次循环,产品质量就提高一步。企业各部门都要制定相应的质量职责,如各自应承担的任务、责任和应有的权限、工作程序和各类标准、各种管理方法和管理手段及工作质量考核办法等具体规定,并将各部门的质量职能统一成一个有机的整体,以便于进行有效的计划、组织、协调、监督与检查。

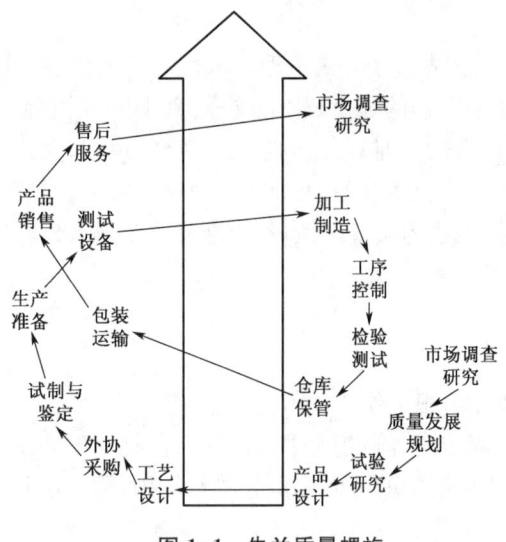

图 1-1 朱兰质量螺旋

1. 设计过程质量管理

产品设计过程的质量管理是全面质量管理的首要环节。这里所指的设计过程,包括市场调查、产品设计、工艺准备、试制和鉴定等过程(即产品正式投产前的全部技术准备过程)。其主要工作内容包括:通过市场调查研究,根据用户要求、科技情报与企业的经营目标,制定产品质量目标;组织由销售、使用、科研、设计、工艺、制度和质量管理等多部门参加的审查和验证,确定适合的设计方案;保证技术文件的质量;做好标准化的审查工作;督促遵守设计试制的工作程序等。

2. 制造过程质量管理

制造过程是指对产品进行直接加工的过程。它是产品质量形成的基础,是企业质量管理的基本环节。它的基本任务是保证产品的制造质量,建立一个能够稳定生产合格品和优质品的生产系统。其主要工作包括:组织质量检验工作;组织和促进文明生产;掌握质量动态;组织工序的质量控制;建立质量管理点等。

3. 辅助过程质量管理

辅助过程是指为保证制造过程正常进行而提供各种物资和技术条件的过程,包括物资采购供应、动力生产、设备维修、工具制造、仓库保管、运输服务等。其主要工作包括:严格入库物资的检查验收,按质、按量、按期地提供生产所需要的各种物资(包括原材料、辅助材料、燃料等);良好组织设备维修和保养工作,保持设备良好的技术状态;做好工具制造和供应的质量管理工作等。

4. 使用过程质量管理

使用过程是考验产品实际质量的过程。它是企业内部质量管理的继续,也是全面质量管理的出发点和落脚点。这一过程质量管理的基本任务是提高服务质量(包括售前服务和售后服务),保证产品的实际使用效果,不断促使企业研究和改进产品质量。其主要工作包括:开展技术服务工作;处理出厂产品的质量问题;调查产品使用效果和用户要求。

质量职能是指产品质量形成的全过程中,各个部门所必须进行的全部活动或所必须承担的全部职责的总和,应包括以下几个方面:

(1) 各部门应承担的任务、责任和应有的权限。
(2) 各部门在保证产品质量的活动中制定工作程序和各类标准。
(3) 各部门在质量管理活动中的管理方法和管理手段。
(4) 各部门的工作质量考核办法等。

质量职能所包含的各项活动,既有在企业内部各部门进行的,也有在企业外部的供应商、顾客中进行的。所有这些活动,都对产品质量有贡献和影响作用。根据贡献或影响的大小,可将质量职能分为直接质量职能和间接质量职能。直接质量职能通常和质量螺旋上的活动有关,如产品设计、加工制造等;而间接质量职能未体现在质量螺旋中,如职工教育培训、后勤保障等。

质量职能是一个重要概念。企业的所有质量活动都是围绕产品质量的总目标进行的，它要求企业内各部门共同协作，而不是只由少数部门（如检验部门）承担。过去由于对质量职能的认识不足，企业中各部门各类人员对质量的关心程度差异较大。例如，计划部门的人员偏重于产量和交货期、财务部门的人员偏重于成本、技术部门偏重于产品技术水平等，相互之间缺乏有机的联系与协作，这对于稳定和提高产品质量是不利的。因此，必须强调并明确各部门的质量职能，再通过有效的计划、组织、协调、监督与检查，促使各部门质量职能充分发挥，保证企业质量目标的实现。

二、质量管理的三个关键过程

1. 质量计划

质量计划是指针对特定的产品、项目或合同，规定专门的质量措施、资源和活动顺序的文件，是确保开发满足顾客需要产品的一个结构化过程。质量计划首先确定顾客及其需要，其次设计响应这些需要的产品，再设计生产过程，最后将计划转给生产部门实施，生产产品并满足顾客需要。为使产品质量达到计划水平，必须具备必要的质量控制手段，寻找质量改进机会，最大程度地减少时间延误、差错、返工、废品等情况。

2. 质量控制

质量控制是指为达到规范或规定对数据质量要求而采取的作业技术和措施。即通过监视质量形成过程，消除质量形成过程的所有阶段中引起不合格或不满意效果的因素，为达到质量要求而采用的各种质量作业技术和活动。

质量控制建立在有一个清晰的质量定义、一个明确的目标、一套测量实际绩效的检测系统、一种解释测量结果并与目标相对照的方法、一种采取行动并在必要时调整过程的方法共五个基本要素的基础上。质量控制的主要功能就是通过一系列的作业技术和活动，将各种质量变异和波动减少到最小程度，使各种浪费最小化。

3. 质量改进

质量改进是消除系统性的问题，对现有的质量水平在控制的基础上加以提高，使质量达到前所未有的水平的突破过程。

由于质量竞争日益加剧，顾客持续、强烈地要求供应商改进质量，同时制止巨大的慢性浪费，已经成为众识。20世纪90年代，质量改进迅速成为质量管理的关键过程之一。

质量改进包括分析质量问题症状、推测原因、验证推测并确定原因的诊断历程，以及制定治疗措施、在实际条件下测试和验证措施、消除改革的阻力、建立控制和巩固成绩的治疗历程两大质量改进历程。

质量改进的常用方法为戴明质量管理循环方法。

三、质量管理的程序与方法

1. 质量管理 PDCA 循环

PDCA 循环由美国质量管理专家戴明（W. E. Daiming）提出。PDCA 是英文 Plan（计划）、Do（执行）、Check（检查）、Action（处理）的缩写，PDCA 循环是按照计划（P）、执行（D）、检查（C）、处理（A）四个阶段的顺序进行管理的一种方法，反映了处理问题的科学性。

PDCA 循环包括质量保证体系活动所必须经历的四个阶段与八个步骤（表 1-1）。

表 1-1 PDCA 循环的四个阶段、八个步骤和常用工具

阶段	步骤		方法
P	1	找出存在的问题	① 排列图 ② 直方图 ③ 分析用管理图
	2	分析产生问题的原因	因果分析法
	3	找出影响最大的原因	排列图、相关图(散点图)、专家打分
	4	制定措施计划	应用 5W1H 核对主因： Why 为什么？ What 目的？ Where 地点？ When 时间？ Who 执行人？ How 方法？
D	5	执行措施计划	要求：① 按计划执行 ② 严格落实措施
C	6	调查效果	① 排列图 ② 直方图 ③ 分析用管理图
A	7	巩固成绩	把工作结果标准化： ① 工艺文件、操作规程、作业指导书等标准化 ② 检查规程的标准化 ③ 修订各种规章制度
	8	提出尚未解决的问题	反映到下一个循环的计划中

第一阶段是计划，即制定计划的阶段。这个阶段的工作内容又可分为以下四个步骤：

(1) 分析现状，找出存在的质量问题。

(2) 分析产生质量问题的各种原因或影响因素。

(3) 找出影响质量的主要因素或主要原因。

(4) 针对影响质量的主要原因，制定技术组织措施，提出措施执行计划，并预计其效果。措施和执行计划必须明确、具体，一般必须明确几个问题，即：为什么要制定这一措施或计划？预计达到什么目标？在哪里执行这一措施或计划？由谁执行？什么时间开始和完成及怎样执行(5W1H：Why、What、Where、When、Who、How)。

第二阶段是执行阶段，即按照预定计划贯彻执行各项措施，为 PDCA 循环的第五个步骤。

第三个阶段是检查阶段，即根据计划的规定和要求，检查计划的执行情况和措施实行后的效果，为 PDCA 循环的第六个步骤。

第四个阶段是处理阶段，分为以下两个步骤(PDCA 循环第七、第八个步骤)：

(1) 总结经验教训，把成功的经验肯定下来，纳入标准，以后按标准执行；失败的教训也要加以总结，记录在案，防止以后再发生。

(2) 把本循环未能解决的问题作为遗留问题提出来，找出原因，转入下一个循环，为下一个循环提供资料。

2. PDCA 循环的特点

(1) 大循环套小循环，互相促进。

PDCA 作为企业管理的一种科学方法，适用于企业各个方面的工作。整个企业是一个大的 PDCA 循环，各部门有各自管理的 PDCA 循环，各车间、工序有更小的 PDCA 循环，直至具体落实到每个人(图 1-2)。上一级 PDCA 循环是下一级 PDCA 循环的依据，下一级 PDCA 循环又是上一级 PDCA 循环的贯彻落实和具体化，下一级循环推动上一级循环，以致整个企业 PDCA 循环有效、良性地转动，促进企业各项工作有机地联系起来。

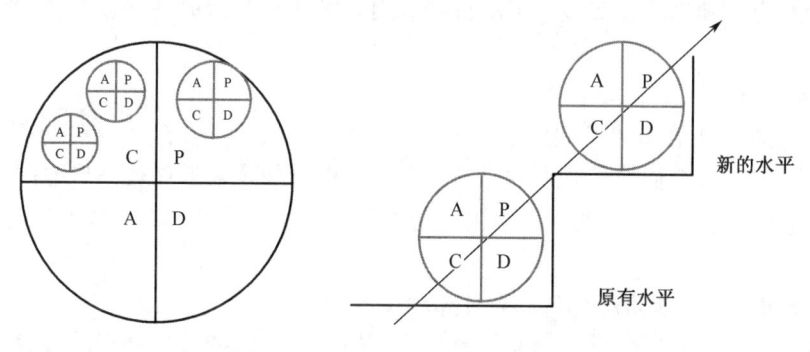

图 1-2　大循环套小循环　　　　图 1-3　PDCA 循环逐级上升

（2）爬楼梯。

四个阶段犹如爬楼梯一样周而复始地转动，每转一圈，就上升一个台阶，每一次转动都有新内容和目标，即每次转动都使质量水平提高一步（图 1-3）。

（3）处理阶段是关键。

"处理"就是总结经验，肯定成绩，纠正错误，以利于再战。成功的形成标准，失败的形成制度，杜绝再次发生。

第四节　全面质量管理

一、全面质量管理的由来及发展

全面质量管理是质量管理由第一阶级的质量检验、第二阶级的统计质量控制发展达到的第三个阶段，对企业的生产和发展起着关键作用。产品质量在很大程度上依赖于对其各种影响因素的控制，而这些因素之间又是相互影响、相互制约的。相对于事后检验和前期预防，产品质量管理必须向更深更广的方向发展。

在 20 世纪 50 年代末至 60 年代初，从系统的角度分析组织的理论得到了迅速发展。系统理论将"系统"定义为"相互依赖的各部分以一定的形式组合而成的一个整体"。企业就是一个系统，是由相互依赖的众多部分组成的。例如，一个企业是由生产部门、市场部门、采购部门、财务部门和人事部门等组成的。生产部门生产的产品质量好坏会直接影响市场的销售情况；采购部门所采购的原辅材料质量好坏与成本高低会影响生产部门生产的产品质量和产品成本，进而影响销售和利润等。对企业进行管理时，管理人员的作用就是确保系统中各部分运转之间的相互协调，从而实现系统的整体目标。

基于系统理论的思想，在 20 世纪 60 年代，美国通用电器公司的费根堡姆和质量管理专家朱兰将系统理论的观点和方法引入质量管理领域，提出了"全面质量管理"概念。1961 年，费根堡姆在其《全面质量管理》一书中较系统地提出了全面质量管理的概念，即"全面质量管理是为了能够在最经济的水平上及考虑到充分满足用户要求的条件下进行市场研究、设计、生产和服务，从而把企业各部门的研制质量、维护质量和提高质量的活动构成为一体的一种有效体系"。

自费根堡姆提出全面质量管理的概念后，世界各国对其进行了全面深入的研究，使全面质

量管理的思想、方法和理论在实践中不断得到应用和发展。概括地讲,全面质量管理经历了四个发展阶段。

1. 日本从美国引入全面质量管理

1950年,戴明博士在日本开展质量管理讲座,日本人从中学习到了这种全新的质量管理的思想和方法。当时,全面质量管理的思路和概念并没有像今天那样被完整地提出来,但是它对日本经济的发展起到了极大的促进作用。到1970年,质量管理已经逐步渗透到全日本企业的基层。

2. 质量管理中广泛采用统计技术和计算机技术

从20世纪70年代开始,日本企业从质量管理中获得巨大的收益,充分认识到了全面质量管理的好处。日本人开始将质量管理当作一门科学对待,并广泛采用统计技术和计算机技术进行推广和应用,全面质量管理在这一阶段获得了新的发展。

3. 全面质量管理的内容和要求得到标准化

随着全面质量管理理念的普及,越来越多的企业开始采用这种管理方法。1986年,国际标准化组织(ISO)把全面质量管理的内容和要求进行了标准化,并于1987年3月正式颁布了ISO 9000系列标准,这是全面质量管理发展的第三个阶段。因此,我们通常所熟悉的ISO 9000系列标准实际上是对全面质量管理研究成果的标准化。

4. 质量管理上升到经营管理层面

随着质量管理思想和方法往更高层次发展,企业的生产管理和质量管理被提升到经营管理的层次。无论是学术界还是企业界,很多知名学者如朱兰、石川馨等,都提出了有关的观念和理论。"质量管理是企业经营的生命线"这种观念逐渐被企业所接受。

二、全面质量管理的概念及特点

全面质量管理的定义:一个组织以质量为中心,以全员参与为基础,目的在于通过让顾客满意和本组织所有成员及社会受益而达到长期成功的管理途径。其实质就是企业全体员工、所有部门同心协力,综合运用现代管理技术、专业技术和数理统计方法,经济合理地开发、研制、生产和销售用户满意的产品的管理活动过程。

传统质量管理认为,质量管理是企业生产部门和质量检验部门的工作,重点应放在生产过程的管理,特别是工艺管理及产品质量检验上,把质量管理委托给质量经理负责。全面质量管理就是要在"全"字上做文章。所谓的全面性,具体表现在管理内容的全面性、管理范围的全面性、参加管理人员的全面性及管理方法的全面性等。它是全方位的质量管理,是全员参与的质量管理,是全过程的质量管理,其管理的方法是多种多样的,因此全面质量管理的特点可以简称为"三全一多样"。

1. 全方位的质量管理

质量管理的对象不限于狭义的产品质量,而是扩大到过程质量、服务质量和工作质量。产品是由人设计、制造出来的,如果产品设计和制造过程的质量和企业职工的工作质量不提高,很难保证生产出优质的产品。因此,全面质量管理强调以过程质量和工作质量来保证产品质量。此外,全面质量管理还强调质量管理的广义性,即在进行质量管理的同时,还要进行产量、成本、生产率和交货期等方面的管理,保证低消耗、低成本和按期交货,提高企业经营管理的服务质量。这就要求组织应做好明确目标、确立管理职责权限与接口、配备资源、发挥领导作用等工作。

2. 全员参与的质量管理

产品质量是工作质量的反映。企业中每一个部门、每一个生产车间及每一位员工的工作质量都直接或间接地影响产品质量,而且现代企业的生产过程十分复杂,前后工序、车间之间相互影响和制约,仅靠少数质量管理专门人员是不能真正解决产品质量问题的。所以全面质量管理的另一个重要特点是,要求企业的全体人员都必须为提高产品质量尽职尽责,只有这样,生产优质产品才有可靠的保证。因此,全员性、群众性是科学质量管理的客观要求。企业在日常管理中,也在通过各种形式实践"全员参与"的理念,比如在与员工沟通方面;通过定期面谈、座谈会、意见箱、微信公众号、OA系统等,进行单向或双向沟通交流;通过合理化建议活动、QC小组活动、TPM评比、微信企业号中的讨论建议等,实现内部协作讨论与知识经验的分享。有许多企业已经认识到员工满意的重要性,通过问卷调查,开展了有针对性的员工满意度调查与评估,为提高员工满意度提供数据信息支持。

3. 全过程的质量管理

所谓"全过程",是指产品质量的产生、形成和实现的整个过程,包括市场调研、产品开发和设计、生产制造、检验、包装、贮运、销售和售后服务等过程。要保证产品质量,不仅要搞好生产制造过程的质量管理,还要对上述产品质量形成全过程的各个环节加以管理,形成一个综合性的质量管理工作体系,做到以防为主、防检结合、重在提高。比如,某家企业的生产部门为了制造上的便利,更改了纤维纺丝的控制参数,将喷丝板的高度由原先 5 mm 缩短至 4.5 mm,工艺部门随后对喷丝板图纸进行了变更。但他们未对此变更可能引起的风险进行评估,也没有评价此更改可能对产品组成部分产生的影响,结果是原先适配的硅胶密封圈配合不紧密而出现间隙,导致成品组装后批量漏水。这仅是一例关于过程管理差错所引起的风险,但管中窥豹,可见一斑。

优质产品是设计、制造出来的,而不是检验出来的。基于这一观点,产品的质量取决于设计质量、制造质量和使用质量(如合理的使用和维护等)的全过程。要生产出优质的产品,就必须严格控制质量"产生、形成和实现"的每个环节。按朱兰质量螺旋,在市场调查、产品的开发研制、设计、制定产品规格和工艺、采购、生产、检验、运输、储存、销售、安装、使用和维护等各个环节,都要把好质量关,消除产生不合格品的种种隐患。为此,要求企业应逐渐建立并完善一个包括市场调查、设计、生产到销售使用全过程的、能稳定地产出合格品的质量保证体系。

4. 多种多样的管理方法

全面质量管理的一个重要特点是管理工具方法的多样性,即具体应用时不局限于单一的工具,如 PDCA 思想、5W1H 方法、QC 旧七种工具、QC 新七种工具、合理化建议活动、QC 小组活动、5S 管理、精益化生产、TPM 评比、FEMA(Failure Mode and Effect Analysis,失效模式和效果分析)、SPC 统计过程控制、MSA(Measurement Systems Analysis,测量系统分析)、微信企业号、大数据分析等,都可以灵活运用。在质量管理过程中,应自觉地利用先进的科学技术和管理方法,应用排列图、因果图、直方图、控制图、数理统计、正交试验等技术,分析各部门的工作质量,找出产品质量存在的问题及其关键的影响因素,从而有效地控制生产过程,达到提高产品质量的目的。

三、全面质量管理的基础工作

实行全面质量管理,必须做好一系列基础工作。扎实的基础工作将为质量管理的顺利进行和不断发展提供保证。全面质量管理的基础工作主要包括质量教育工作、标准化工作、计量工作、质量信息工作和质量责任制。

1. 质量教育工作

开展质量管理,必须始于教育,终于教育。质量教育是提高企业竞争实力的重要手段。当今世界市场竞争十分激烈,竞争的焦点是质量,而质量的竞争实质上是技术水平和管理水平的竞争、人才的竞争。如果企业成员的质量意识薄弱,管理知识贫乏,技能低下,即使有先进的设备、先进的技术,也难以生产出优质低耗的产品。通过教育使职工牢固树立"质量第一"的思想,提高做好质量管理的自觉性,掌握并运用好质量管理的科学思想、原理、技术和方法,以提高职工的工作质量和企业管理水平。一般地,质量教育包括三个基本内容:质量意识教育、质量管理知识教育、专业技术和技能教育。

提高质量意识是质量管理的前提,而领导的质量意识更是直接关系到企业质量管理的成败。质量意识教育的重点是要求各级员工理解本岗位工作在质量管理体系中的作用和意义,认识到其工作结果对过程、产品甚至信誉都会产生影响;明确采用何种方法才能为实现与本岗位直接相关的质量目标做出贡献。

质量管理知识教育是质量教育的主要内容。本着因人制宜、分层施教的原则,根据企业的人员结构,质量管理知识教育通常分为对企业领导层的教育、对工程技术人员和管理人员的教育以及对班组工人的教育三个层次进行,针对各层次人员的职责和需要进行不同内容的教育。领导层的培训内容应以质量法律法规、经营理念、决策方法等为主;对工程技术人员和管理人员的培训应注重质量管理理论和方法;对班组工人的培训内容应以本岗位质量控制和质量保证所需的知识为主。

开展专业技术和技能教育和培训是为了保证和提高产品质量,它是质量教育的重要组成部分。技术人员应及时更新并补充专业技术,学习新方法,掌握新技术;一线工人应加强基础技术训练,熟悉产品特性和工艺,不断提高操作水平;领导人员除了应熟悉专业技术以外,还应掌握管理技能。

2. 标准化工作

标准是为了获得最佳经济效果,依据科学、技术和实践经验的综合成果,在充分协商的基础上,对经济技术活动中具有多样性、相关性特征的重复事物,以特定程序和特定形式颁发的统一规定。标准是衡量产品质量和各项工作质量的尺度,也是企业进行生产技术活动和经营管理工作的依据。

按照标准本身的特性,企业标准可分为两大类:管理标准——为保证、提高产品质量制定的各种工作程序、职责条例、业务规程、规章制度考核标准(如 ISO 9000 质量管理和质量保证系列标准);技术标准——工业标准具体化,如原材料标准、产品(部件)标准、设备标准、工艺标准等。一般企业标准应该等于或高于相关地方标准、行业标准、国家标准、国际标准等。

标准化的基本原理可以概括为:对标准化的对象加以优化、简化、统一、协调、扩散、积累和提高。这是一个不断循环、螺旋上升的过程。标准化工作为企业的生产经营活动建立了一定的程序,使企业各部门相互提供的条件符合各自的要求,使各个生产环节的活动协调一致,使复杂的管理工作系统化、规范化、简单化,从而保证企业生产经营活动能够高效、准确、连续不断地进行。因此,标准化是质量管理的基础,质量管理是贯彻执行标准的保证。

3. 计量工作

计量工作(包括测量、试验、化验、分析等工作)是保证计量的量值准确和统一,确保技术标

准的贯彻执行,保证零部件互换和产品质量的重要手段和方法,是质量管理的一项重要的技术基础工作。所以,做好计量工作十分重要,必须加强对一切计量器具、测试设备的严格管理。搞好计量工作的主要要求:需要的量具及化验、分析仪器必须配备齐全,保证量具及化验、分析仪器的质量稳定、示值准确一致、修复及时,根据不同情况,选择正确的测试计量方法。为此,加强计量工作,必须抓好以下环节:

(1) 保证计量器具及仪器的正确、合理使用,保证量值的准确和统一。量仪及仪器使用合理操作正确、管理科学,是延长使用寿命、保持量值准确和统一的关键。相反,就会加快磨损和损坏,影响示值准确,失去它的精度和灵敏度。因此,要提高工人技术水平,帮助工人熟悉和掌握量具、仪器的性能、结构、维护保养技术以及量具、仪器的使用技能。同时,要正确制定和严格贯彻执行有关量具、仪器使用和维护方面的规程和制度。

(2) 严格执行计量器具检定规程。为了确保量具的质量,对企业所有的计量器具,都必须按照国家检定规程规定的检定项目和方式进行检定。这些检定包括入库检定、入室检定、周期检定及返还检定。所有计量器具必须经检定合格,具有合格证或标志,才准许投入使用或进行流转。

(3) 计量器具、仪器的及时修理和报废。

(4) 对工具库、室贮藏的计量器具,要妥善存放和保管。

(5) 改革落后的计量工具和计量测试技术,逐步实现检测手段、计量技术的现代化。实现计量工作的技术革新和测试手段现代化,对加强质量管理有重大意义。它可以使检验人员解脱出来分析研究质量问题,进一步发动员工搞好质量管理工作;有利于采用先进的科学质量管理方法;有利于及时发现质量缺陷,及时解决;有利于质量管理人员集中精力,在提高产品质量上下功夫;还有利于加强为用户的技术服务工作。

(6) 为了做好计量工作,企业必须设置专门的计量管理机构和理化试验室,配备专职或兼职的计量工作人员,负责组织全企业的计量和理化工作。

4. 质量信息工作

质量信息指的是反映产品质量和产供销各环节的工作质量的基本数据、原始记录以至产品使用过程中所反映出来的各种信息资料。根据认识来源于实践的基本原理,搞好质量管理工作,掌握产品质量的发展规律,必须掌握大量齐全、准确的第一手资料,这就要求抓好质量信息工作。

质量信息工作的意义和要求:影响产品质量的因素是多方面的。搞好质量管理,提高产品质量,关键是要对来自各方面的因素有清楚的认识。因此,质量信息是质量管理不可缺少的重要依据,是改进产品质量、改善各环节工作质量的最直接的原始资料和依据,是掌握提高产品质量规律性的基本依据。由于决策过程实际上是一个收集信息、判断、权衡的过程,各种决策必须建立在掌握情况的基础之上,只有充分了解企业内部及市场的情况,才可能做出正确的决策。因此,质量信息工作必须满足准确、及时、全面、系统、完整这五个要求。

质量信息工作中应重点掌握的三个环节:从产品实际使用过程中收集有关产品质量的原始记录、数据等信息;生产经营过程和辅助过程中收集有关工作质量和产品质量的信息;从生产同类产品的国内企业和国外同行业中收集产品质量信息。

系统地积累信息并对之实行严格的现代化科学管理,是一项重要的基础工作。这不仅是解决现有的产品质量问题的重要依据,而且能为科学研究及产品的更新换代,以及为设计下一代产品制定更切合实际、更能满足用户需要的技术条件打下基础。因此,企业必须建立质量信

息反馈系统和质量信息中心，加强质量信息的管理工作。

5. 质量责任制

20世纪90年代，企业界开始认识到"大质量"的概念，即质量是涉及组织中每一个部门和每一个过程的问题。因此，只有规定每一个部门和每一个过程的职责，明确每个部门、每位员工在质量工作上的具体任务、职责、权限与物质利益，才能够做到事事有人管、人人有专职、办事有标准、工作有检查、考核有奖惩，保证最终产品质量。

建立质量责任制是企业开展全面质量管理的一项基础性工作，也是企业建立质量体系不可缺少的内容。质量责任制一般有企业各级行政领导责任制、职能机构责任制以及车间、班组和个人责任制。把同质量有关的各项工作与广大职工的积极性和责任心结合起来，形成一个严密的质量管理工作系统，一旦发现产品质量问题，可以迅速进行质量跟踪，查清质量责任，总结经验教训，更好地保证和提高产品质量，在企业内部形成一个严密有效的全面质量管理工作体系。

建立质量责任制应注意以下问题：必须明确质量责任制的实质是责、权、利三者的统一，切忌单纯偏重任何一个方面；要按照不同层次、不同对象、不同业务，制定各部门和各级、各类人员的质量责任制；规定的任务与责任要尽可能做到具体化、数据化，以便进行考核；在制定企业的质量责任制时，要由粗到细，逐步完善；为了把质量责任制落到实处，企业必须制定相应的质量奖惩措施。

四、全面质量管理的组织方式

推行全面质量管理工作最有效的组织方式是组建各种各样的质量管理小组（简称"QC小组"或"品质QC小组"）。QC小组诞生于日本。20世纪50年代末60年代初，统计技术逐步在日本企业界受到重视，并用于对基层员工进行培训。为了进一步改善技术和提高产品质量，日本企业借鉴目标管理及激励管理的一些方法，结合自身独特的企业文化，巧妙地设计了一种挑战游戏，QC小组也就应运而生。QC小组在日本的盛行，不仅在企业里，而且在其他行业中产生了很大的作用。

QC小组是指在生产或工作岗位具体从事各种劳动的职工，围绕企业的质量方针目标和现场存在的问题，运用质量管理的理论和方法，以改进质量、降低消耗、提高经济效益和提高人的素质为目的，在自愿的原则下，由工作性质相同或接近的员工，以小组形式组织起来，通过定期的会议及其他活动进行质量改进的一种组织。

QC小组与企业的班组既有联系又有区别。一般来说，以工人为主体的"现场型"或是按劳动组织为主体建立的QC小组，都与班组紧密联系。它们的区别在于班组是一种行政组织，同时也是按专业分工划分的一种劳动组织；而QC小组则是以改进质量、提高管理水平和经济效益为目的自愿组织起来开展活动的小组。

QC小组具有以下特点：

一是具有明显的自主性。一般以职工自愿参加为基础，实行自主管理，以自我学习、自我控制、自我提高为主，不受行政命令的制约和班组岗位的限制。二是具有明确的目的性。从大处来说是为国家建设搞好质量，从小处来说是为实现企业的方针目标，开展质量管理活动。三是具有严密的科学性。不是单凭良好的主观愿望去搞质量，而是依靠管理技术，依靠科学的工作方法和科学程序去攻克质量难关。四是具有广泛的群众性。QC小组活动是开展群众性质量管理活动的好形式，通过集体活动，可以充分发挥小组的群体优势，集思广益，能更快更好地解决问题。五是具有高度的民主性。小组成员可以充分发扬民主,畅所欲言,平等相处,组长由成员民主选出,做到充分发挥个人的积极性和创造性。

QC 小组的组建应遵循自愿结合、形式多样、方便活动、易出成果的原则。在自愿结合的前提下,也可以通过行政,采用自上而下和上下结合的方法组建,但仍应坚持自愿为主、行政干预为辅的原则。建立 QC 小组应从实际出发,根据工作的性质和内容,可以在企业的班组或车间建立,也可以跨车间(部门)建立,但应着重发展以工人为主体的生产现场、施工现场、服务现场的"现场型""服务型"的 QC 小组。一般提倡组建工人、技术人员、领导干部相结合的"攻关型"QC 小组。也可采用以管理人员为主的"管理型"QC 小组,以提高工作质量,改善和解决管理中的问题,提高管理水平。每个 QC 小组一般以 3~10 人为宜,否则不便于开展活动。QC 小组组长是质量管理工作的带头人,选好组长是十分重要的。组长应是推行全面质量管理的热心人,有较高的思想水平和技术能力,善于团结群众,而且有一定的组织能力。

第五节 质量管理中的数据

一、质量管理中数据的统计特征

1. 总体、样本和子样

数据是数理统计方法的基础。"用数据说话"是全面质量管理的基本观点之一。在全面质量管理的数理统计中,把所要研究的质量对象的全体称为总体。从总体中随机抽取一部分,则称之为总体的样本。这个样本的全体则称为子样。

总体就是一个带有确定概率分布的随机变量,常用大写字母 X、Y 等表示。从总体 Z 中随机地抽出几个个体 $x_1, x_2, \cdots, x_n$,这样取得的 $(x_1, x_2, \cdots, x_n)$ 称为总体 Z 的一个样本。样本中的个体数目称为样本容量。

2. 数据特点

(1) 波动性。质量管理中的数据是指能够客观反映事实的资料和数字。这些数据不是固定的数值,带有波动性。如果一个数据是一个定值,多数情况下就可能是不真实的数据。数据波动在生产中原因很多,技术上只能控制一部分。数据的波动性的实质就是数据的分布性。

(2) 规律性。数据虽有波动,但经分析整理会呈现一定的规律性。如某值在一定范围内波动,且其在中间值附近出现的次数最多,即呈现一定的规律性。

3. 数据收集目的

数据既带有波动性,又常具有规律性,这是客观存在的事实。统计方法就是从有波动的数据中,找出其规律性的一种数学方法。

(1) 用于控制。调查、研究和预测日常生产过程是否处于正常的稳定状态,对制造过程进行预防性的控制与管理。如对某工序进行控制,就是以工序为总体,从中抽取一些半成品,进行监测而得到数据,经过分析和判断得出结论,再反馈到工序中,采取措施改进工作。

(2) 用于分析。根据需要在特定条件下收集一定量的数据,运用各种统计方法,分析并找出影响产品质量的关键点。

(3) 用于检验。对一批产品的质量进行评价和验收。如要判断一批产品的质量是否合

格,质量达到什么水平,其总体就是一批产品,从中抽取一些子样,进行检测而得到数据,经过分析和判断这批产品的质量水平。

4. 数据的种类

根据质量数据的特点,可以将其分为计量值数据和计数值数据。

(1) 计量值数据。计量值数据是可以连续取值的数据,属于连续型变量。其特点是在任意两个数值之间都可以取精度较高一级的数值。它通常由测量得到,如重量、强度、长度、温度等。此外,一些属于定性的质量特性,可由专家主观评分、划分等级而使之数量化,得到的数据也属于计量值数据。

(2) 计数值数据。计数值数据是只能按 0,1,2,…… 数列取值计数的数据,属于离散型变量。它一般由计数得到。计数值数据又可分为计件值数据和计点值数据。

① 计件值数据,表示具有某一质量标准的产品个数。如总体中的合格品数、一级品数。

② 计点值数据,表示个体(单件产品、单位长度、单位面积、单位体积等)上的缺陷数、质量问题点数等。如织物表面疵点数等。

计量值和计数值两者在统计上的性质不相同,计量值的分布为连续分布,计数值的分布为离散分布,所用的统计方法、管理图等也不相同。所以,正确区分质量指标的分布类型是进行质量数据分析的基础。纺织常用数据的频数分布性质见表1-2。

表1-2　纺织数据的频数分布性质

连续型	离散型	
正态分布	二项分布	泊松分布
各工序张力偏差 纱线细度偏差 纱线断裂强力 纱线断裂伸长率 纱线细度不匀率 合成纤维沸水收缩率 回潮率 捻度不匀率 黏度不匀率 浆液黏度 浆液浓度 浆纱伸长率 浆纱回潮率 浆纱上浆率 各工序断头率 各工序相对湿度 织物经纬向断裂强度 织物幅宽	生丝抱合力 正品率 次品尺或分 次品率 空锭率 织轴好轴率 坯布一等品率 漏验率 各项工艺合格率 上浆合格率 回潮合格率 伸长合格率	生丝清洁 生丝洁净 各工序断头数 各工序坏筒数或坏纤数 各工序停锭或停台数 织物表面疵点数

二、数据收集要点和修约原则

1. 数据收集要点

收集数据时应注意数据的代表性。所以收集数据要注意:明确数据收集目的;要去现场边收集数据边观察对数据可能产生影响的因素;通常要根据不同原因、现象、责任、个人、工序、机

器、地点和时间等进行分层收集数据;要记录清楚数据测定日期、时间、测定的时间间隔、测定方法、测定人和填写人等;数据尽量采用预先设计好的图表形式记录,以便填写和计算。

2. 数据修约原则

对规定精确程度范围之外的数字,按以下规则修约:"五下舍五上入,整五偶舍奇入。"计算过程中不可修改,应在最后对计算值进行修约。四舍五入误差的期望值不等于0,故不用。

思考题:

1. 什么是质量?你认为应如何理解质量的概念?
2. 什么是产品质量?什么是工作质量?它们之间有什么联系?
3. 你从质量管理发展史中能得到什么启示?
4. 什么是质量管理?什么是全面质量管理?你认为应当怎样理解这两个概念?
5. 全面质量管理的基本要求是什么?
6. 开展全面质量管理应当做好哪些基础工作?
7. 如何理解质量管理的工作程序与日常解决生产中质量问题方法的关联?
8. 什么是PDCA循环?其内容和特点是什么?
9. 论述全面质量管理的概念及其特点。
10. 推行全面质量管理工作最有效的组织方法有哪些?

第二章 纺织质量管理的基本方法

本章知识点

1. 老质量管理工具中的调查表、分层法、直方图、散布图、排列图、因果分析图等六种基于数理统计的质量管理工具与方法。
2. 工序能力指数的概念与计算方法。
3. 新质量管理工具中的关联图、亲和图(KJ)、系统图、矩阵图、矩阵数据解析、过程决策程序图(PDPC)及箭头图法等七种工具与方法。

质量管理的基本方法共有十四种。其中,调查表、分层法、直方图、散布图、排列图、因果分析图、控制图等七种方法基于数理统计方法和图表形式,科学地整理和分析质量信息,有效地控制、预防和改进质量问题,称为老七种质量管理工具。1972年,日本在深入开展全面质量管理的过程中,为解决质量改进PDCA循环中P(计划)的整理、展开、方针、目标和安排时间进度等有关问题,提出了非数据的方法,包括关联图、亲和图(KJ)、系统图、矩阵图、矩阵数据解析、过程决策程序图(PDPC)及箭头图法,称为新七种质量管理工具。外加头脑风暴法、对策表、标高分析等工具,形成对老七种工具的补充和丰富。

PDCA循环已在第一章中讲述,控制图将在第四章中讲述,本章介绍其余质量管理基本工具。

特别需要注意的是,所有老、新质量管理工具使用过程中最重要的是质量特性值数据的可靠性和信息完整性,任何一种工具的图或表前都要有详细的货号、品名、制作人、时间等便利与追踪和进行质量信息检索的完整记录。

第一节 老质量管理基本工具

本节讲述调查表、因果分析图、排列图、直方图、分层法和散布图这六种基于数理统计方法和图表形式的质量管理基本工具。

一、调查表

调查表又称检查表、核对表、统计分析表,是由美国费根堡姆博士提出的一种系统收集资料和积累数据、确认事实并对数据进行粗略分析的统计图表。调查表中所利用的为了便于收集和整理数据而自行设计的空白统计表格形式多种多样,在调查产品质量时,只需在相应的栏目内填入数据或记号。

调查表是最基本的质量原因分析方法,也是最常用的方法。在实际工作中,经常把调查表和分层法结合使用,这样可以把可能影响质量的原因调查得更清楚。

常用的调查表主要有不良项目调查表、缺陷位置调查表和工序分布调查表等几种。

1. 不良项目调查表

不良项目调查表主要调查生产中出现的各种不合格品及其不合格品的比率,以便在技术上或管理上采取改进措施并加以控制(实例见表2-1)。

表2-1 五袋款牛仔裤不良项目调查表

品名:五袋款牛仔裤		制单号:T-J-167	
工序:最终检查		部门:缝纫车间	
检查总数(件):2 530		检验员:⑤	
备注:全数检查		合同号:73-2571	
缺陷项目	检验结果		小计
布面疵点	正正正正正正丁		32
后中线线迹不匀、起皱	正正正正正正正下		48
表袋裥线过长	正正正正下		23
商标上下不居中	正		4
裤袢不对称	正丁		7
其他	正下		8
总计			122

2. 工序分布调查表

工序分布调查表是针对计量值进行现场调查的工具。通常根据以往资料,将工序某一质量特性项目的数据分布范围分成若干区间而制成表格,用以现场记录和统计该质量特性数据落在某一区间的频数(表2-2)。

表2-2 某产品重量实测值分布调查表

调查人_____	调查日期_____	调查数(N)_____	工序_____
重量范围(g)	频数记录		频数
9.75～9.80	//		2
9.80～9.85	/////		5
9.85～9.90	///////		7
9.90～9.95	////////////		12
9.95～10.00	///////////////		15
10.00～10.05	///////////////////////		23
10.05～10.10	humanitarian厂厂厂厂/// (18)		18
10.10～10.15	///////////		11
10.15～10.20	//////		6
10.20～10.25	/		1

二、因果分析图

因果分析图(又称石川图、特性要因图、树枝图、鱼刺图)是一种用于分析质量特性(结果)与影响质量特性的因素(原因)之间关系的图,由原日本东京大学名誉教授、武藏工业大学校长石川馨博士发明,其形状如鱼刺,故又称鱼刺图。通过对影响质量特性的因素进行全面系统的观察和分析,可以找出质量因素与质量特性之间的因果关系,最终找出解决问题的办法。

1. 因果分析图的结构

因果分析图中有一条带箭头的主干线,其箭头指向待解决的某个质量特性问题。加工制造企业造成质量特性问题的原因,一般包括人、设备、材料、管理、工艺五大原因。大原因又包括中原因、小原因、更小原因,一直到最终原因,即分析影响质量特性要追究的根本原因。因果分析图的结构见图 2-1。

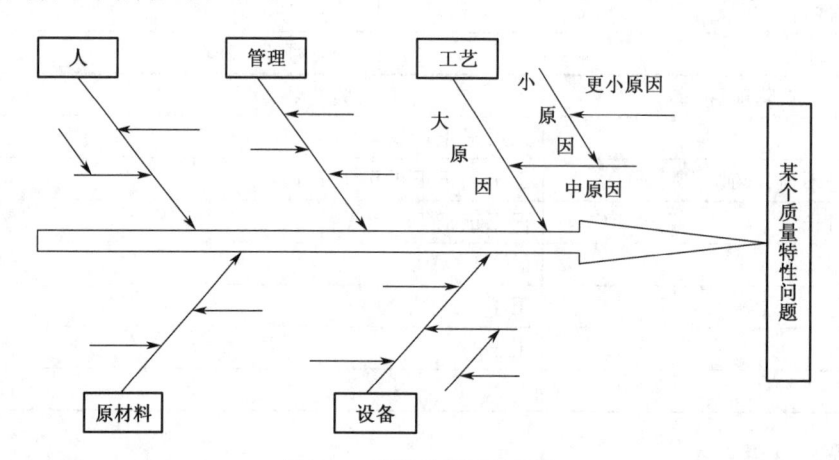

图 2-1 因果分析图的结构

2. 因果分析图作图步骤

(1) 确定要解决的质量问题。

(2) 确定原因,将影响质量的各大小因素按人、设备、材料、管理、工艺五大原因逐级分析并记入因果分析图(图 2-2)。

(3) 检查有无遗漏,对质量影响较大的原因作记号。

(4) 对重要原因作详细说明。

(5) 记上必要事项,如制作时间、单位、参加会议人员、记录绘图者等。

例 2-1 某厂纺纱工序条子粗细不匀因果分析图(见图 2-2)。

3. 因果分析图绘制注意事项

(1) 应充分发扬民主,原因分析应细化到能采取措施为止。

(2) 大原因不一定是主要原因,主要原因可以用与会者表决投票的办法预定(一般可定3~5项)。

(3) 由因果分析图定出主要因素后,再到现场落实主要原因项目,订出措施加以解决。

(4) 再画"因果分析图"检查实际效果。

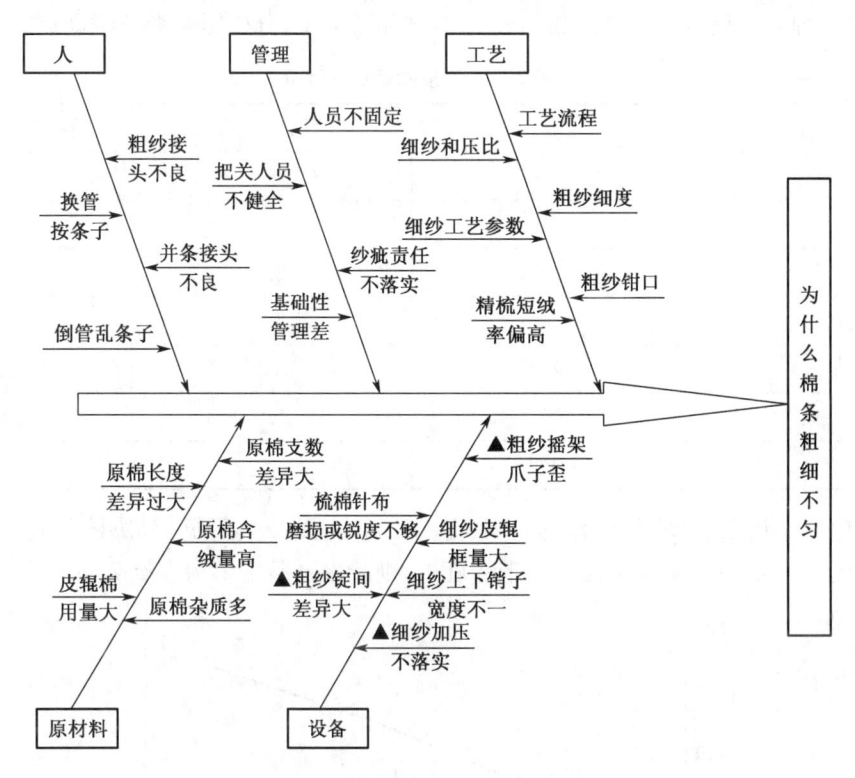

图 2-2　棉条粗细不匀因果分析图

三、排列图法

排列图又称帕累托图或主次因素分析图,是美国质量管理专家朱兰根据意大利经济学家帕累托(V. Pareto)的统计图延伸而创造的,是找出影响产品质量的主要因素的一种有效工具,即分析从哪里入手解决质量问题,从图上可一目了然地看出问题的症结,使用广泛。

排列图中有两个纵坐标、一个横坐标、几个直方形和一条由左向右逐渐上升的折线。左边的纵坐标为频数(如不合格品的件数、金额等),右边的纵坐标为频率(以百分比表示);横坐标为影响产品质量的因素,按影响的程度大小(直方形的高度表示影响程度)从左至右排列;折线(曲线)表示影响因素的大小的累计百分数(帕累托曲线)。通常把这种累计百分数分成三类:

A 类:0～80%,是累计百分数为 80% 的因素,它们显然是影响产品质量的主要问题。

B 类:80%～90%,是累计百分数为 80%～90% 的因素,是次要问题。

C 类:90%～100%,是累计百分数为 90%～100% 的因素,是一般问题。

1. 排列图的作图步骤

(1) 收集数据。收集一定时期内有关产品质量的数据。

(2) 计算影响产品质量项目的频数、累计频率,并在纵坐标上表示出来。

(3) 排列。按各类影响因素的程度大小,从左至右顺序排列,并依次在横坐标上画出直方图,其高度表示该项目的频数。

(4) 作图。按右纵坐标的比例找出各项目的累计百分点,依次将百分比逐一标注在图中相应位置上,从原点开始用直线连接各点,即得帕累托曲线。

例 2-2 某厂弹条绫疵点全年统计数如表 2-3，试作排列图，分析影响弹条绫疵点的主要因素。

表 2-3 弹条绫疵点统计

疵点项目	匹数	百分率/%	累计百分数/%
档子	858	58.2	58.2
带纱	217	14.7	72.9
纬毛	118	8.0	80.9
断纱	108	7.3	88.2
结子	91	6.2	94.3
其他	85	5.7	100
总计	1 477	100	

根据表 2-3 中的统计资料可作排列图（图 2-3）。由图 2-3 可见，解决档子疵点可减少弹条绫织物疵点 58.2%；如果解决档子和带纱疵点，则减少弹条绫织物疵点 72.9%。

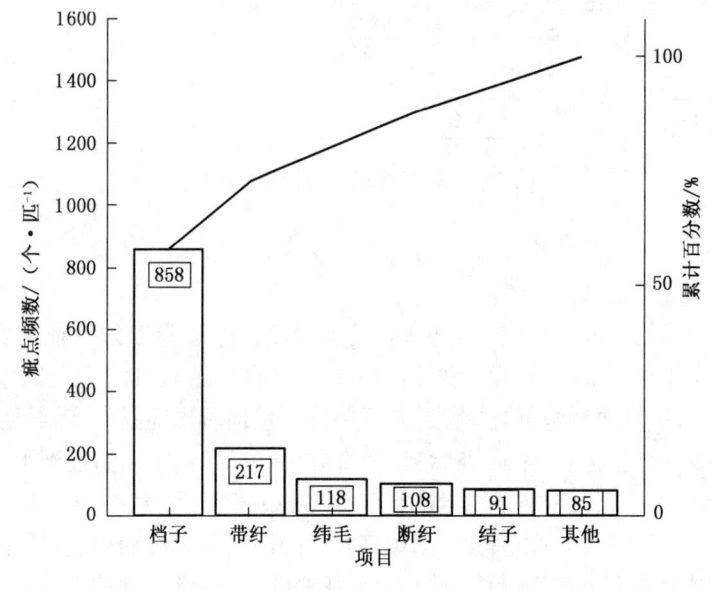

图 2-3 弹条绫疵点排列图

2. 排列图绘制注意事项

（1）各影响质量的因素项目按数值从大到小、从左到右依次排列。横坐标上各因素所占宽度相等，为防止横坐标太长，不太重要的因素合并为其他项（其他项总是在最后，并且不能成为主要因素）。

（2）主要因素（A 类）一般为 2 个，至多不超过 3 个，否则失去寻找主要矛盾的意义，而要重新进行原因分类。

（3）纵坐标可以用"匹数""件数""金额""时间"等分类，原则是以更好地找到主要原因为准。

（4）确定了主要因素，采取措施改进后，为检查"措施的效果"，应重作排列图，并将前后排

列图对照,检查措施实施后的效果如何(措施效果好、措施效果不大),还可以继续寻找余下的重要因素。

主次因素分析图的应用范围很广,既可用于分析质量问题,也可用于分析效率、成本、消耗和劳动。

四、直方图

直方图是频数直方图的简称,是从生产工序加工出来的产品中抽取一定的样品,经检验取得一批数据,然后把这些数据加以系统整理,进行适当分组和计算,绘制成直方图。根据数据个数、平均值与标准差等反映数据集中和离散特性值以及对直方图图形的观察、分析,可判断和预测生产工序的精度、工序质量及其变化,并根据质量特性的分布情况进行适当调查而得出结论,这种分析方法称为直方图法。

直方图的主要作用是:判断一批已加工完毕的产品质量;验证工序的稳定性;为判断"过程是否能够满足顾客要求"(计算工序能力)收集有关数据。

1. 直方图的作图步骤

(1) 收集和记录数据。收集 100 个或以上(至少 50 个及以上)的数据,以 n 表示。根据数据中的最大值 $x_{\max}$ 和最小值 $x_{\min}$,求出极差 R。

(2) 确定分组的组数和组距。根据数据的多少确定组数(可参考表 2-4),以 K 表示,组距以 h 表示:

$$h = \frac{R}{K} = \frac{x_{\max} - x_{\min}}{K} \quad (\text{一般扩大圆整为整数})$$

表 2-4 数据数量与分组数的对应关系

数据个数(n)	50~100	100~250	250 以上
分组数(K)	6~10	7~12	10~20

(3) 确定各组界限和组中值。计算各组的界限位。各组的界限位可以从第一组开始依次计算,第一组的下界为最小值减去组距的一半,第一组的上界为其下界值加上组距;第二组的下界限位为第一组的上界限值,第二组的下界限值加上组距,就是第二组的上界限位;依此类推。注意:为保证每个数据均落在各组内,组界精度单位为测定值单位的 1/2。组中值以 x_i 表示:

$$x_i = \frac{\text{某组上限值} - \text{某组下限值}}{2}$$

(4) 作频数分布表。统计各组数据出现的频数。

(5) 作直方图。以横坐标表示质量特性,以纵坐标为频数(或频率),在横轴上标明各组组界,以组距为底、频数为高,作各组的矩形图,得到直方图。

(6) 在直方图的右上空白区域,记上有关数据资料,如收集数据时间、数据个数、平均值、标准差等。数据平均值和数据标准差分别以 $\bar{x}$ 和 S 表示:

$$\bar{x} = \frac{\sum_{i=1}^{n} x_i}{n} \tag{2-1}$$

$$S = \sqrt{\frac{1}{n-1}\sum_{i=1}^{n}(x_i - \overline{x})^2} \qquad (2-2)$$

例 2-3 捻线工序的捻度不匀是影响产品质量的主要因素之一,控制捻线机锭速是该类产品的质量控制关键点,表 2-5 所示为某产品捻线工序中测定的锭速,共测 100 次,试画直方图分析。

表 2-5 捻线工序锭速   单位:r/min

9 860	9 750	9 860	9 910	9 850	9 860	9 850	9 880	9 860	9 850
9 860	9 880	9 690	9 860	9 690	9 980	9 890	9 870	9 830	9 920
9 960	9 690	9 780	9 600	9 860	9 890	9 780	9 880	9 890	9 780
9 780	9 830	9 880	9 860	9 790	9 930	9 920	9 760	9 810	9 830
9 880	9 780	9 720	9 820	9 880	9 790	9 830	9 970	9 930	9 730
9 790	9 910	9 730	9 850	10 010	9 810	9 930	9 800	9 890	9 830
9 780	10 030	9 830	9 810	9 780	9 720	9 830	9 860	9 780	9 750
9 890	9 960	9 790	9 890	9 960	9 830	9 780	9 860	9 780	9 730
9 880	9 760	9 980	9 860	9 750	9 990	9 870	9 780	9 830	9 870
9 760	9 820	9 890	9 880	9 900	9 860	9 850	9 840	9 810	9 870

解 (1)收集 100 个锭速数据(表 2-5)。

(2)根据表 2-4 确定组数,本例取组数 K 为 9,并计算组距:

$$h = \frac{10\,030 - 9\,600}{9} \approx 50$$

(3)计算并修正组界限及组中值,作频数分布表(表 2-6)。

表 2-6 捻线机锭速频数分布表

组号	组界限	组中值	频数
1	9 625.0~9 675.0	9 650.0	1
2	9 675.0~9 725.0	9 700.0	5
3	9 725.0~9 775.0	9 750.0	9
4	9 775.0~9 825.0	9 800.0	22
5	9 825.0~9 875.0	9 850.0	31
6	9 875.0~9 925.0	9 900.0	20
7	9 925.0~9 975.0	9 950.0	7
8	9 975.0~100 025.0	10 000.0	4
9	100 025.0~100 075.0	10 050.0	1
合计	—	—	100

(4) 作捻线锭速直方图(图 2-4)。

从图 2-4 可见,标准差为 73.95,平均锭速为 9 841.3 r/min,100 个数据,直方图中间高、左右低且对称分布,基本符合正态分布。

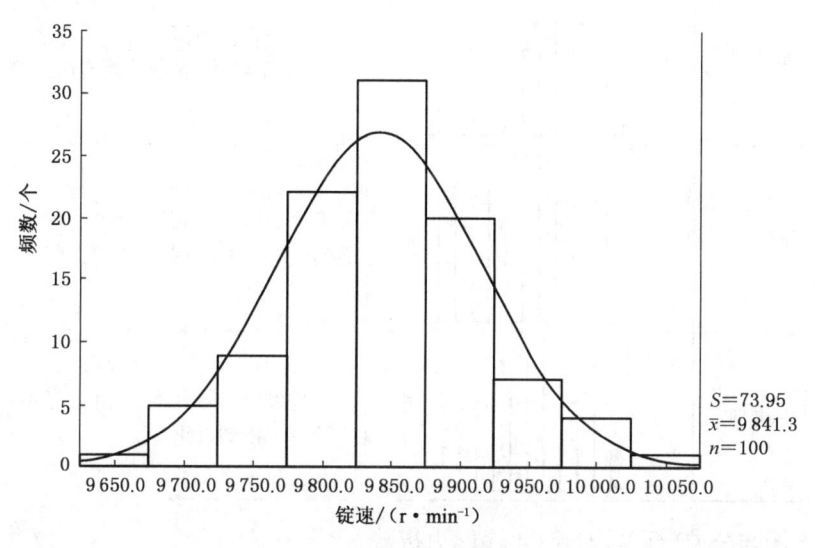

$S=73.95$
$\bar{x}=9\,841.3$
$n=100$

图 2-4　捻线机锭速直方图

2. 直方图的观察分析

(1) 直方图的形态。直方图的观察分析重点为整个图形的形态。常见不同形状直方图及其说明见表 2-7。

表 2-7　常见直方图形状及其说明

序号	类型	分析判断
1	正常型	以中间为峰,左右对称分布,符合正态分布状态。正常直方图说明工序处于统计的控制状态(稳定状态)
2	偏向型	偏向型直方图可能由单向公差要求和加工习惯等引起
3	双峰型	双峰型直方图说明数据来自两个不同的总体

(续 表)

序号	类型	分析判断
4	孤岛型	孤岛型直方图说明可能发生原料混杂、操作失误、技术不熟练、测量工具有误差等问题
5	平顶型	平顶型直方图说明生产过程中可能有缓慢因素的影响,如设备磨损等
6	锯齿型	锯齿型直方图可能是由分组不当或测量数据不准等原因引起的

(2) 直方图与公差(标准)对比(工序能力指数)。

① 直方图与公差(标准)对比。通过直方图整体形状可以判断工序生产状态是否稳定,同时,通过直方图实际分布与公差(标准)比较,可以衡量工序过程生产合格产品的保证能力。直方图与公差对比见表 2-8。

表 2-8 直方图与公差对比

序号	类型	分析判断
1	理想型	公差中心 μ 与实际分布中心 $\bar{x}$ 重合,图形对称分布,并且直方图实际分布与公差下界限 T_L 和公差上界限 T_U 有一定余量,是理想状态,此时可采取控制和监督办法
2	能力富余型	公差区间大于实际分布区间过多,工序能力出现过剩,经济性差,可考虑改变工艺、放宽加工精度或减少检验频次,以降低成本
3	偏心型	公差中心与实际分布中心偏离较大,应通过调整尽量使实际分布中心 $\bar{x}$ 与公差中心 μ 重合

(续 表)

序号	类型		分析判断
4	能力不足型	(图：正态分布曲线，T_L 和 T_U 在分布两侧之内，$\mu, \bar{x}$)	实际分布区间大于公差区间，已经出现不合格品，应多方面采取措施，减少实际分布区间（减少标准差 S）或放宽过严的公差范围

② 工序能力概念。产品质量波动大小，通常是在生产过程处于稳定状态下，以其所形成的概率分布的方差 σ^2 表示。当产品质量特性值服从平均值为 μ、标准偏差为 σ 的正态分布时，根据正态分布的性质，其检验值在 $\mu \pm 3\sigma$ 范围内的概率为 0.997 3，几乎包括全部质量特性。所以，6σ 范围被认为是产品质量正常波动合理的最大幅度，它代表了一个工序过程所能达到的质量水平。因此，所谓工序能力（亦称过程能力），就是工序处于统计控制状态下，加工的产品正常波动的经济幅度，通常用质量特性值分布的 6 倍标准偏差表示，记为 6σ。显然，σ 愈大，工序质量波动愈大，工序能力愈低；σ 愈小，工序能力愈高。

③ 工序能力指数。工序能力指数是指工序在一定时间内，处于统计控制状态下的实际加工能力，即该工序能够稳定生产合格产品的能力（亦称工序能力指数）。

工序能力指数的计算方法，与公差中心是否与实际分布中心重合有关。

A. 实际分布中心与公差中心重合。工序能力指数：

$$C_p = \frac{T_U - T_L}{6\sigma} \approx \frac{T_U - T_L}{6S} \tag{2-3}$$

式中：T_U 为公差上界限；T_L 为公差下界限；σ 为标准偏差；S 为标准差。

B. 单侧公差和实际分布中心与公差中心不重合。

某些产品的质量特性只规定公差下界限或上界限的质量标准，即只有单侧公差，无法确定公差中心及实际分布中心与公差中心不重合，此时不能用式(2-3)计算工序能力指数。

a. 只有公差下界限或实际分布中心偏向公差下界限。工序能力指数：

$$C_{p下} = \frac{\bar{x} - T_L}{3\sigma} \approx \frac{\bar{x} - T_L}{3S} \tag{2-4}$$

b. 只有公差上界限或实际分布中心偏向公差上界限。工序能力指数：

$$C_{p上} = \frac{T_U - \bar{x}}{3\sigma} \approx \frac{T_U - \bar{x}}{3S} \tag{2-5}$$

C. 工序能力指数等级划分。工序能力指数的分级判断可按照 C_p 值划分为五个等级，按其等级高低，在质量管理上可以做出相应的判断和处理。工序能力指数等级划分见表 2-9。

表 2-9 工序能力指数等级划分

等级	C_p 值范围*	公差值区间	总体不合格品率/%	生产过程主要特征
特级	$C_p \geqslant 1.67$	$T \geqslant 10\sigma$	$p \leqslant 0.000\ 06$	工序能力非常充裕，对一般生产可考虑用更经济的工艺方法，放宽检查

（续　表）

等级	C_p值范围	公差值区间	总体不合格品率/%	生产过程主要特征
一级	$1.67 > C_p \geq 1.33$	$10\sigma \geq T > 8\sigma$	$0.006 \geq p > 0.00006$	工序能力充足，生产稳定，质量水平较高，对一般工序可放宽检查
二级	$1.33 > C_p \geq 1$	$8\sigma \geq T > 6\sigma$	$0.27 \geq p > 0.006$	工序能力满足标准值，生产稳定，质量保持水平，经济效益确当，但要加强控制，注意检查
三级	$1 > C_p \geq 0.67$	$6\sigma \geq T > 4\sigma$	$4.44 \geq p > 0.27$	工序能力不足，生产不稳定，质量水平低，经济效益不足，应查明原因，采取措施，进行挑选
四级	$C_p < 0.67$	$4\sigma > T$	$p > 4.55$	工序能力严重不足，生产混乱，质量低劣，应追查原因，采取措施，全检

＊工序能力指数等级划分原则同样适用于$C_{p\text{上}}$。$C_{p\text{下}}$只有单侧公差和实际分布中心与公差中心不重合场合。

如果数据来自某个工程，则工序能力指数评价方法可以扩展成为工程能力指数，其计算和评价方法同工序能力指数。

五、分层法

分层法又叫分类法、分组法。它是按照一定的标志，把收集到的有关某一特定主题的大量统计数据加以归类、整理和汇总的一种方法。分层的目的在于把杂乱无章和错综复杂的数据加以归类汇总，使之更能确切地反映事实。

分层法常与其他统计方法结合应用，如分层直方图法、分层排列图法、分层控制图法、分层散布图法和分层调查表等。

分层的原则是使同一层次内的数据波动幅度尽可能小，而层与层之间的差别尽可能大。为了达到这一要求，通常可以按以下标准对数据进行分层：

(1) 人员。按操作者的年龄、性别、技术水平、班次等分层。
(2) 机器。按设备类型、新旧程度、不同的生产线和工夹具类型等分层。
(3) 材料。按产地、批号、制造厂、规格成分等分层。
(4) 方法。按不同的工艺要求、操作参数、操作方法、生产速度及操作环境等分层。
(5) 测量。按测量设备、测量方法、测量人员、取样方法和环境条件等分层。
(6) 时间。按不同的班次、日期等分层。
(7) 环境。按照明度、清洁度、温度、湿度等分层。
(8) 其他。按地区、使用单位、使用条件、缺陷部位、缺陷内容等分层。

分层方法很多，可根据具体情况灵活运用。有时还可以同时用几种不同方法分层，以便准确找到影响质量问题的关键所在。

特别注意：在收集数据前就要认真考虑数据的条件背景，先分层，再收集数据。

六、散布图

散布图又叫散点图、相关图，它是研究成对出现的两组数据之间关系的图形表示法。通过对成对数据形成的点子云分布状态的观察分析,可以推断两个变量之间的相关程度。这种问题在实际生产中也是常见的,例如在一定的锭速范围内,络筒锭速与纱线张力之间的关系、纱线捻系数与纱线强度之间的关系等。这种关系虽然存在,但又难以用精确的公式或函数关系表示。在这种情况下,用散布图进行分析是很方便的。

1. 散布图的作图步骤

(1) 选定目标。目标可以是质量特性与因素之间的关系,也可以是质量特性与质量特性之间的关系,还可以是因素与因素之间的关系。

(2) 收集数据。一般要收集 30 对以上的数据,同时记录数据收集的日期、工序、取样方法和测定方法等必要信息。

(3) 画出 x 轴和 y 轴。一般横坐标表示原因特性,纵坐标表示结果特性。

(4) 找出 x 和 y 的最大值和最小值。用 x 和 y 的最大值和最小值标定横轴(x)和纵轴(y),两个轴的长度大致相等。

(5) 描点。根据数据对描点,注意当数据点重合时,可围绕数据点画同心圆表示。

(6) 分析和判断散布图。研究、分析散布图上所画点子云的分布状况,确定相关关系的类型和强度。

2. 散布图的分析和判断

散布图的分析和判断有典型散布图对照法、简单象限法等。

典型散布图对照法可将画出的散点图与典型散布图(典型散布图类型见表 2-10)对照,得到两个变量之间是否相关及属于哪一种相关的结论。

简单象限法为在散点图上与 y 轴平行画 P 线,与 x 轴平行画 Q 线,画 P 线、Q 线的原则是使 P 线左、右侧(Q 线的上、下侧)的点数相等或大致相等,P 线、Q 线将散点图分为 4 个象限区域,根据对角线象限内的点数确定何种相关(见图 2-5)。

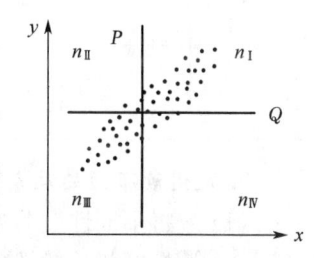

图 2-5 简单象限法示意

当 $n_I + n_{III} > n_{II} + n_{IV}$ 时,为正相关;当 $n_I + n_{III} \leqslant n_{II} + n_{IV}$ 时,为负相关。

表 2-10 典型散布图类型

序号	类型	图示	判断
1	强正相关	$n \geqslant 30$	正相关,相关性强,即某原因直接造成了某种正相关结果
2	强负相关	$n \geqslant 30$	负相关,相关性强,即某原因直接造成了某种负相关结果

（续表）

序号	类型	判断
3	弱正相关	可能有正相关，相关性弱
4	弱负相关	可能有负相关，相关性弱
5	不相关	没有相关关系
6	曲线相关	有某种曲线相关关系

3. 应用散布图的注意事项

（1）应将不同性质的数据分层作图，以防止得出不真实的判断结论。

（2）散布图相关性规律的运用范围，一般局限于观测值数据的范围内，不能任意扩大相关判断范围。

（3）散布图中出现的个别偏离分布趋势的异常点，应在查明原因后予以剔除。

第二节 新质量管理基本工具

本节讲述包括关联图、头脑风暴法、亲和图（KJ）、系统图、矩阵图、矩阵数据解析法、PDPC法、箭头图法、对策表及标高分析等非数据方法的新质量管理工具。

一、关联图

关联图，又称关系图，是用箭头表示各项存在问题的原因—结果、手段—目的等之间错综复杂的逻辑关系的图形，即用连线图来表示事物相互关系的一种方法。关联图可用于企业质量管理方针与计划的制定、分解和落实，制定生产过程中减少不合格品的对策和工序管理上的故障对策。

1. 关联图的作图步骤

（1）由各方面的管理者、员工组成小组，针对所需分析的问题，广泛收集信息，充分发表意见。

(2) 将各因素或问题归纳成简明扼要的短句或词汇,并用"□"或"○"圈起来。
(3) 根据因果关系,用箭头连接短句(词汇)。箭头绘制原则是原因→结果、手段→目的。
(4) 整理图形,尽量减少或消除交叉箭头。
(5) 经小组成员修改、复核,确认一致后定稿。
(6) 将图中主要因素用粗线圈起来或特别注明,问题则用双圈线标明。

黏胶丝由于其湿强低和湿伸长大而在加工工程中需要严格控制环境中的水分。由某企业黏胶丝织造过程中含水率过高的质量问题关联图(图2-6)可见,造成黏胶丝含水率过高的主要原因是员工责任心不强及保燥灯损坏后未及时更换。

2. 关联图应用

关联图法与因果关系图的不同之处在于,关联图说明了五大因素(人、机、料、法、管)之间的横向联系。同时,对于那些因果关系复杂的问题,关联图法可以采用自由表达形式,显示出它们的整体关系。

在关联图中,箭头只进不出的是问题;箭头只出不进的是主要因素,也称为末端因素,是解决问题的关键;箭头有出有进的是中间因素。

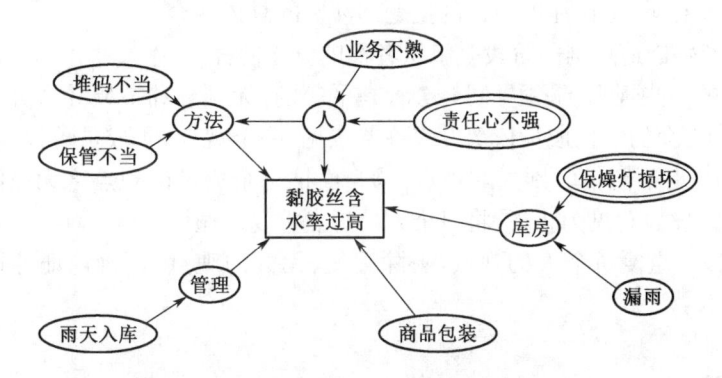

图 2-6 黏胶丝含水率过高的质量问题关联图

关联图可用于以下方面:
(1) 制定质量管理的目标、方针和计划。
(2) 分析产生不合格品的原因。
(3) 制定质量故障的对策。
(4) 规划质量管理小组活动的展开。
(5) 用户索赔对象的分析。

3. 关联图的绘制形式

关联图的绘制形式一般有四种:
(1) 中央集中型关联图。尽量把重要的项目或要解决的问题安排在中央位置,把关系最密切的因素安排在其周围。
(2) 单向汇集型关联图。把重要的项目或要解决的问题安排在右边(或左边),按主要因果关系,将各种因素尽可能地从左(或从右)向右(向左)排列。
(3) 关系表示型关联图。它是以各项目间或各因素间的因果关系为主体的关联图。
(4) 应用型关联图。它是以上述三种图形为基础而使用的图形。

二、头脑风暴法

"头脑风暴"是精神病理学的医学术语,指精神病患者的精神错乱状态;现为产生新观念、刺激新思想时无限制地自由联想和讨论。头脑风暴法最早由美国广告公司 BBDO(Batten,Barton,Durstine & Osborn)副经理奥斯本(A.F.Osborn)在 1939 年提出的广告创新思想方法演变而来。

头脑风暴法又称畅谈法、集思法等。它是一种集体创造思维的方法,采用会议的方式,给与会者创造一种能积极思考、启发联想、大胆创新的良好环境,充分激发各人的才智,为解决问题提供大量的新颖设想,引导每个参加会议的人员围绕着某个中心议题(如质量问题等)广开言路,激发灵感,在自己头脑中掀起头脑风暴,毫无顾忌、畅所欲言地发表独立见解。

头脑风暴法可以用来识别存在的质量问题并寻求其解决的办法,还可以用来识别潜在的质量改进的机会。因此,它在质量管理(QC)小组活动中,尤其在质量改进的活动中,用途很大。比如,画因果分析图、树图、亲和图时,就可运用这种方法。头脑风暴法的应用程序可分为三个阶段。

(1) 准备阶段。明确议题。在会议举行之前两三天,会议主持人在发出邀请通知的时候,应同时附上一份备忘录,上面注明会议的主题和涉及的具体内容。

(2) 引发和产生创造思维的阶段。组织者积极引导发言。

头脑风暴法的一些规则:①领导同与会者是平等的,无领导和被领导之分;②明确头脑风暴会议的目的;③与会的每位成员依次发表一条意见、一个观点;④成员可以互相补充各自的观点,但不能评论,更不能批驳别人的观点;⑤当面把每个成员的观点毫无遗漏地记录下来;⑥会议持续到无人发表意见为止;⑦将每个人的观点重复一遍。

(3) 整理阶段。重复每个人的观点,去除重复、无关的观点,评价论证各种见解,集思广益,按问题进行归纳。

三、亲和(KJ)图

亲和图是 1964 年由日本东京工业大学教授、人文学者川喜田二郎创建的野外科学法。川喜田二郎长期在尼泊尔、喜马拉雅探险,收集了大量错综复杂的事例,通过对这些事例进行有机组合和归纳,形成了问题的全貌,建立了假说。后来,他把这套方法与头脑风暴法相结合,按事物相近性对大量资料加以分类综合,发展成包括提出设想和整理设想两种功能的图示方法(KJ 法)。

亲和图常用于归纳整理头脑风暴法所产生的意见、观点和想法等语言资料,因此在质量保证和质量改进活动中经常用到。

1. 亲和图绘制步骤

(1) 确定活动小组的讨论主题。活动小组的成员最多不应超过 8 人。组织者应用通俗的语言(非专用术语)阐明将要研究的质量问题。

(2) 收集语言资料并使之卡片化。用卡片尽量记录客观采集到的意见、观点和想法,尽量做到每张卡片只记录一次采集到的一条意见、一个观点和一种想法。

(3) 集中卡片。把有关联的卡片归在一组。

① 分成小组。把内容在某点上相同的卡片归在一起,并加一个适当的标题,用笔写在一张"小组标题卡"上。一组最多归纳 10 张卡片。不能归类的卡片,每张自成一组。

② 并成中组。将内容相似的小组卡片归在一起,再给一个适当标题,用笔写在一张"中组标题卡"上。不能归类的自成一组。

③ 归成大组。经讨论再把中组标题卡和自成一组的卡片中内容相似的归纳成大组,加一个适当的标题,用笔写在一张"大组标题卡"上。

(4) 编排卡片,画亲和图。将所有分门别类的卡片,以其隶属关系,按适当的空间位置贴到事先准备好的大纸上,并用线条把彼此有联系的连接起来。如编排后发现不了有何联系,可以重新分组和排列,直到找到联系。

例 2-4 有梭提花织机生产过程中特别容易产生花夹起的病疵,现用亲和图法从提花龙头、车速、目板、经位置线、操作、温湿度等六个方面分析其产生原因(图 2-7),进一步分析,认为车速和经位置线是造成花夹起的主要原因。

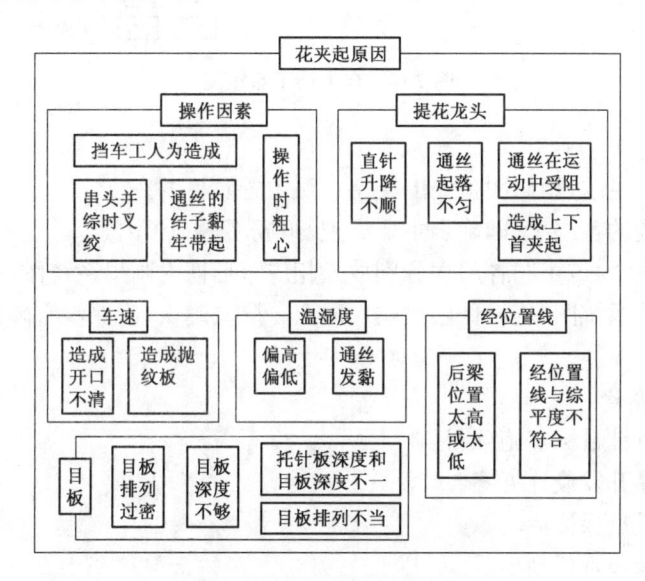

图 2-7 花夹起原因亲和图

2. 亲和图应用

(1) 生产管理活动。应用亲和图可以迅速掌握不熟悉领域的实际情况,找出解决问题的途径;对难以理出头绪的问题进行归纳整理,提出明确的解决办法;通过管理者和员工的共同讨论研究,可有效地贯彻和落实企业的各项措施计划;成员间互相启发,相互了解,促进了相互间的有效合作。

(2) 寻找质量问题的重要工具。亲和图可以用于全面质量管理,制定推行全面质量管理的方针和目标;制定发展新产品的方针、目标和计划;用于产品市场和用户的质量调查;协调各部门的意见;调查协作厂的质量保证活动等。

四、系统图

系统图又称树图,是美国在 20 世纪 70 年代发展和借用可靠性技术中的故障树分析法(FAT 方法)而形成的。系统图是一种树枝状图,表示某个质量问题与其组成因素之间的关系,由此可以明确问题的重点,寻求达到目的应采取的最适当的手段和措施。系统图可以系统地把某个质量问题分解成许多组成因素,以显示出问题与因素、因素与因素之间的逻辑关系和顺序关系。系统图与前述因果分析图类似,都是分析和判断质量问题原因的有效方法,但系统图能更规范、更明确地表示质量问题的因与果之间的关系。

系统图一般自上而下(或自左至右)地进行绘制(见图2-8)。

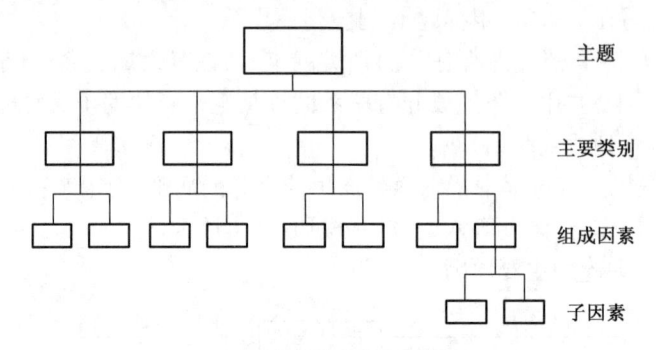

图 2-8 自上而下系统图

1. 系统图作图步骤

(1) 确定研究的主题,用简明扼要的文字表明主题及目的。
(2) 确定该问题的各层次,即确定主要类别、组成因素和子因素。
(3) 构造系统图,将该主题各层次分别放入相应矩形框内画出系统图。
(4) 确认画出的系统图,从最低层次顺次向上一层次确认,确保没有顺序上或逻辑上的错误和空档。

2. 系统图主要用途

(1) 展开企业方针目标实施项目。
(2) 展开新产品开发设计方案。
(3) 展开产品质量保证活动。
(4) 展开企业承包责任制项目。
(5) 探求明确部门职能、管理职能和提高效率的方法。
(6) 用于因果分析,即作为因果分析图使用。

五、矩阵图

矩阵图是一种通过多因素综合思考和探索问题的方法,即从多维问题的事件中,找出成对的因素,排列成矩阵图,然后根据矩阵图来分析问题,确定关键点。

矩阵图的形式如2-9图所示,其中:A为某因素群,A_1,A_2,…,A_M 为属于A这个因素群的具体因素;B为另一因素群,B_1,B_2,…,B_N 为属于B这个因素群的具体因素;行和列的交点表示A和B各因素之间的关系,按照交点所在的行和列的因素是否相关联及其关联程度的大小(可用符号●——相关、○——不相关或△——可能相关表示),可以探索问题的所在和问题的形态,从中得到解决问题的启示。

图 2-9 矩阵图示意

1. 矩阵图的种类

按矩阵图的形式可将矩阵图分为 L 型、T 型、X 型和 Y 型四种(图 2-10)。

L 型矩阵图

T 型矩阵图

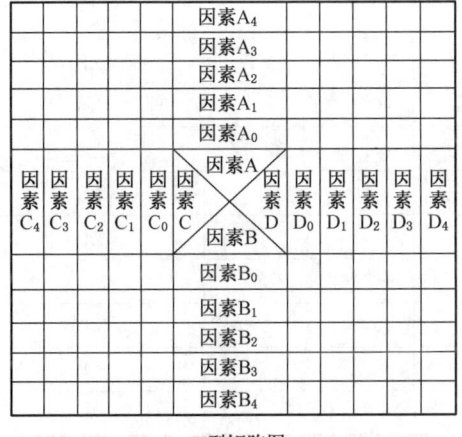

X 型矩阵图

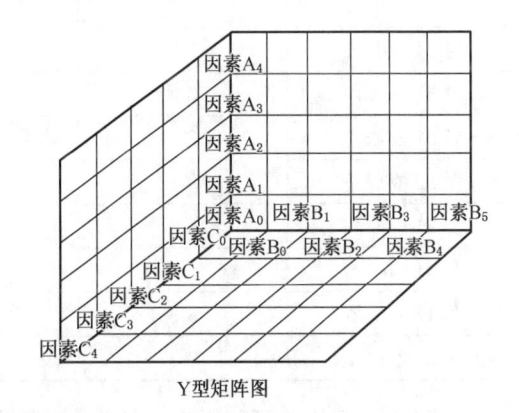

Y 型矩阵图

图 2-10　矩阵图类型

2. 矩阵图作图步骤

(1) 确定需要解决的质量问题。

(2) 把成对因素排列成行和列,表示其对应关系。

(3) 选择合适的矩阵图类型。

(4) 在成对因素交点处表示其相关程度,一般凭经验进行定性判断,可分为相关、可能相关和不相关三种,并用不同符号表示。

(5) 根据相关程度确定必须控制的重点因素,并针对重点因素作对策表。

3. 矩阵图主要用途

矩阵图的应用十分广泛。在质量管理中,常用矩阵图解决以下问题:

(1) 设定系统产品开发、改进的切入点。

(2) 明确应保证的产品质量特性及其与管理机构或保证部门的关系。

(3) 系统核实产品的质量与各项操作及管理活动的关系。

(4) 发现生产工序中不合格品产生的原因。

(5) 进行多变量分析,研究从何处入手,以及以什么方式收集数据。

六、矩阵数据解析法

矩阵图上各元素间的关系如果能用数据定量化表示,就能更准确地整理并分析结果。这种可以用数据表示的矩阵图,叫作矩阵数据解析法。在质量管理新七种工具中,数据矩阵分析法是唯一一种利用数据分析问题的方法,但其结果仍以图形表示。

矩阵数据解析法与矩阵图法类似,但不是在矩阵图内填符号,而是填数据,形成一个分析数据的矩阵。进一步可用将多个变量化为少数综合变量的主成分分析法进行定量计算分析。

表 2-11 表示按性别、年龄分组的人员,分别对 50 块真丝织物风格进行评价。评分等级有 9 个,风格最好评 9 分,最差评 1 分。表中数值是按人员组合分别评价各种真丝织物风格的平均值。

表 2-11 各评价组合对真丝织物风格评价的平均值

评价组合	真丝织物 1	真丝织物 2	…	真丝织物 50
男 20 岁以下	7.8	4.6	…	3.1
男 21～30 岁	5.4	3.8	…	2.8
男 31～40 岁	3.9	4.4	…	3.3
男 41～50 岁	3.5	4.0	…	3.0
男 51 岁以上	3.0	3.5	…	2.5
女 20 岁以下	8.1	6.2	…	3.9
女 21～30 岁	6.0	7.2	…	3.5
女 31～40 岁	5.4	7.5	…	3.0
女 41～50 岁	3.8	7.0	…	2.8
女 51 岁以上	2.5	9.0	…	3.0

矩阵数据解析法可用于市场调查、新产品计划和开发,以及工程分析等领域。

七、PDPC 法

PDPC 法为过程决策程序图(Process Decision Program Chart)法的简称,是在制定计划阶段或进行方案设计时,事先预测可能发生的障碍和结果,从而设计出多种应变计划,以最大的可能引向最终目标(达到理想结果)的一种方法。

PDPC 法的特征如图 2-11 所示。若要从不合格率很高的状态 A_0 转变为不合格率很低

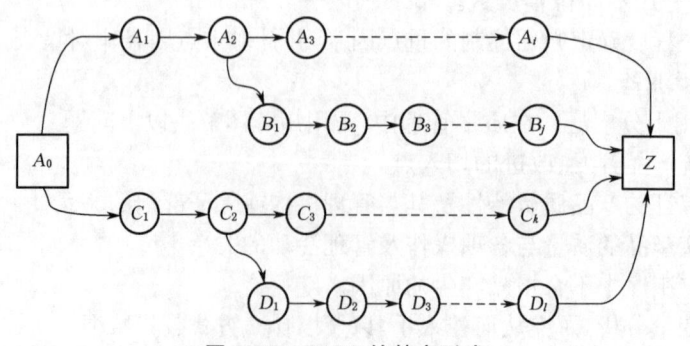

图 2-11 PDPC 的基本形式

的理想状态 Z,即由 A_0 到 Z,有几种途径,设以 A_1,A_2,…,A_i 到 Z 为最佳。但由于从 A_0 到 Z 的难度大,问题不易解决,实现 A_3 很困难时,就要考虑从 A_2 经由 B_1,B_2,…,B_j 序列到 Z。

如果上述两个序列无法达到目的或需耗费若干费用,则可考虑 C_1,C_2,…,C_k,或者 C_1,C_2,D_1,D_2,D_3,…,D_l 等序列,作为达到目的 Z 的手段。

1. PDPC 法作图步骤

(1) 确定目标。

(2) 组织有关人员讨论,提出达到理想状态的手段、措施。对提出的手段和措施,要列举出预测的结果,提出措施方案行不通或难以实施时应采取的措施和方案。

(3) 提出过程中可能出现的问题以及达到目标的最佳途径。

(4) 研讨问题,选定对策方案,并落实实施负责人及实施期限。

(5) 画 PDPC 图。

(6) 不断修订 PDPC 图。按绘制的 PDPC 图进行实施,在实施过程中可能会出现新的情况和问题,需要定期检查 PDPC 图的执行情况,并根据新的情况和问题,重新修改 PDPC 图。

2. PDPC 法的特点

(1) 能从整体上掌握系统的动态并依此判断全局。

(2) 具有动态管理的特征,是运动的,而不像系统图那样是静止的。

(3) 具有可追踪性。PDPC 法很灵活,它既可以从出发点追踪到最后的结果,也可以从最后的结果追踪中间发生的原因。

(4) 能预测那些通常很少发生的重大事故,并在设计阶段预先考虑应对事故的措施。

3. PDPC 法的应用

(1) 制定目标管理中的实施计划。

(2) 制定科研项目的实施计划。

(3) 对整个系统的重大事故进行预测。

(4) 制定工序控制的一些措施。

八、箭头图法

箭头图法又称矢线图法、网络图法。箭头图法用箭头线表示活动,活动之间用节点(称作"事件")连接,只能表示结束-开始关系;每个活动必须用唯一的紧前事件和唯一的紧后事件描述;紧前事件编号要小于紧后事件编号;每一个事件必须有唯一的事件号。

图 2-12 为箭头图法示例。其中字母 A、B、C、D、E、F、G、H、I、J 代表项目中需要进行的活动,箭头则表示活动排序或任务之间的关系。例如,活动 A 必须在活动 D 之前完成;活动 D 必须在活动 H 之前完成,等等。

该项目网络图的格式采用箭头图法或双代号网络图法——用箭头表示活动,用一种被称为节点的连接点反映活动顺序的网络制图技术。

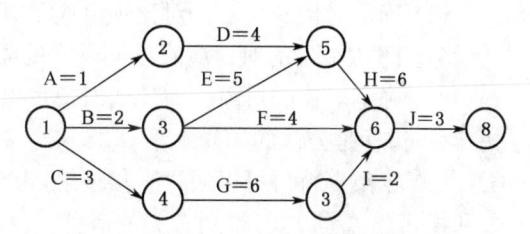

图 2-12 箭头图示例

九、对策表

对策表也叫措施计划表，它既是实施的计划，又是检查的依据。对策表的表头项目应回答"5W1H"的问题，即它应包括要因、目标、对策、执行人、执行地点、预计完成日期和措施等（参见第一章第三节）。在制定其中的各项目标时，最好用定量化数据表达。在无法量化时也应用肯定的定性语言表示，不应用模棱两可的抽象化的语言作为目标，否则对实现的效果无法检查和评价。对策表中的执行人要能够反映出参加质量管理、质量改进的全体人员的参与精神，即每位参与人员至少应承担一部分实施任务。

例 2-5 某丝绸厂 12103 双绉织物的全年检验统计显示，织物疵点中 82% 的疵点是纬向横档和经向错头，现制定对策表，见表 2-12。

表 2-12 12103 双绉纬向横档和经向错头对策表

原因	目标	措施	负责人	进度	协作
织造工艺变化	稳定织造工艺	整顿织造工艺，每天检查相关工艺参数	张××	每天	设备 QC 点
无芯梭子钢针起槽	解决纡子晃动	换钨钢针	王××	逐步	辅助工
油丝织入	杜绝油丝织入	做好清洁工作，制定考核标准	石××	每天	技术员
内控标准不清楚	熟知内控标准	召开专业会议，学习内控标准	叶××	×月×日	技术员
原料变化多	掌握每批原料性能	稳定张力，控制容差范围	李××	经常	张力 QC 点
相对湿度极差大	稳定车间相对湿度	24 h 监测车间温湿度	赵××	每天	温湿度 QC 点

十、标高分析

标高分析又称水平对比，在港台地区被称为标竿管理。标高分析的定义是"对照最强的竞争对手或公认的产业领先者，持续地对本组织的产品、服务以及行事方式进行衡量的过程"。标高分析是一场广泛开展的调研与取经活动，它确保行业最佳行事方式能够被发现、采纳和实施。标高分析是将自己的过程、产品和行事方式同公认的处于领先地位的竞争者的过程、产品和行事方式进行比较，以识别自身质量改进的机会。运用标高分析，有助于认清目标，找到实现目标、持续改进质量的行事手段，并确定为使自己在市场竞争中处于有利地位所应编制的赶超计划的重点内容。标高分析在确定企业质量方针、质量目标和质量改进中都十分有用。标高分析的应用程序如下：

（1）确定对比的项目。对比项目应是过程及其输出的关键特性，如性能、可靠性、成本、油耗量等。过程输出的对比应直接同顾客的需要联系起来。

（2）确定对比的对象。对比的对象可以是直接的竞争对手，也可以不是竞争对手，但其有关项目、指标是公认的领先水平。

（3）收集资料。可以通过直接接触、考察、访问（包括访问顾客）、人员或专家相互交往、广告和报刊杂志等方式，得到有关的信息、资料。

（4）归纳整理和分析资料。分析的目的是针对有关项目确立最好的奋斗目标。

（5）进行对比。根据顾客需要、竞争对手或虽非竞争对手却与对比对象有关的质量指标，确定其质量改进的内容并制定实施计划。对比时应注意以下情况：

① 如果竞争对手的对比项目的质量水平已超过了顾客的需要，则对比时至少应把它作为一个最好的直接奋斗目标。

② 如果竞争对手的对比项目的质量水平没有满足顾客的需要，而非竞争对手的对比项目的质量水平也未满足顾客的需要，则应重新评价顾客的需要。

③ 如果竞争对手的对比项目的质量水平没有满足顾客的需要，而非竞争对手的对比项目的质量水平却满足了顾客的需要，则对比应以顾客的需要为准。

这种方法很像我们常说的"找差距"或"比先进、学先进、赶先进"的活动。

思考题：

1. 老质量管理工具与新质量管理工具各有什么特点？新质量管理工具是如何起到对老质量管理工具的补充和丰富的？
2. 某厂检查分析250匹疵品坯布的疵点原因情况如下表所示，试画出其排列图并分析。

250匹疵品坯布疵点统计表

疵点项目	匹数	疵点项目	匹数
经向	43	破洞	10
纬向	174	其他	12
油污	11	合计	250

3. 某工序张力控制为(30 ± 8)cN，现测得$\bar{x}=32$ cN，$S=2.5$ cN，求工序能力指数。
4. 测得某零件外径尺寸50个数据，如下表所示，其技术要求为(10.00 ± 0.20)mm。试画直方图并分析工序是否正常。

零件外径尺寸数据表　　　　　　　　　　　　　单位：mm

10.08	10.07	10.13	10.13	10.24	10.15	10.08	10.19	10.17	9.98
10.12	9.91	10.08	10.05	9.99	10.03	10.03	9.93	10.05	10.02
10.01	10.05	10.02	10.28	10.01	10.16	9.98	10.04	10.14	10.09
10.13	10.00	10.20	10.07	9.85	10.12	9.96	10.13	10.04	10.14
10.06	10.13	10.18	10.00	10.03	10.15	10.10	9.97	10.05	10.08

5. 绘制因果分析图应注意哪些事项？
6. 关联图和因果分析图的区别与联系是什么？
7. 系统图与矩阵图的特点分别是什么？
8. 亲和图根据什么方法对文字内容进行组合和归纳？对你的分析问题、解决问题的思维、推理有什么帮助？

第三章 纺织统计过程控制

本章知识点

1. 纺织统计过程控制的概念。
2. 纺织品质量波动的原因和规律。
3. 控制图原理。
4. 平均数—极差控制图、中位数—极差控制图、单值—移动极差控制图、不合格品数、不合格品率、缺陷数、单位缺陷数控制图的原理与方法。
5. 控制图的分析。

产品生产制造过程是产品质量形成过程中的重要环节，是企业中参加人员最多、涉及部门最广的一个环节。构成生产制造过程的基本单元是工序。所谓工序，是指在产品制造过程的某一个环节上，为保证生产出符合技术要求的合格品而应具备的全部手段和条件的统称。在质量管理中，一般把这些手段和条件总结为人（Man）、机器（Machine）、材料（Material）、方法（Method）、测量（Measure）、环境（Environment）等六大工序质量影响因素，简称"5M1E"。在生产过程中，"5M1E"同时对产品质量产生影响。产品生产一般都需要经过多道工序，因此，产品的制造质量是由该产品所有的工序加工过程决定的。

统计过程控制（Statistical Process Control，简称 SPC），也叫统计工序控制。它根据产品质量的统计观点，运用数理统计方法对生产制造过程的数据加以收集、整理和分析，从而了解、预测和监控工序生产过程的运行状态，排除发现的质量问题或隐患，达到控制产品质量、降低加工成本并取得经济效益的目的。因此，它又是一种以预防为主的质量控制方法。需要注意的是，采用数理统计方法必须具备两个先决条件：一是有相当稳定的严格按工艺和操作规程办事的生产过程；二是有连续且大批量生产的工程对象。

统计过程控制的定义：利用统计规律判别和控制异常因素造成的质量波动，从而保证工序处于控制状态的手段。

第一节 统计过程控制研究进展

一、统计过程控制

统计过程控制是在 20 世纪 20 年代由美国贝尔实验室的休哈特博士首创的，它利用以统计技术为基础的控制图理论,对生产过程中的各个阶段进行监控,发现过程异常时及时告警,从而达到保证产品质量的目的。

二、统计过程诊断

统计过程诊断(Statistical Process Diagnosis,简称SPD)是在20世纪80年代由我国质量管理专家北京科技大学张公绪教授首次提出的。1980年,张公绪提出选控控制图系列。选控图是统计诊断理论的重要工具,奠定了统计诊断理论的基础。1982年,张公绪又提出了"两种质量诊断理论",解决了多工序、多指标系统的质量控制与质量诊断问题,发展了传统的休哈特统计过程质量控制理论。SPD利用统计技术对产品生产过程中的各个阶段进行监控与诊断,缩短诊断工序是否出现异常的时间,以便迅速采取纠正措施,从而达到减少损失、降低成本、保证产品质量的目的。

三、统计过程调整

统计过程调整(Statistical Process Adjustment,简称SPA)是SPC发展的第三个阶段。SPA可判断出异常,显示异常发生在何处、因何而起,同时还给出调整方案或自动调整。SPA从1990年开始提出,目前尚无实用性成果,正在发展之中。

通常SPC的控制对象是不合格品。在接近零不合格品的过程中,大量产品为合格品,而不合格品仅偶尔出现,故控制对象也自然地由不合格品数改换成为相邻不合格品间的合格品数,从而引出一系列新理论,构成了一个新学科。我国清华大学孙静博士是一位接近零不合格品过程的质量控制专家,提出了接近零不合格品过程的判异准则和判稳准则、接近零不合格品过程的累计和控制图(Cumulative Sum Control Chart,简称CUSUM控制图)、指数移动均值控制图(Exponentially Weighted Moving Averages Control Chart,简称EWMA控制图)等成果。

第二节 纺织产品质量波动及其统计描述

一、纺织产品质量特性值及其波动性

1. 纺织产品质量特性值

如第一章所述,根据特点,产品质量特征值可分为计量值和计数值两类。

(1) 计量值是可以用量仪加以测定并具有连续性质的数值,如织物的幅宽、厚度等。

(2) 计数值是指用"个数"表示并具有离散性质的数值。计数值又可分为两类:只能用件数表示合格或不合格的,称为计件值;只能用点数表示质量特性值的,称为计点值,如织物上疵点等。

2. 纺织产品质量特性值的波动性

大量生产实践证明,无论对生产工序进行如何严格的控制,测量方法、测试手段和环境变化如何的小,生产出来的产品的质量特性值总是存在差别,这种差别称为产品质量的波动性(变异性)。纺织生产过程质量控制主要就是控制这种波动,使其保持在某个规定的范围内。

产品质量特性的波动值,常称为误差。如设产品尺寸的目标值为 x_0,测量值为 x,则误差 ε 可用下式表示:

$$\varepsilon = x - x_0 \qquad (3-1)$$

在纺织产品的加工过程中,加工对象所表现出来的误差是由各种条件误差造成的,它包括设备、工艺和材料组成、系统的精度误差和调整误差以及加工中的测量误差和操作误差等。基于英国生物统计学家费歇尔提出的方差分析原理,将误差区分为两部分。一部分误差的大小和方向的变化是随机的,称为随机(偶然)误差;将误差的大小和方向或保持不变或按一定规律变化的,称为系统误差,如织机打纬机构磨损造成织物纬密变化的误差等。

在生产过程控制中,常用加工精度的概念来反映质量特性值的波动(变异)程度。精度是误差的反义概念,误差大则精度低,误差小则精度高。

精度又可分为以下三个方面:

(1) 准确度。准确度是指得到的测定结果与真实值之间的接近程度,反映系统误差的影响程度。

(2) 精密度。在相同条件下,对被测量物体进行多次反复测量,测得值之间的一致(符合)程度,反映偶然误差的影响程度。

(3) 精确度。精确度是指使用同种备用样品进行重复测定所得到的结果之间的重现性,反映系统误差和偶然误差的综合影响程度。

精度概念可用图 3-1 所示的打靶结果说明,子弹弹着点的分布情况有四种。

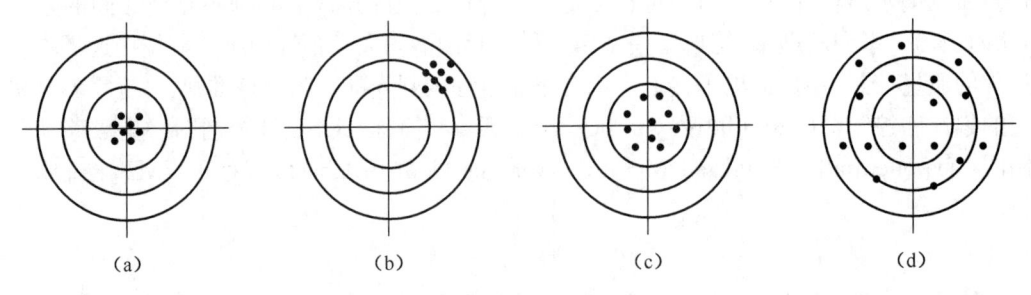

图 3-1 精度概念示意

图 3-1(a),准确度和精密度都好,即精度高,其系统误差与偶然误差都小。

图 3-1(b),精密度高,准确度差,其偶然误差小,系统误差大。

图 3-1(c),准确度高,精密度差,其系统误差小,偶然误差大。

图 3-1(d),准确度和精密度都差,即精度低,其系统误差与偶然误差都大。

二、纺织产品质量波动的原因

如前所述,在生产过程中,产品质量特性值出现波动是不可避免的,这一般由人、机器、材料、方法、测量和环境等基本因素的波动影响所致的。波动可分为两种,即正常波动(偶然误差)和异常波动(系统误差)。

造成偶然误差的因素很多,其来源多种多样。偶然误差的大小和方向随机,并且对产品质量的影响比较小,如织机的振动、纬纱细度的微小变化等。偶然误差值在目标值附近变化,忽大忽小,可正可负。尽管偶然误差的构成因素很多,但这些因素累加起来,由于其正、反作用大都能相互抵消,最终对产品质量的影响是微小的。

显然,偶然误差在加工过程中是不可避免的,即在现有的条件下没有办法消除,或者即使可以消除,由于代价太大而不值得。因此在纺织加工过程中,偶然误差的存在被看作是正常现象,即仅有偶然误差存在的工作状态称为统计工作状态。

系统误差的特点是因素的数目不多,但对产品质量的影响很大,在一定的条件下是能够发现并消除的。一般把产生系统误差的因素分为两类:一类是大小和方向保持不变的;另一类是大小和方向按一定规律而变化的(如服从线性或周期性变化规律)。无论是哪类系统误差因素,都会引起产品质量较大的波动(异常波动)。由于这种异常波动会显著地偏离产品的技术要求,预示着废品将会大量产生,因此应极力避免。通常将这种工作状态称为非稳定状态或非统计控制状态。

三、纺织产品质量波动规律

1. 偶然误差与系统误差的区分原理

由式(3-1)中的各参数可知,目标值 x_0 是一个确定值,测定值 x 为随机变量。因此,产品质量波动值 ε(误差)也是一个随机变量,它是工序中引起偶然误差、系统误差的两类因素共同作用的结果。

由概率统计理论可知,任何一个随机变量,都有相应的概率分布。显然,ε 也遵循一定的分布,但在不同性质的因素作用下,ε 的概率分布却不完全相同。这正是在生产过程控制中能区分两类影响因素的基础。

概率论中的中心极限定理指出:来自某总体(如某加工工序)的 n 个相互独立且具有相同分布的随机变量之和的分布,近似服从正态分布。也就是说,在加工过程中,多个彼此相互独立的随机因素共同对加工对象发生影响,因为个别值所表现出来的偶然差别在整体中相互抵消而形成围绕某数值差别小的数量多,即其出现的概率大,而差别大的数量少,即出现的概率小,最终使整体呈现正态分布。这就是说,在偶然因素的作用下,工序处于稳定状态时,产品质量的波动服从正态分布。在产品加工过程中,一旦上述正态分布所依存的条件受到破坏,即在众多微小的随机因素中某个因素的作用变大,则产品质量将偏移原正态分布,这个显著变大的因素就是系统因素。因此,可以根据偶然误差所遵循的正态分布规律是否发生变化,把偶然因素与系统因素区分开。

同样地,在如不合格品数一类计数值的控制中,只要找出工序处于稳定状态下的波动规律,也同样可以区分出两类不同性质的影响因素,从而消除其中的系统因素,保持工序状态的稳定。概率统计理论已经证明,不合格品数和不合格品率这一类的计件值服从二项分布,而缺陷数等计点值服从泊松分布。

2. 纺织产品质量分布参数描述

由于产品质量波动服从正态分布,因此可用一个集中的位置和分散的趋势定量地反映分布的特征。

(1)反映集中趋势的参数,常用的有以下几个:

① 总体的平均值(数学期望)μ。

② 样本的算术平均数 $\bar{x}$。它能较好地反映数据的集中特性,但个别野值对其影响较大。

③ 中位数 $\tilde{x}$。它是指位于数列中间的数值,对于波动较小的总体(样本),其代表性好,个别野值对其影响较小。

④ 众数 M_e。它是指在构成总体(样本)的个体中,频数出现最多的那个数值。

(2) 反映分散趋势的参数。反映分散趋势或离散程度的特征数，常用的有标准偏差 σ、标准差 S 和极差 R。

① 标准偏差 σ，即构成总体的所有个体和某一个标准的差别程度。标准偏差反映了个体间以平均值为中心的密集程度，其值越小，说明密集程度越高，总体平均值的代表性越好；其值越大，说明密集程度越低，离散程度越大，总体平均值的代表性越差。

② 样本标准差 S（参见第二章第一节）。

③ 极差 R，即数列中最大值与最小值之差。

因此，产品质量的波动性形成一定的概率分布，对于确定的概率分布，又可以通过衡量数值集中和分散程度的数值特征（如 μ 和 σ）来描述，而 μ 和 σ 的大小是由生产过程状态决定的，并反映出加工的精度状况。生产过程状态主要由人、机器、材料、方法、测量和环境六大因素构成。通过对 μ 和 σ 的变化状态进行分析，就可以区分出偶然性因素和系统性因素所造成的质量差别。

第三节 纺织工序质量参数的统计分析

一、工序质量分布参数的显著性检验

总体分布参数的统计检验是在已知分布类型的前提下进行的。

工序总体参数的统计检验内容大体上有两类：

(1) 工序总体的平均值 μ 和标准偏差 σ 未知时，确定该总体是否处于稳定状态，μ 和 σ 是否在技术要求的范围内，即过程能力是否满足设计规范的要求。

这是一个对工序质量因素"5M1E"进行分析，通过一系列的组织管理和技术方面的工作，在保证所控制的总体分布参数 μ 和 σ 能够满足规范要求的前提下，使各个因素都处于正常状态的过程分析问题。

(2) 工序总体的平均值 μ 和标准偏差 σ 已知时，确定该总体分布是否保持稳定状态，是否保持已有的过程能力。

这通常称为过程控制，即在生产过程中，判断是否偏离事先已经确定的标准（或基准），同时采取相应的保证措施。

上述两类统计检验的原理、方法和步骤基本相同，均为统计理论中的判断所提出的统计假设是否成立的显著性检验。

统计检验依据的是小概率原理，即"在一次试验中，小概率事件实际上（不是理论上）是不会发生的"，如果发生了，则应判定统计检验的结果存在着显著性差别。

根据这个原理，可以得到一个推理的方法，即如果某假设 A 是一个小概率事件，现在只进行一次试验，如果在这一次试验中，事件 A 发生了，则自然有理由认为原来的假设不成立。

在小概率原理中提出了小概率事件是否发生的判定标准。假设检验中的核心问题，是选取适当的统计量，并找出其在假设成立的前提下的概率分布。对于给定的显著性水平 α，提出检验的标准——小概率事件发生的临界值，进而对所提出的假设进行判断。

在实际的工序质量控制过程中，总体一般是随时间增加的无限总体或一个数量很大的有限总体，要精确地获取其具体数值是不可能或没有必要的。因此，生产过程中往往根据抽样规

则,从总体中随机抽取样本,由样本平均值 $\bar{x}$ 和极差 R 推断总体的 μ 和 σ。

二、样本均值及极差的概率分布

数理统计理论已经给出以下定理:

(1) 从均值为 μ、标准偏差为 σ 的正态总体中,随机抽取含量为 n 的样本,则平均值的分布也服从正态分布。如果总体不是正态分布,但只要样本的含量足够大($n \geqslant 30$),则样本均值 $\bar{x}$ 的分布也渐近正态分布,并且 $\bar{x}$ 分布的均值 $E(\bar{x})$ 和标准偏差 $\sigma(\bar{x})$ 与总体平均值 μ 和标准偏差 σ 有如下的关系:

$$E(\bar{x}) = \mu \tag{3-2}$$

$$\sigma(\bar{x}) = \frac{\sigma}{\sqrt{n}} \tag{3-3}$$

上述定理给出一个非常重要的统计结论:"不管总体是何种形式的分布,只要样本含量 n 较大时,$\bar{x}$ 的分布渐近于正态分布。"

(2) 从均值为 μ 和标准偏差为 σ 的正态总体中,随机抽取含量为 n 的样本,则样本极差 R 的分布是一个偏态分布,其概率密度曲线与样本 n 有关。

R 分布的均值和标准偏差:

$$E(R) = d_2 \sigma \tag{3-4}$$

$$\sigma(R) = d_3 \sigma \tag{3-5}$$

式中:d_2、d_3 都是与 n 有关的常数(参见表 3-1)。

应当指出,虽然 R 不服从正态分布,但当 $n \geqslant 4$ 时,R 的分布非常近似于正态分布,因此通常都按正态分布处理。

第四节 休哈特控制图原理与绘制

控制图又称管理图,它是由美国贝尔电话研究所的休哈特博士于 1924 年创立的。

一、休哈特控制图原理

1. 控制图形式

控制图形式如图 3-2 所示。控制图一般有三条控制线,分别为细实线表示的控制中心线

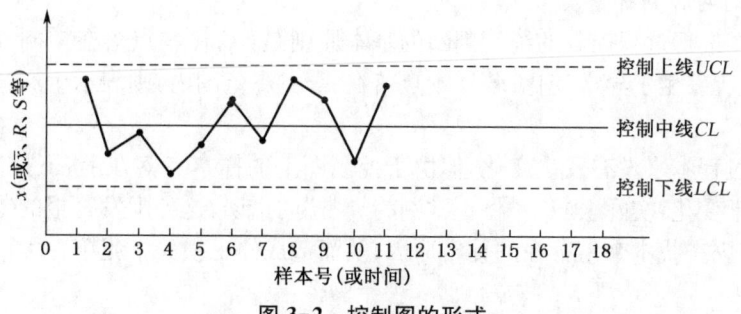

图 3-2 控制图的形式

（CL），虚线表示的上控制界限（UCL）和下控制界限（LCL）。将所控制的质量特性值变为点子描在控制图上，根据其分布与排列情况确定工序是否处于控制状态。

2. 控制界限

上下控制界限与中心线相距数倍标准偏差，它是区分质量波动是由偶然因素引起还是由系统因素引起的准则，从而判明生产过程是否处于统计控制状态。

由正态分布的性质可知，$\bar{x}$ 落在 $\mu \pm 3\sigma_{\bar{x}}$ 范围内的概率为 99.73%（图3-3）。这就是说，只要总体的平均值 μ 和标准偏差 σ 没有发生异常变化，则从总体中抽取的样本，其平均值 $\bar{x}_i$ 基本上不会超出 $\mu \pm 3\sigma_{\bar{x}}$ 的范围，而超出这个范围的概率仅为 0.27%。所以，通常取 $\alpha = 0.0027$，即 $1 - \alpha = 0.9973$ 来确定控制界限的数值。由正态分布的性质可知，此概率的临界值恰好在 $\mu \pm 3\sigma$ 位置上，常称为确定控制界限的"3σ"原则。

控制图的控制界限是根据数理统计原理确定的，为使用方便起见，将根据数理统计原理确定的各类控制图的控制界限系数汇总在表3-1中。

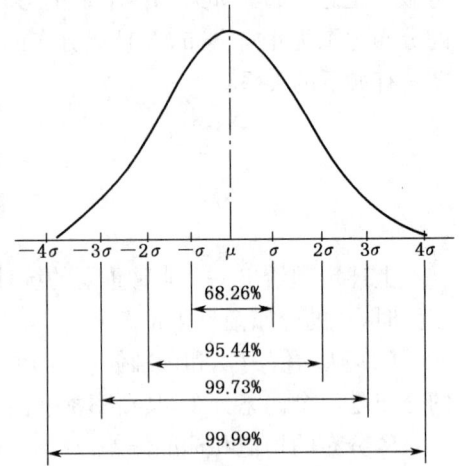

图 3-3　正态分布性质

表 3-1　控制图控制界限系数

组内测量值个数 n	d_2	d_3	A_2	E_2	D_3	D_4	$M_3 A_2$
2	1.128	0.853	1.880	2.660	0	3.267	1.880
3	1.693	0.888	1.023	1.772	0	2.575	1.187
4	2.059	0.880	0.729	1.457	0	2.282	0.796
5	2.326	0.864	0.577	1.290	0	2.115	0.691
6	2.534	0.848	0.483	1.184	0	2.004	0.548
7	2.704	0.833	0.419	1.109	0.076	1.924	0.509
8	2.847	0.820	0.373	1.054	0.136	1.864	0.432
9	2.970	0.808	0.337	1.010	0.184	1.816	0.412
10	3.078	0.797	0.308	0.975	0.223	1.777	0.363

3. 控制图的两种判断错误

利用控制图进行过程控制的统计判断的基本原则是：若样本点落在控制界限 $\mu \pm 3\sigma_{\bar{x}}$ 外面，表示生产过程发生了异常变化；若样本点落在 $\mu \pm 3\sigma_{\bar{x}}$ 范围内，则表示生产过程没有发生异常变化。

如果生产过程本来没有发生变化，但由于控制图上的样本点落在上、下控制界限外，而判断其发生了异常变化，实际上犯了"将正常判为异常"的错误，这种虚发警报的错误叫作第一类错误，其结果是去查找本来不存在的异常原因，从而造成停工损失。犯第一类错误的概率一般记为 α。

若生产过程已经发生变化,但由于控制图上的样本点落在上、下控制界限内,而判断其没有发生异常变化,实际上犯了"将异常判为正常"的错误,这种漏发警报的错误叫作第二类错误,其结果是本应去查找生产过程中的异常因素以采取必要的措施,但却没有进行,于是导致大量不合格品的产生,造成经济损失。犯第二类错误的概率一般记为 β。

那么,能否不发生判断上的错误呢?从上面的分析可以看出这是不可能的。因为控制图上两类错误的大小是相互制约、相互矛盾的。实际上,在过程控制中,有关控制图的设计和使用的基本出发点是,尽量使实际上并不存在异常而去检测这种异常所支付的费用,与实际上存在异常但没有检测出来所支付的费用之间取得平衡,即从权衡两类判断错误所带来的后果出发确定控制界限。所以,对两类判断错误的分析和研究就显得十分重要。

当取显著性水平 $\alpha=0.0027$ 确定控制图的界限时,即犯第一类错误的概率 α 近似为 0.3%,就是说对生产过程发生异常的判断在 1000 次当中可能错报 3 次,通常也称为控制图的"千分之三原则"。α 的取值比一般的统计假设检验水平取值($\alpha=1\%$ 或 5%)要小得多。这说明控制图对生产过程"异常"的预报是比较慎重的,以免过多地干扰生产。

通过上面的分析,影响 α 大小的因素已经很清楚了,这就是控制界限的取值大小。我国及美国、日本等多数国家都采用"3σ"界限原则,即 $\alpha=0.0027$,而英国和北欧等少数国家和地区则采用所谓的概率界限原则。该原则确定控制界限的方法是,预先给出超出一侧控制界限的概率值,如 1%、5% 等整齐的数值,然后依据正态分布原理确定控制界限的位置。实际上,这两种方式的计算结果相差无几。

4. 控制图的分类

(1) 按用途分类。

① 分析用控制图。分析工序是否处于稳定状态,若发现异常,则寻找原因,并采取措施,使工序处于稳定状态;若工序稳定,则进入正常工序控制。

② 控制用控制图。指当判断工序处于稳定状态后,用于控制工序用的控制图。操作工人按规定的取样方式获得数据,通过打点观察,控制异常因素的出现。

日本质量管理的名言之一是:质量管理"始于控制图,终于控制图"。即生产工序开始质量管理时,一般是处于非稳定控制状态,通过运用分析用控制图的初始分析、反馈调节,将工序过程调整到稳定控制状态;然后,才能延长控制图的控制线作为控制用控制图(终于控制图)。

(2) 按工序数据特性分类。控制图按质量数据特点可以分为计量值控制图和计数值控制图两大类。根据国家标准 GB/T 4091,常用控制图及特点如表 3-2 所示。

表 3-2 常用控制图及特点

特征值	分布	控制图名称	符号名称	特点
计量值	正态分布	平均值-极差控制图	$\bar{x}-R$ 控制图	最常用,判断工序是否异常的效果好,但计算工作量大
		中位数-极差控制图	$\tilde{x}-R$ 控制图	计算简便,但效果较差,便于现场使用
		单值-移动极差控制图	$x-R_s$ 控制图	简便省事,并能及时判断工序是否处于稳定状态;缺点是不易发现工序分布中心的变化

(续 表)

特征值		分布	控制图名称	符号名称	特点
计数值	计件值	二项分布	不合格品数控制图	pn 控制图	较常用,计算简单,操作工人易于理解
			不合格品率控制图	p 控制图	计算量大,管理界限凹凸不平
	计点值	泊松分布	缺陷数控制图	c 控制图	较常用,计算简单,操作工人易于理解,使用简便
			单位缺陷数控制图	u 控制图	计算量大,管理界限凹凸不平

二、控制图的绘制

1. $\bar{x}$-R 控制图(平均值-极差控制图)

$\bar{x}$ 图又称为平均值控制图,主要用于分析或控制生产过程中产品质量特性平均值分布的变化;R 图又称为极差控制图,主要用于分析和控制产品质量特性值分布的分散情况的变化。两者联合形成 $\bar{x}$-R 控制图,可以用于分析和控制整个生产过程中质量特性值分布的变化,主要适用于产品尺寸、产品重量、热处理后的机械性能、材料成分含量等服从正态分布的质量特性的控制。

(1) $\bar{x}$ 图的控制界限与中心线。

$$\left. \begin{array}{l} CL = \bar{\bar{x}} = \dfrac{1}{k} \sum_{i=1}^{k} \bar{x}_i \\ UCL = \bar{\bar{x}} + A_2 \bar{R} \\ LCL = \bar{\bar{x}} - A_2 \bar{R} \end{array} \right\} \tag{3-6}$$

式中:$\bar{\bar{x}}$ 为样本平均值的平均值;$\bar{x}_i$ 为某一号样本的平均值;$\bar{R}$ 为样本极差值的平均值;k 为样本数目;A_2 为由每个样本的数据个数 n 确定的系数,可从表 3-1 查得。

(2) R 图的控制界限与中心线。

$$\left. \begin{array}{l} CL = \bar{R} = \dfrac{1}{k} \sum_{i=1}^{k} R_i \\ UCL = D_4 \bar{R} \\ LCL = D_3 \bar{R} \end{array} \right\} \tag{3-7}$$

式中:R_i 为某一号样本的极差值;D_4、D_3 为由每个样本的数据个数 n 确定的系数,可从表 3-1 查得。

(3) $\bar{x}$-R 控制图绘制举例。

例 3-1 某厂生产 12102 双绉,纬向为左、右捻向的 4/22.2/24.4 dtex 生丝加 230 T/(10 cm)。今在加捻工序作捻度不匀特性值的抽样检验,以控制半成品的质量。抽样检验测得的捻度数据列于表 3-3 中,试作 $\bar{x}$-R 控制图。

表 3-3　12102 双绉加捻工序捻度抽样检测数据

订单号:××××　　品名:12102 双绉　　工序名称:加捻　　测量:5 号
机号:8 号　　操作者:1234 号　　测量仪器:捻度仪　　质量特性:230 T/(10 cm)

样本号	捻度测定值/[T·(10 cm)$^{-1}$]					$\sum x_i$	$\bar{x}$	R
	x_1	x_2	x_3	x_4	x_5			
1	224.8	222.4	224.0	219.6	214.0	1 104.8	220.96	10.8
2	226.4	224.6	218.6	220.0	223.8	1 113.4	222.68	7.8
3	231.4	228.0	221.4	221.0	228.2	1 130.0	226.00	10.4
4	226.8	223.4	227.8	223.8	224.6	1 126.4	225.28	4.4
5	219.6	226.2	229.6	219.8	214.4	1 109.6	221.92	15.2
6	228.0	227.4	226.8	225.2	216.8	1 124.2	224.84	11.2
7	223.0	225.0	223.0	222.6	212.4	1 106.0	221.20	12.6
8	221.6	223.0	218.6	220.8	226.8	1 110.8	222.16	8.2
9	228.4	224.4	215.2	212.4	226.6	1 107.0	221.40	16.0
10	222.4	227.0	212.2	218.8	217.0	1 097.4	219.48	14.8
11	226.2	224.2	224.8	223.0	215.0	1 113.2	222.64	11.2
12	221.4	221.6	219.6	216.0	221.6	1 100.2	220.04	5.6
13	223.4	222.8	225.0	226.2	220.8	1 118.2	223.64	5.4
14	219.0	219.6	216.0	217.4	223.6	1 095.6	219.12	7.6
15	224.0	221.6	226.2	224.0	225.6	1 121.4	224.28	4.6
16	227.0	224.2	225.4	224.6	223.8	1 125.0	225.00	3.2
17	224.0	227.4	230.4	222.0	224.4	1 128.2	225.64	8.4
18	228.2	223.6	225.4	218.6	222.2	1 118.0	223.60	9.6
19	222.4	222.8	224.4	220.0	229.0	1 118.6	223.72	9.0
20	223.2	226.2	230.0	217.2	224.8	1 121.4	224.28	12.8
$\sum$						22 289.4	4 457.88	188.8

解　(1) 搜集数据。搜集 100 个数据,记入表 3-3。

(2) 计算各组平均值。

$$\bar{x} = \frac{1}{n}\sum_{i=1}^{n} x_i$$

计算各组平均值时,计算结果应精确到比原始数据多 1 位小数,并将计算的各组平均值分别记入表 3-3。

(3) 计算各组极差值。

$$R = x_{max} - x_{min}$$

式中: x_{max} 为样本组内最大值; x_{min} 为样本组内最小值。

将计算出的各组极差值分别记入表 3-3 中。

(4) 计算总平均值和极差值平均值。

① 总平均值。本例中，

$$\bar{\bar{x}} = \frac{1}{k}\sum_{i=1}^{k}\bar{x}_i$$

$$\bar{\bar{x}} = \frac{220.96+222.68+\cdots+224.28}{20} = 222.894 \ [\text{T}/(10 \text{ cm})]$$

② 极差平均值。本例中，

$$\bar{R} = \frac{1}{k}\sum_{i=1}^{k}R_i$$

$$\bar{R} = \frac{10.8+7.8+\cdots+12.8}{20} = 9.44 \ [\text{T}/(10 \text{ cm})]$$

(5) 计算控制界限。

① $\bar{x}$ 图：

$CL = \bar{\bar{x}} = 222.89 \ [\text{T}/(10 \text{ cm})]$

$UCL = \bar{\bar{x}} + A_2\bar{R} = 222.89 + 0.577 \times 9.44 = 228.33 \ [\text{T}/(10 \text{ cm})]$

$LCL = \bar{\bar{x}} - A_2\bar{R} = 222.89 - 0.577 \times 9.44 = 217.45 \ [\text{T}/(10 \text{ cm})]$

② R 图：

$CL = \bar{R} = 9.44 \ [\text{T}/(10 \text{ cm})]$

$UCL = D_4\bar{R} = 2.115 \times 9.44 = 19.96 \ [\text{T}/(10 \text{ cm})]$

$LCL = D_3\bar{R} = 0 \times 9.44 = 0 \ [\text{T}/(10 \text{ cm})]$

(6) 绘制控制图。根据比例画坐标轴和控制中心线、控制界限，然后把各组的 $\bar{x}$ 值和 R 值变成点子记入相应的 $\bar{x}$ 图和 R 图中，最后将打好的点子按照样本序号用直线连接起来，见图 3-4。

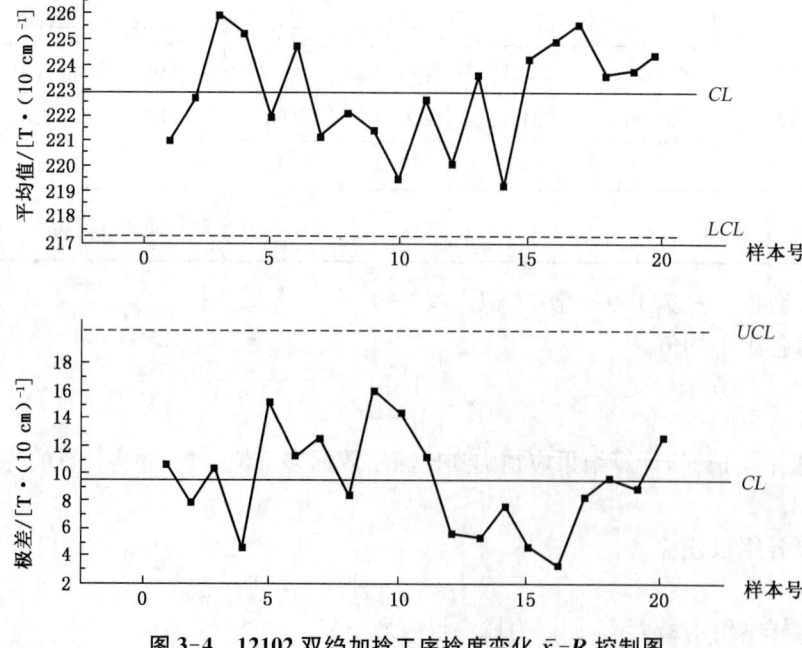

图 3-4　12102 双绉加捻工序捻度变化 $\bar{x}$-R 控制图

2. $\tilde{x}$-R 控制图（中位数-极差控制图）

$\tilde{x}$ 图又称中位数控制图，主要由处于每组质量特性值中间位置的数据来分析或控制生产过程中产品质量特性值集中分布的变化；R 图同上述 $\bar{x}$-R 控制图中的 R 控制图完全一样，用于分析和控制产品质量特性值分布的分散情况的变化；两者联合成 $\tilde{x}$-R 控制图，可以用于分析、控制整个生产过程中质量特性值分布的变化，主要适用于产品尺寸、产品重量、热处理后的机械性能、材料成分含量等服从正态分布的质量特性的控制。

(1) $\tilde{x}$ 图的控制界限与中心线。

$$\left. \begin{array}{l} CL = \bar{\tilde{x}} = \dfrac{1}{k}\sum_{i=1}^{k}\tilde{x}_i \\ UCL = \bar{\tilde{x}} + m_3 A_2 \bar{R} \\ LCL = \bar{\tilde{x}} - m_3 A_2 \bar{R} \end{array} \right\} \tag{3-8}$$

式中：$\bar{\tilde{x}}$ 为样本中位数的平均值；$\tilde{x}_i$ 为某一号样本的中位数；$\bar{R}$ 为样本极差值的平均值；k 为样本数目；$m_3 A_2$ 为由每个样本的数据个数 n 确定的系数，可从表 3-1 查得。

R 控制图的控制界限计算：同 $\bar{x}$-R 控制图中的 R 控制图。

(2) $\tilde{x}$-R 控制图的特点。

① 由于不必计算每个样本的算术平均数，减少了计算量，能较快地绘出控制图。

② 若任何大于或小于中位数的特殊质量特性值改变后仍然大于或小于中位数，中位数不会改变，保持了中位数控制图数据的稳定性，即在一定程度上中位数控制图的中位数抵抗野值的能力较强。而在平均值控制图中，任何数据的变化均会影响平均数 $\bar{x}$ 的变化。

③ 一般在同数据情况下，中位数控制图的上、下控制界限稍宽于平均值控制图的控制界限，即中位数控制图总体估计的精度稍差。

3. x-R_s 控制图（单值-移动极差控制图）

x 图又称单值控制图，不用对数据进行分组和计算各样本组的平均值。当半成品数量较小而无法使用 $\bar{x}$-R 控制图时，或者虽数量较大但需要及时发现工序生产过程中的问题时，可采用单值控制图。此外，对加工时间长、测量费用高的生产过程控制也可用单值控制图。但由于数据个数少，当某种偶然原因出现奇异单值，致使点子超出控制界限时，比较容易出现将正常判为异常的错误判断；同时，单值控制图的检出能力较低，容易漏报生产过程变化的信号。所以，一般将单值控制图与移动极差控制图联用。

(1) x 图的控制界限与中心线。

$$\left. \begin{array}{l} CL = \bar{x} = \dfrac{1}{k}\sum_{i=1}^{k} x_i \\ UCL = \bar{x} + E_2 \bar{R}_s \\ LCL = \bar{x} - E_2 \bar{R}_s \end{array} \right\} \tag{3-9}$$

式中：$\bar{x}$ 为样本 k 个数据的平均值；$\bar{R}_s$ 为移动极差的平均值；E_2 为由每组数据个数 n 确定的系数，可从表 3-1 中查得，当 x 图与 R_s 图联用时，由于移动极差是样本中后一个数据减去前一个数据得到的，所以此处用 $n=2$ 查表 3-1，得到 $E_2 = 2.660$。

(2) R_s 图的控制界限与中心线。移动极差是测得的相邻两个数据之差的绝对值,即:

$$R_{si} = |x_{i+1} - x_i| \tag{3-10}$$

R_s 控制图的控制界限:

$$\left. \begin{array}{l} CL = \overline{R}_s = \dfrac{1}{k-1}\sum_{i=2}^{k} R_{si} \\ UCL = D_4 \overline{R}_s \\ LCL = D_3 \overline{R}_s \end{array} \right\} \tag{3-11}$$

式中:D_3 和 D_4 同式(3-7)。

(3) x-R_s 控制图绘制举例。

例 3-2 某厂为防止 12107 电力纺成品产生急纤病疵,在卷纬工序控制卷纬张力(上限为 34.5 cN)以防止产生急纤病疵(测定数据见表 3-4),试画出 x-R_s 控制图。

表 3-4 12107 电力纺卷纬工序张力实测值

订单号:×××× 品名:12107 电力纺 工序名称:卷纬 测量:2 号
机号:16 号 操作者:0831 号 测量仪器:张力仪 质量特性:≤34.5 cN

样本号	x 值/cN	R_s 值/cN	样本号	x 值/cN	R_s 值/cN
1	34.50	—	7	31.40	1.00
2	34.05	0.45	8	31.00	0.40
3	35.10	1.05	9	30.40	0.60
4	31.10	4.00	10	29.05	1.35
5	30.40	0.70	11	29.30	0.25
6	30.40	0.00	12	31.30	2.00
Σ				378.00	11.80

解 根据式(3-10)求出各组的移动极差,记入表 3-4;再根据式(3-11)求 x 和 R_s 控制图的控制界限:

$$\overline{x} = \frac{378}{12} = 31.50 \text{ (cN)}$$

$$\overline{R}_s = \frac{11.80}{11} = 1.073 \text{(cN)}$$

x 图:
$$CL = \overline{x} = 31.50 \text{(cN)}$$
$$UCL = \overline{x} + E_2 \overline{R}_s = 31.50 + 2.660 \times 1.073 = 34.35 \text{(cN)}$$
$$LCL = \overline{x} - E_2 \overline{R}_s = 31.50 - 2.660 \times 1.073 = 28.65 \text{(cN)}$$

R_s 图:
$$CL = \overline{R}_s = 1.07 \text{ (cN)}$$
$$UCL = D_4 \overline{R}_s = 3.27 \times 1.073 = 3.51 \text{(cN)}$$
$$LCL = D_3 \overline{R}_s = 0 \text{(cN)}$$

绘制的控制图见图3-5。由此图可见，单值控制图中1号和3号样本、移动极差控制图中4号样本均超出上控制界限，说明卷纬工序张力控制不正常，产品已经存在急纤的可能，需要找出原因，排除系统性干扰因素，保证产品质量。

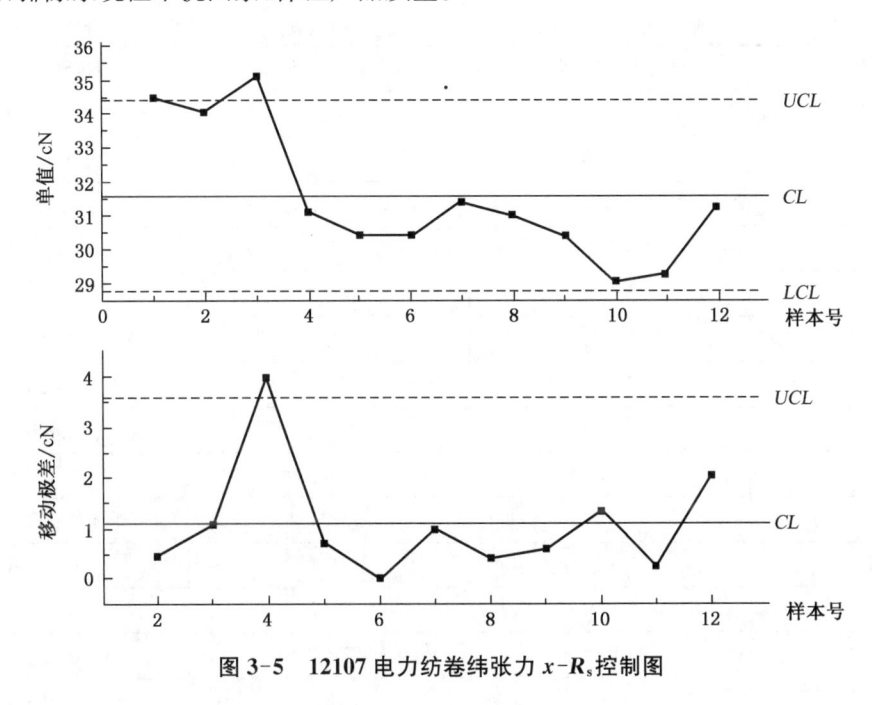

图3-5　12107电力纺卷纬张力 x-R_s 控制图

4. pn 控制图（不合格品数控制图）

在生产处于稳定控制状态时，产品的不合格品数为 $n\bar{p}$。如果生产过程处于统计控制状态，则不合格品数和不合格品率都应在较小的范围内变动。统计过程控制可以用统计方法确定一个不合格品数或不合格品率界限，当不合格品数或不合格品率超过这个界限时，就说明生产过程发生了异常变化，需要进行调整，这就是不合格品数和不合格品率控制图的基本原理。

不合格品数服从二项分布，但根据数理统计理论，当 $n\bar{p}>4$ 时，不合格品数的分布近似正态分布。

（1）pn 控制图控制界限。

$$\left.\begin{aligned}
CL &= 平均不合格品数 = \frac{总不合格品个数}{组数} = n\bar{p} = \frac{1}{k}\sum_{i=1}^{k} n_i p_i \\
UCL &= n\bar{p} + 3\sqrt{n\bar{p}(1-\bar{p})} \\
LCL &= n\bar{p} - 3\sqrt{n\bar{p}(1-\bar{p})} \quad (当 LCL 为负值时，不考虑下控制界限)
\end{aligned}\right\} \quad (3-12)$$

从式(3-12)可见，其控制中心线与样本含量 n 有关。当 n 变化时，控制中心线、上下控制界限以及点的位置都随之有很大变化，很难使用。所以，pn 控制图只在各组的 n 相同时使用。

在使用 pn 控制图时，通常使每个样本中含有 $1\sim5$ 个不合格品，即 $pn=1\sim5$，如果 pn 常为0，则失去控制图的作用；同时，根据上述，当 $n\bar{p}>4$ 时，不合格品数的分布近似正态分布。因此，一般 n 取50或略大于50的数。

（2）pn 控制图绘制举例。

例 3-3 表 3-5 所示为某厂大同绸的全年质量统计资料,试画 pn 控制图。

表 3-5 大同绸全年不合格米数

订单号:××××   品名:大同绸   工序名称:织造   测量:3 号
机号:38 号   操作者:0956 号   测量仪器:经向检验机   质量特性:不合格米数

样本号	样本检查米数 n	不合格米数 pn	不合格品率 p
1	5 369	38.4	0.007 2
2	5 369	53.0	0.009 9
3	5 369	67.9	0.012 6
4	5 369	81.3	0.015 1
5	5 369	145.9	0.027 2
6	5 369	133.6	0.025 0
7	5 369	126.6	0.023 6
8	5 369	214.2	0.040 0
9	5 369	137.6	0.025 6
10	5 369	113.4	0.021 2
11	5 369	72.5	0.013 6
12	5 369	73.7	0.013 8
总计	64 428	1 258.1	0.234 8
平均	5 369	104.8	0.019 6

解 $CL = n\bar{p} = 104.8$ (m)

$$UCL = n\bar{p} + 3\sqrt{n\bar{p}(1-\bar{p})} = 104.8 + 3\sqrt{104.8 \times (1-0.019\ 6)} = 135.21 \text{ (m)}$$

$$LCL = n\bar{p} - 3\sqrt{n\bar{p}(1-\bar{p})} = 104.8 - 3\sqrt{104.8 \times (1-0.019\ 6)} = 74.39 \text{ (m)}$$

大同绸全年不合格米数的 pn 控制图见图 3-6。

图 3-6 大同绸全年不合格米数的 pn 控制图

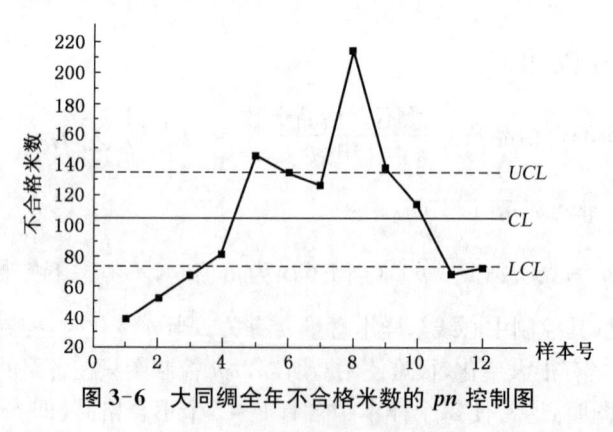

从图 3-6 可以明显看出,5 号、8 号和 9 号样本点超出上控制界限,6 号和 7 号样本点虽然未超出上控制界限,也均接近上控制界限。本例的数据是根据月份测取的,这说明在夏天空气热湿时全黏胶人造丝大同绸织物的生产不稳定,产品质量较差,需要采取措施严格控制生产过

程。而 1 号、2 号、3 号、11 号和 12 号样本点低于下控制界限,对不合格品数控制图而言,说明不合格品数少,生产更加稳定。

5. p 控制图(不合格品率控制图)

p 控制图是主要用于样本含量 n 无法固定时管理不合格品率的一种方法。

p 控制图的控制界限:

$$\left. \begin{array}{l} CL = \bar{p} = \dfrac{\sum\limits_{i=1}^{k} n_i p_i}{\sum\limits_{i=1}^{k} n_i} \times 100\% \\[2mm] UCL = \bar{p} + 3\sqrt{\dfrac{\bar{p}(1-\bar{p})}{n_i}} \times 100\% \\[2mm] LCL = \bar{p} - 3\sqrt{\dfrac{\bar{p}(1-\bar{p})}{n_i}} \times 100\% \end{array} \right\} \qquad (3-13)$$

由式(3-13)可见,随着各个样本 n_i 的变化,上、下控制界限改变,所以不合格品率控制图的上、下控制界限不是直线,而是呈阶梯状的虚线。

为了简化控制界限的计算与绘制,在一定条件下可采取修匀方法,即用 n_i 的平均值 $\bar{n}$ 代替 n_i,将 p 图的上下控制界限绘成直线。其必须满足的条件如下:

(1) $n_{\max} < 2\bar{n}$,其中 $n_{\max}$ 为最大样本含量。

(2) $n_{\min} > \dfrac{1}{2}\bar{n}$,其中 $n_{\min}$ 为最小样本含量。

例 3-4 某厂生产迎春绡的疵品米数如表 3-6 所示,求 p 控制图。

表 3-6 迎春绡的疵品米数

订单号:××××　　品名:迎春绡　　工序名称:检验　　测量:5 号
机号:59 号　　操作者:0321 号　　测量仪器:经向检验机　　质量特性:不合格米数

样本号	检查米数 n	不合格米数 pn	不合格品率 $p/\%$	$UCL/\%$	$LCL/\%$
1	1 154	92	7.97	6.25	2.61
2	546	15	2.75	7.07	1.79
3	1 182	44	3.72	6.23	2.63
4	1 241	46	3.71	6.18	2.67
5	1 232	59	4.79	6.19	2.67
6	1 197	72	6.02	6.22	2.64
7	1 242	27	2.17	6.18	2.68
8	1 025	63	6.15	6.36	2.50
9	1 225	53	4.33	6.19	2.66
10	1 359	56	4.12	6.11	2.75
11	1 256	41	3.26	6.17	2.69
12	811	29	3.58	6.60	2.26
总计	13 470	597	—	—	—

解

$$CL = \bar{p} = \frac{\sum pn}{\sum n} = \frac{597}{13\,470} = 0.044\,3 = 4.43\%$$

$$\sqrt{\bar{p}(1-\bar{p})} = \sqrt{0.044\,3 \times (1-0.044\,3)} = 0.206$$

$$UCL_1 = \bar{p} + 3\sqrt{\frac{\bar{p}(1-\bar{p})}{n_1}} = 0.044\,3 + 3\frac{0.206}{\sqrt{1\,154}} = 0.062\,5 = 6.25\%$$

$$LCL_1 = \bar{p} - 3\sqrt{\frac{\bar{p}(1-\bar{p})}{n_1}} = 0.044\,3 - 3\frac{0.206}{\sqrt{1\,154}} = 0.026\,1 = 2.61\%$$

依此类推,计算出样本号为 2~12 的上下控制界限,并填入表 3-6 中。迎春绡疵品米数的 p 控制图见图 3-7。从图 3-7 可见,1 号样本点超出上控制界限,有系统性因素存在,需要反馈处理;而 7 号样本点小于下控制界限,与 pn 控制图相同,对不合格品率控制图而言,说明不合格品率少,生产更加稳定。因此,对于 pn 控制图和 p 控制图来说,实际起控制作用的是上控制界限,下控制界限只是用来检查生产过程是否发生变化。

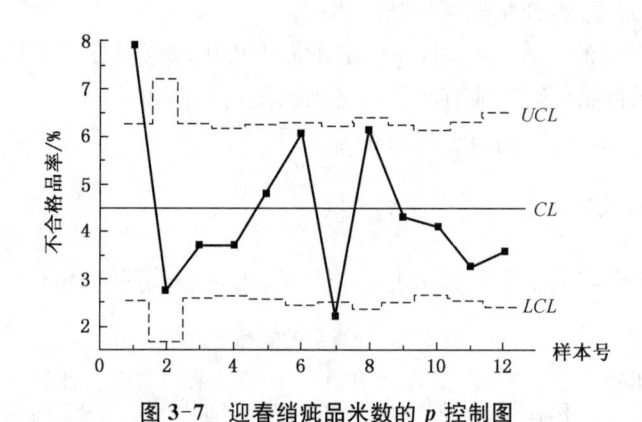

图 3-7 迎春绡疵品米数的 p 控制图

6. c 控制图(缺陷数控制图)

c 控制图和下述 u 控制图的统计数据是计算缺陷点的数目,计点值一般服从泊松分布。

c 控制图是当样本含量 n(长度、面积或体积)一定时,利用产品的缺陷数进行工序生产过程控制的一种形式,如用来控制织物的疵点数、铸件表面砂眼数、喷漆件表面斑点数等缺陷数。根据数理统计理论,当 $\lambda \geqslant 5$ 时,泊松分布趋于正态分布。同时,使用 c 控制图时,应当使每个样本中含有 1~5 个缺陷数。因此,一般加大所取的单位(长度、面积或体积) n 的数值。

c 图控制界限:

$$\left.\begin{array}{l} CL = \bar{c} = \frac{1}{k}\sum_{i=1}^{k} c_i \\ UCL = \bar{c} + 3\sqrt{\bar{c}} \\ LCL = \bar{c} - 3\sqrt{\bar{c}} \end{array}\right\} \quad (3\text{-}14)$$

式中: $\bar{c}$ 为样本平均缺陷数。

例 3-5 每天从全部生产的坯布中随机抽取 50 块(一般为 50~100 块),数出经向疵点数,连续检验 20 天（一般为 20～25 天），数据如表 3-7 所示，求 c 控制图。

表 3-7 坯布经向疵点

订单号：××××　　品名：卡其　　工序名称：检验　　测量：5 号
机号：68 号　　操作者：0563 号　　测量仪器：经向检验机　　质量特性：经向疵点数

样本号	疵点数 c/个	样本号	疵点数 c/个	样本号	疵点数 c/个
1	7	8	1	15	2
2	4	9	8	16	5
3	5	10	3	17	6
4	3	11	4	18	4
5	2	12	5	19	7
6	0	13	4	20	2
7	5	14	3	总计	80

解 控制界限计算：

$$CL = \bar{c} = \frac{1}{k}\sum_{i=1}^{k} c_i = \frac{80}{20} = 4 \text{（个）}$$

$$UCL = \bar{c} + 3\sqrt{\bar{c}} = (4 + 3\sqrt{4}) = 10 \text{（个）}$$

$$LCL = \bar{c} - 3\sqrt{\bar{c}} = (4 - 3\sqrt{4}) = -2 \text{（个）（不考虑）}$$

坯布经向疵点 c 控制图见图 3-8。

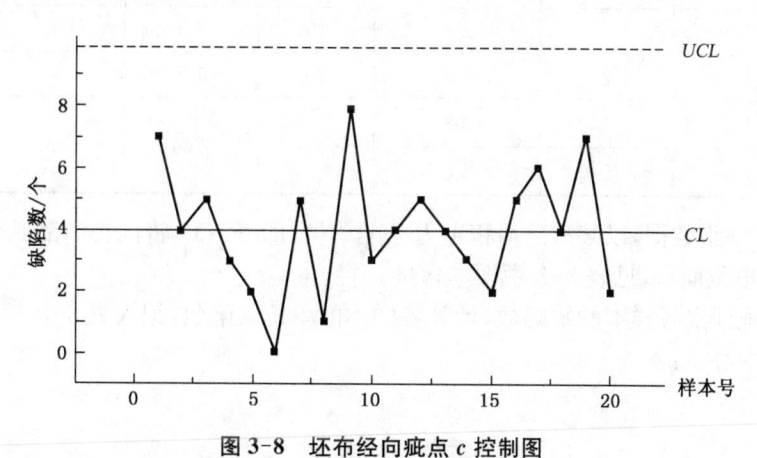

图 3-8 坯布经向疵点 c 控制图

7. u 控制图（单位缺陷数控制图）

当样本含量 n 不固定时，就需要将它换算成一定单位（长度、面积或体积）内的缺陷数来进行控制，即应使用 u 控制图。

u 图控制界限：

$$\left.\begin{array}{l} CL = \bar{u} = \dfrac{\sum\limits_{i=1}^{k} c_i}{\sum\limits_{i=1}^{k} n_i} \\[6pt] UCL = \bar{u} + 3\sqrt{\dfrac{\bar{u}}{n}} \\[6pt] LCL = \bar{u} - 3\sqrt{\dfrac{\bar{u}}{n}} \end{array}\right\} \qquad (3-15)$$

式中：$\bar{u}$ 为样本平均单位缺陷数。

例 3-6 某服装厂对其成品斑点或污点的检验数据如表 3-8 所示，试作单位缺陷数控制图。

表 3-8 服装表面斑点或污点数据表

订单号：××××　品名：男式衬衫　工序名称：检验　测量：9 号
机号：25 号　操作者：0086 号　测量仪器：人工目光检验　质量特性：斑点或污点数

样本号	样本含量 n	缺陷数 c/个	单位缺陷数 u/个	样本号	样本含量 n	缺陷数 c/个	单位缺陷数 u/个
1	1.0	4	4.0	12	1.3	2	1.5
2	1.0	5	5.0	13	1.3	4	3.1
3	1.0	3	3.0	14	1.3	2	1.5
4	1.0	3	3.0	15	1.2	6	5.0
5	1.0	5	5.0	16	1.2	4	3.3
6	1.3	2	1.5	17	1.2	0	0.0
7	1.3	5	3.8	18	1.7	8	4.7
8	1.3	3	2.3	19	1.7	3	1.8
9	1.3	2	1.5	20	1.7	8	4.7
10	1.3	1	0.8	合计	25.4	75	—
11	1.3	5	3.8				

解　(1) 收集 20 组数据，以某产品面积定为标准单位，即 $n=1$，将同类产品其他尺寸的面积都折算成标准单位面积，见表 3-8 中样本含量 n 栏。

(2) 检查统计出各样本的缺陷数，计算各样本的单位缺陷数，记入表 3-8。

(3) 计算中心线：

$$CL = \bar{u} = \dfrac{\sum\limits_{i=1}^{k} c_i}{\sum\limits_{i=1}^{k} n_i} = \dfrac{75}{25.4} = 2.95\,(\text{个})$$

(4) 计算控制界限。因为样本含量 n 不同，所以类似于 p 控制图，需求出不同 n 值的控制界限。

当 $n=1.0$ 时：　$UCL = \bar{u} + 3\sqrt{\dfrac{\bar{u}}{n}} = 2.95 + 3\sqrt{\dfrac{2.95}{1.0}} = 8.10\,(\text{个})$

$$LCL = \bar{u} - 3\sqrt{\frac{2.95}{1.0}} = -2.20 \text{（个）（负数，无意义，舍去）}$$

当 $n = 1.3$ 时：$UCL = \bar{u} + 3\sqrt{\frac{\bar{u}}{n}} = 2.95 + 3\sqrt{\frac{2.95}{1.3}} = 7.47$（个）

当 $n = 1.2$ 时：$UCL = \bar{u} + 3\sqrt{\frac{\bar{u}}{n}} = 2.95 + 3\sqrt{\frac{2.95}{1.2}} = 7.65$（个）

当 $n = 1.7$ 时：$UCL = \bar{u} + 3\sqrt{\frac{\bar{u}}{n}} = 2.95 + 3\sqrt{\frac{2.95}{1.7}} = 6.90$（个）

与 $n = 1.0$ 时类似，n 为 1.3、1.2、1.7 时的下控制界限均为无意义的负数，舍去。

（5）画出服装表面斑点或污点 u 控制图。

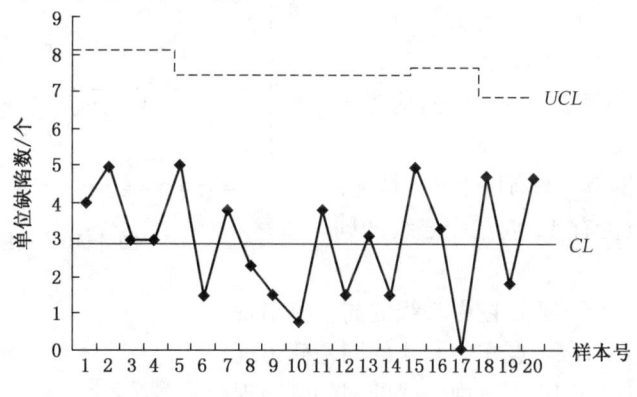

图 3-9 服装表面斑点或污点 u 控制图

第五节 休哈特控制图的观察与分析

如前所述，当生产过程仅受随机因素影响时，控制图中"点"在控制图中心线附近上下随机分布，过程处于统计控制状态（简称受控状态）；当生产过程中存在系统因素的影响时，控制图中"点"的排列出现各种缺陷，过程处于统计失控状态（简称失控状态）；在"点"分布失控状态显现时，工序可能还未出现不合格品，专业技术人员对生产过程进行分析评价，根据反馈信息及时发现系统性因素的征兆，并采取措施消除其影响，使生产过程维持在仅受随机性因素影响的受控状态，以达到控制产品质量、预防不合格品产生的目的。统计过程控制正是利用过程波动的统计规律性对过程进行分析控制，它强调过程在受控和有能力的状态下运行，从而使产品和服务稳定地满足顾客的要求。

因此，控制图中"点"分布状况的观察与分析是其"预报"生产过程是否处于受控状态的关键。

一、生产处于统计控制状态的正常控制图判断

在有限数据内，正常控制图应当没有点子跳出控制界限，并且点子排列无缺陷（异常），点子在控制中心线附近上下随机分布。此时，认为生产过程基本上处于控制状态。

生产过程处于统计控制状态的正常控制图判定方法如下：

(1) 连续 25 点在控制界限内,且点子排列无缺陷。

(2) 连续 35 点最多有 1 点在控制界限外,其他点子在控制界限内,排列无缺陷。

(3) 连续 100 点最多有 2 点在控制界限外,其他点子在控制界限内,排列无缺陷。

二、生产处于非统计控制状态的问题控制图判断

有限数据内非正常控制图的判断原则是点子越出控制界限,或点子虽然没有越出控制界限,但其排列有缺陷,则认为生产过程有系统因素影响而发生了异常变化,必须把引起这种变化的系统原因查出并排除掉。点子在控制图中的排列有缺陷的情况有几种。

1. 链

这里,把点子在中心线一侧接连不断地出现称为"链",点子的个数为链长。链分为两种:

(1) 连续链。连续 7 点以上在中心线的同一侧出现,根据小概率大批量原理,应当把"7 点链"判为"异常"状态(图 3-10)。

(2) 间断链。间断链一般有以下几种情况:

① 连续 11 点至少有 10 点在中心线的同一侧出现。

② 连续 14 点至少有 12 点在中心线的同一侧出现。

③ 连续 17 点至少有 14 点在中心线的同一侧出现。

④ 连续 20 点至少有 16 点在中心线的同一侧出现。

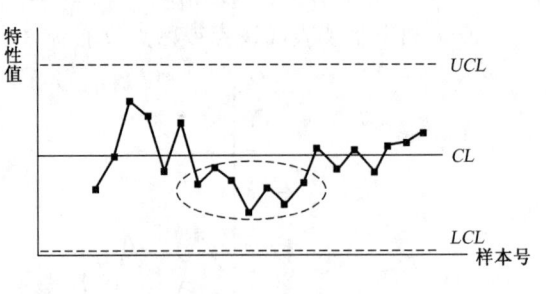

图 3-10 连续链

2. 接近控制界限

"点子接近控制界限",就是指点子连续不断地在样本统计量的两倍标准偏差和三倍标准偏差的区域内出现(图 3-11)。

(1) 连续 3 点至少有 2 点接近控制界限。

(2) 连续 7 点至少有 3 点接近控制界限。

(3) 连续 10 点至少有 4 点接近控制界限。

3. 倾向

倾向是指连续 7 点以上的点子上升或下降(图 3-12)。

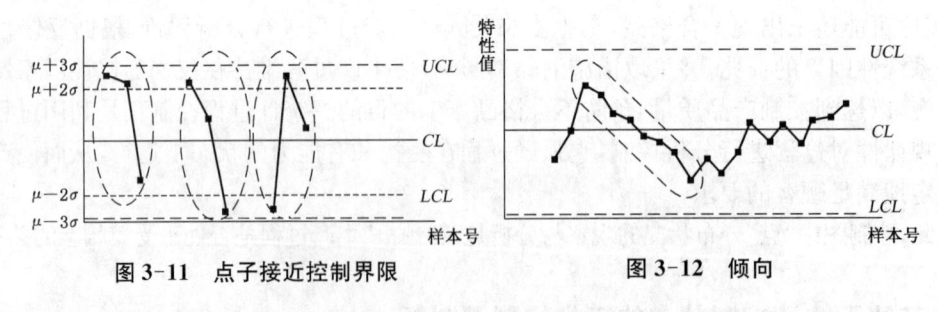

图 3-11 点子接近控制界限

图 3-12 倾向

4. 周期

点子排列呈周期性有多种形式(图 3-13),由于周期性很难掌握,故需较长时间观察才能分析出结果。看出点子呈现周期性后,应当从专业技术出发来寻求周期发生的原因,慎重地判断过程是否出现异常。

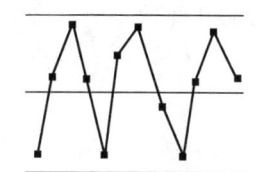

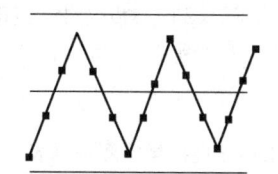

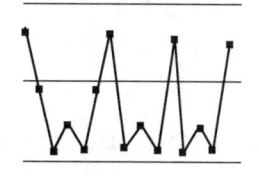

图 3-13 点子出现各种周期

三、控制图的使用

控制图在使用中又可分为分析用控制图和管理用控制图。

分析用控制图主要用来调查生产过程是否处于统计控制状态,如果有点子超出控制界限或排列异常时,分析何处发生了异常,能否消除该异常,从而改进过程的稳定状况,使过程能力(见第二章第一节)满足技术标准的要求。

控制图和直方图的观察分析中,工序能力计算与分析类似,其控制界限是根据 $\pm 3\sigma$ 确定的,如果在控制图上加上公差范围,就可以计算工序能力指数(过程能力),从而确定工序(过程)稳定生产合格产品的能力。

当根据分析用控制图判明生产过程已经处于统计控制状态,而且过程能力满足技术标准要求时,可把分析用控制图的控制界限延长,成为管理用控制图。管理用控制图主要用来管理工序,使之经常保持在统计控制状态下。

思考题:

1. 测得某零件外径尺寸 50 个数据,技术要求为(10.00±0.20)mm,如下表所示。

   (1) 绘制 $\bar{x}$-R 控制图。
   (2) 判断工序是否正常。

样品号	外径尺寸/mm				
	x_1	x_2	x_3	x_4	x_5
1	10.08	10.07	10.13	10.13	10.24
2	10.12	9.91	10.08	10.05	9.99
3	10.01	10.05	10.02	10.28	10.01
4	10.13	10.00	10.20	10.07	9.85
5	10.06	10.13	10.18	10.00	10.03
6	10.15	10.08	10.19	10.17	9.98
7	10.03	9.93	10.05	10.10	10.02
8	10.16	9.98	10.04	10.14	10.09
9	10.12	9.96	10.13	10.04	10.14
10	10.15	10.10	9.97	10.05	10.08

2. 某厂生产 12102 双绉,纬向为左、右捻向 4/22.2/24.4 dtex 生丝加 230 T/(10 cm)。今在加捻工序作捻度不匀特性值的抽样检验,以控制半成品的质量。抽样检验测得的捻度数据列于下表中。试作 $\tilde{x}$-R 控制图。

表 12102 双绉加捻工序捻度抽样检测数据表

订单号:××××　　品名:12102 双绉　　工序名称:加捻　　测量:5 号
机号:8 号　　操作者:1234 号　　测量仪器:捻度仪　　质量特性:230 T/(10 cm)

样本号	捻度测定值/[T·(10 cm)$^{-1}$]					$\sum x_i$	$\tilde{x}$	R
	x_1	x_2	x_3	x_4	x_5			
1	224.8	222.4	224.0	219.6	214.0			
2	226.4	224.6	218.6	220.0	223.8			
3	231.4	228.0	221.4	221.0	228.2			
4	226.8	223.4	227.8	223.8	224.6			
5	219.6	226.2	229.6	219.8	214.4			
6	228.0	227.4	226.8	225.2	216.8			
7	223.0	225.0	223.0	222.6	212.4			
8	221.6	223.0	218.6	220.8	226.8			
9	228.4	224.4	215.2	212.4	226.6			
10	222.4	227.0	212.2	218.8	217.0			
11	226.2	224.2	224.8	223.0	215.0			
12	221.4	221.6	219.6	216.0	221.6			
13	223.4	222.8	225.0	226.2	220.8			
14	219.0	219.6	216.0	217.4	223.6			
15	224.0	221.6	226.2	224.0	225.6			
16	227.0	224.2	225.4	224.6	223.8			
17	224.0	227.4	230.4	222.0	224.4			
18	228.2	223.6	225.4	218.6	222.2			
19	222.4	222.8	224.4	220.0	229.0			
20	223.2	226.2	230.0	217.2	224.8			
$\sum$								

3. 某厂为防止洋纺成品产生急纤病疵,在卷纬过程中实测张力如下表(张力标准的上限为 34.5 cN)。请画出 x-R_s 控制图,并分析生产过程是否处于统计控制状态。

样本号	x 值/cN	R_s 值/cN	样本号	x 值/cN	R_s 值/cN
1	34.5		7	31.4	
2	34.05		8	31.0	
3	35.1		9	30.4	

(续 表)

样本号	x 值/cN	R_s 值/cN	样本号	x 值/cN	R_s 值/cN
4	31.1		10	29.05	
5	30.4		11	29.3	
6	30.4		12	31.3	

4. 某服装厂生产大批学生运动服,每小时随机抽取 200 件作为样本进行检查,共抽取 200 组,其结果见下表。试画出 pn 控制图并分析工序状态。

样本号	样本检查数 n/件	不合格品数 pn/件	不合格品率 p
1	200	13	
2	200	7	
3	200	12	
4	200	8	
5	200	11	
6	200	9	
7	200	7	
8	200	13	
9	200	10	
10	200	12	
11	200	9	
12	200	6	
13	200	8	
14	200	11	
15	200	15	
16	200	7	
17	200	9	
18	200	5	
19	200	8	
20	200	10	
总计	4000	190	
平均			

5. 某厂生产伊人绡的疵品米数如下表。求 p 控制图。

伊人绸的疵品米数

样本号	检查米数 n	不合格米数 pn	不合格品率 p/%	UCL/%	LCL/%
1	1 154	82			
2	546	18			
3	1 182	44			
4	1 241	46			
5	1 232	56			
6	1 197	74			
7	1 242	27			
8	1 025	43			
9	1 225	53			
10	1 359	57			
11	1 256	41			
12	811	29			
总计	13 470	570			

6. 每天从全部生产的坯布中随机抽取 50 块,数出纬向疵点数,连续检验 20 天,数据如下表。求 c 控制图。

坯布纬向疵点

样本号	疵点数 c/个	样本号	疵点数 c/个	样本号	疵点数 c/个
1	5	8	1	15	7
2	4	9	4	16	5
3	7	10	3	17	2
4	3	11	4	18	4
5	5	12	5	19	2
6	0	13	8	20	6
7	2	14	3	总计	80

第四章 纺织产品设计中的质量控制

本章知识点

1. 质量工程技术概念。
2. 信噪比概念,以噪声概念理解纺织品质量波动的原因。
3. 三次设计。

在制造过程中,质量控制的应用无论在理论上还是在实践中都取得了巨大的成效。质量控制在产品设计中的应用起步较晚,但发展很快,其中以日本质量管理专家田口玄一博士的质量工程技术为代表,并在应用上取得了显著效果。

关于质量工程技术的概念,田口玄一博士认为,产品的可靠性、稳定性、寿命等根本性的质量,属于是设计质量问题,是由产品的设计质量所决定的。他强调产品质量的提高不是通过检验,而是通过设计才能实现的。其基本思想就是源头治理,即利用稳健设计技术寻找可控因素的一组水平组合,使刻画产品、工艺过程性能或技术功能的输出质量特性围绕设计目标呈现的波动尽可能地小,通过控制源头质量来抵御大量的下游生产或实际使用中的噪声或不可控因素的干扰,这些因素包括环境温度、材料老化、制造误差、零件间波动等。在产品设计过程中,利用质量、成本、效益的函数关系,在低成本的条件下可生产出高质量的产品。

质量工程技术包括四大技术:线外质量管理(设计研制中的质量管理)技术、线内质量管理(生产线上的质量管理)技术、计量管理技术和试验设计技术。本章简单介绍线外质量管理技术的内容,第二章和第三章介绍的是线内质量管理技术的内容。计量管理技术和试验设计技术不属于本书内容,可参阅有关书籍。

第一节 质量波动的原因

田口玄一博士借用损失函数的概念,提出了全新的质量概念,把质量与维修统一起来,把专业技术与试验设计技术紧密联系起来,找出提高产品质量的有效途径。

一、质量的概念

美国工业界认为"品质就是符合规格"。因此,一般质量的概念是质量特性值愈接近目标

值,产品发生故障甚至丧失功能性的可能愈小,给用户和社会带来损失的可能性也减少,用户就愈满意。与传统的质量概念不同,田口玄一博士认为所谓质量"是指产品出厂后给社会带来的损失"。质量好,社会损失小;质量差,社会损失大。此定义将质量和经济性密切结合起来。

二、质量波动的原因

质量控制的主要目的之一就是控制产品质量特性值波动。因为质量特性值波动超越一定界限就会使产品发生故障或丧失功能。田口玄一博士借助电子学的术语"干扰",将质量波动的原因大致分为三个方面。

1. 外部干扰（外噪声）

环境因素和使用条件的变化或波动,如温度、湿度、机械振动、腐蚀气体等的变化或波动,会引起产品性能波动。这些干扰会使质量性能不稳定,影响产品功能的正常发挥。这些干扰出现在产品的外部,故称为外部干扰(外噪声)。

2. 内部干扰（内噪声）

产品在存放或使用过程中,产品本身的零件、材料会随时间延续发生质量变化,从而引起产品性能变化。如纺织材料在使用中因承载负荷而产生的磨损、蠕变,以及在服用过程中太阳紫外线照射引起的纺织材料泛黄、老化等,都会恶化产品质量特性,使产品发生故障甚至丧失功能。这些使产品性能波动的原因存在于产品本身内部,故称为内部干扰(内噪声)。

3. 随机干扰（产品间波动）

构成产品的原料质量波动,以及制造过程中操作、设备、工艺、原料和环境等波动,使得按同一规格和相同生产条件生产出来的一批产品之间的质量特性产生波动。这种波动称为随机波动(产品间波动),也属于内干扰。

产品的质量好,性能稳定,应表现为产品性能波动小。在各种外干扰和内干扰的情况下,产品仍然能够正常发挥其功能,才算得上性能优良的产品。产品设计质量主要表现为其抗干扰的性能。可靠性与外部干扰有关,稳定性与内部干扰有关,均匀性与随机干扰有关,它们都是评价产品质量的标准。

第二节 质量损失函数及其表达式

干扰会引起产品功能的波动,而有波动就会造成质量损失,所以质量损失与波动程度有关。如何度量功能波动所造成的损失呢? 田口玄一博士把功能波动与经济损失联系起来,提出了质量损失函数的概念。

一、质量损失函数及其表达式

1. 质量损失函数表达式

设产品的质量特性值为 y,目标值为 m。当 $y \neq m$,即 $|y-m| \neq 0$ 时,会发生经济损失,$|y-m|$ 值越大,损失越大。如某产品质量特性值 y 的损失函数记为 $L(y)$,为了得到 $L(y)$ 的表达式,将函数 $L(y)$ 在 $y=m$ 的周围展开为泰勒级数,即:

$$L(y) = L(m) + \frac{L'(m)}{1!}(y-m) + \frac{L''(m)}{2!}(y-m)^2 + \cdots \quad (4-1)$$

设 $y=m$ 时，$L(y)=0$，即 $L(y)$ 在 $y=m$ 时有极小值，所以其一阶导数 $L'(m)=0$。式(4-1)中右端第一项、第二项均为0。又因为 $|y-m|$ 非常小，故式(4-1)中第四项以后所有的高次项可以忽略不记（即略去二阶以上的高阶项），则质量损失函数的近似表达式：

$$L(y) = \frac{L''(m)}{2!}(y-m)^2 \quad (4-2)$$

令 $K = \frac{L''(m)}{2!}$，则：

$$L(y) = K(y-m)^2 \quad (4-3)$$

式中：$(y-m)^2$ 反映了质量特性值与目标值的接近程度，即产品功能波动的大小；K 是不依赖于 y 的常数，K 值愈大，损失愈大。

式(4-3)表示的函数为质量损失函数，它是二次函数，所以质量损失函数曲线是以 m 为中心的抛物线（图4-1）。

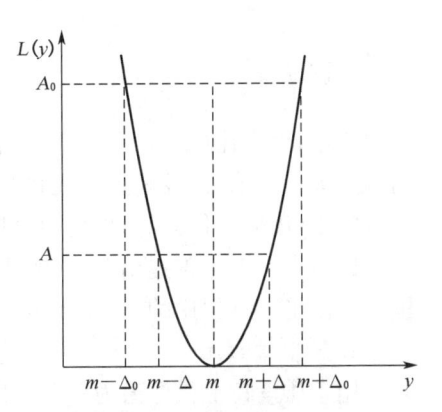

图 4-1 质量损失函数

2. K 值的确定

由式(4-3)可知，只要知道质量损失函数 $L(y)$ 上的一个点，就可求得常数 K。通常利用功能界限值（$\pm\Delta_0$）及相应的质量损失 A_0 求 K 值。

功能界限值（$\pm\Delta_0$）是指产品极限允许偏差，即产品功能能够正常发挥的界限值。

当 $|y-m|<\Delta_0$ 时，产品功能正常；当 $|y-m|\geqslant\Delta_0$ 时，产品失去功能，造成质量损失，记为 A_0。由式(4-3)可得：

$$A_0 = K\Delta_0^2 \quad \text{或} \quad K = \frac{A_0}{\Delta_0^2} \quad (4-4)$$

二、信噪比（S/N）

S/N（Signal-to-Noise Ratio）起源于通信领域，作为评价通信设备、线路、信号质量优良性的指标。田口玄一博士将这一概念引申到质量工程中，作为评价产品质量特性稳定性的指标。

为了获得稳定性好的质量，希望质量特征愈接近目标值愈好；同时，要求质量特征对噪声干扰的抵抗力愈强愈好，即要求质量特征试验的多次观察值的平均值愈接近目标值愈好，且偏差变化愈小愈好。由于信噪比函数既考虑到质量特征的平均水平又考虑到其波动范围，因此，用 S/N 评价质量水平是比较合理和全面的。信噪比即 S/N 愈大，说明产品质量水平愈高。

在产品设计、制造工艺过程和试验条件下，如有若干个质量特性值，设它们与各自目标值之差为 $y_1, y_2, \cdots, y_n$。在质量工程中经常运用的评价指标：

全波动 $\qquad\qquad\qquad S_T = y_1^2 + y_2^2 + \cdots + y_n^2 \quad (4-5)$

一般平均波动 $\qquad\qquad S_m = \dfrac{y_1^2 + y_2^2 + \cdots + y_n^2}{n} \quad (4-6)$

误差波动 $$S_e = S_T - S_m \tag{4-7}$$

误差方差 $$V_e = \frac{S_e}{n-1} \tag{4-8}$$

信噪比 $$\eta = \frac{\frac{1}{n}(S_m - S_e)}{V_e} \tag{4-9}$$

灵敏度 $$S = \frac{1}{n}(S_e - V_e) \tag{4-10}$$

其中，信噪比(S/N)是质量工程中用得较为广泛的质量评价指标。同时，为避免计算中出现过大的数值，以及增加其在机械、电器、化学、纺织等方面的使用面。S/N 一般采用常用对数的 10 倍分贝值计算，单位为分贝(db)。

田口玄一博士曾提出 70 多种不同的信噪比函数表达式，每一种都有其适用的条件和范围。下面是三种常用的 S/N 函数：

1. N 型信噪比

用于质量特征目标值为一确定值(望目特性)的情况下的试验结果的分析和优选，如尺寸等质量特征的设计。

$$\eta = 10\log \frac{\frac{1}{n}(S_m - S_e)}{V_e} \text{(db)} \tag{4-11}$$

2. S 型信噪比

用于质量特征目标值为愈小愈好(望小特性)的情况下的试验结果的分析和优选，如噪声、有害物质、污染等质量特征的设计。

S 型信噪比具有不取负值、希望愈小愈好的特性。设望小特性值与目标值零的偏差为 $y_1, y_2, \cdots, y_n$，则其方差为 σ^2：

$$\sigma^2 = (y_1^2 + y_2^2 + \cdots + y_n^2) \tag{4-12}$$

S 型信噪比：

$$\eta = 10\log \frac{1}{\sigma^2} = -10\log \frac{1}{n}\sum_{i=1}^{n} y_i^2 \text{(db)} \tag{4-13}$$

3. B 型信噪比

用于质量性能目标值为愈大愈好(望大特性)的情况下的试验结果的分析和优选，如强度、寿命等质量特征设计。

B 型信噪比具有不取负值、希望愈大愈好的特性。设望大特性 y，如取其倒数，就可以和望小特性同样处理。此时的方差 σ^2：

$$\sigma^2 = \frac{1}{n}\left(\frac{1}{y_1^2} + \frac{1}{y_2^2} + \cdots + \frac{1}{y_n^2}\right) \tag{4-14}$$

望大特性的 S/N：

$$\eta = -10\log \sigma^2 = -10\log \frac{1}{n}\sum_{i=1}^{n}\frac{1}{y_i^2} \text{(db)} \tag{4-15}$$

第三节 产品质量的三次设计

三次设计又称三阶段设计,即系统设计、参数设计和容差设计。三次设计是一种优化设计,是线外质量管理的主要内容。它既可应用于产品开发设计,也可应用于工艺参数的优化、测试系统的最优设计、材料配方和工艺参数的最佳配合等方面。

一、系统设计

系统设计是指根据产品规划所要求的功能,利用专业知识和技术,对产品的整个系统结构和功能进行设计,使生产出来的产品对前述外部干扰因素和内部干扰因素不会敏感地呈现性能差异,达到稳健的目的。

进行系统设计时,一般首先会提出具有相同功能的数个设计方案,由相关人员对规划阶段设计的产品功能、成本、寿命等各个项目的优劣进行设计方案论证,然后确定实施的系统设计方案。如产品丧失功能而给社会造成重大损失时,系统设计内容还应包括是否进行安全设计。

对于复杂的系统产品,当总体设计方案确定后,还要进行分系统设计,零部件设计、原材料研制等。其中任一部分都有系统设计、参数设计和容差设计的问题。

二、参数设计

系统设计完成之后,就要决定系统中各参数值的最优水平及最佳组合,即参数设计。参数设计是一种非线性设计,它运用正交试验、方差分析等方法,研究各种参数组合与质量特性值之间的关系,以便找出特性值波动最小的最佳参数组合。因此,参数设计也称参数组合的中心值设计。通过参数设计,将系统参数合理地搭配,才有可能用价廉的原材料制造出性能良好的产品,或放宽系统中有关数值的容差,达到系统输出特性的稳定。三次设计的重点是参数设计,而参数设计的重点是稳定性设计。

在产品的制造和使用过程中,由于受到温度、湿度、材料、操作和环境等外部因素的影响,以及受到零部件的磨损、老化、锈蚀等内部变化的影响,产品的输出特性总是存在不能完全消除的波动。但通过合理的选择参数组合,可以大大减少这种波动的程度,从而保持质量的稳定性。

实践证明,许多产品的输出特性与参数之间存在非线性的函数关系。例如,以 y 表示某一产品的某种输出特性,x 表示不同的参数组合,则 y 与 x 之间可能存在如图 4-2 所示的函数关系曲线。

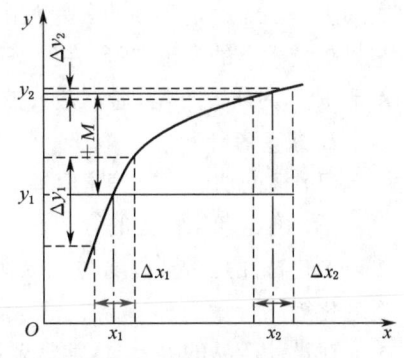

图 4-2 参数组合与输出特性之间的关系

从图 4-2 可见,当 $x=x_1$ 时,其输出特性是 y_1,如 $x=x_1$ 时 x 的波动范围为 Δx_1,与其对应的输出特性的波动范围为 Δy_1;当参数组合方式改为 $x=x_2$ 时,x 的波动范围为 Δx_2,输出特性是 y_2,输出特性的波动范围为 Δy_2;当 $\Delta x_1=\Delta x_2$ 时,明显可见 $\Delta y_1 > \Delta y_2$。即合理选择参数组合,其输出特性的波动可大大减少,从而提高产品质量的稳定性和可靠性。因此,在产品设计时,设计者应该首先找到参数组合与输出特性之间的关系 $y=f(x)$,并通过正交试验确定最佳的参数组合方式。

从图 4-2 还可以看出,虽然参数组合 x_2 会减小输出特性的波动,但输出特性的中心值 M 增加了,这是设计中所不希望的。所以,还需要根据产品的特点和具体条件对输出特性 y_2 进行校正,其一般通过另一种因素 z 来完成。因素 z 与输出特性 y 呈线性关系,如图 4-3 所示,其直线方程:

$$y=f(x)=az+b \qquad (4-16)$$

图 4-3 参数 z 与输出特性的线性关系

式中:a 和 b 是待定常数。

由于式(4-16)所示方程的导数为常数,即 $\dfrac{\mathrm{d}f(z)}{\mathrm{d}z}=a$,因此,不管 z 取何值,都不影响输出特性 y 的变化率。故当因素 z 加入系统后,并不影响原来的参数组合 x 与输出特性 y 之间的关系。这就是说,既能保持输出特性波动小的优点,又能通过改变 z 值的大小来使得输出特性的中心值 M 减小而回到原来的 y 值。

三、容差设计

容差设计是指通过参数设计确定最佳参数组合的输出特性中心值以后,进一步运用统计方法确定各允许极限,并分析研究参数允许范围和产品成本的关系。通过容差设计来确定各参数最合理的容差,使总损失为最小。因此,容差是从经济角度考虑允许质量特性值的波动范围。容差设计通过研究容差范围与质量成本之间的关系,对质量和成本进行综合平衡。例如,可以把对输出特性的影响较大而成本低的元器件或零部件的容差选得紧一些,把对输出特性的影响较小而成本较高的元器件或零部件的容差选得宽一些,既保证产品质量又降低成本。

1. 容差的概念

前面谈到,产品功能界限 $\pm\Delta_0$ 是产品质量特性值的波动而使得产品丧失功能的临界值。实际上,$\pm\Delta_0$ 就是产品的公差范围,即允许产品特性值 y 在目标值 m 附近有 $\pm\Delta_0$ 的波动。但这只是技术上的合理选择,在经济上不一定合算。因此,应当在经济损失最小的原则下制定公差范围。为研究方便,通常把公差的一半称为容差。

2. 容差的计算

（1）根据功能界限确定容差。

（2）确定老化特性的容差。

老化特性是指某些随时间推移而向同一方向发生变化的质量特性,如机器磨损、元器件功能老化等。

在设计产品的容差时,常常要区分功能性容差与非功能性容差,这对于提高产品的功能和降低制造成本非常重要。所谓功能性容差,是指为保证产品使用所必须的功能、保证产品合理的经济寿命、保证产品的可靠性、保证安全操作和提供使用中的互换性以及工具和工装制造提供资料等所规定的容许差。

对于功能性容差,应予以高度重视和认真分析。

在实际设计中,容差的确定要比前面的例子复杂得多,但中心还是以质量和成本的平衡为前提。对影响产品特性的诸因素进行统计分析,找出关键因素,逐个改变其精度,并计算损失函数,分析、权衡质量与成本的关系,从而确定寿命周期成本最低时的质量特性的容差。

思考题:

1. 试比较 ISO 9000：2015 与田口玄一博士对"质量"定义的涵义、理论和实践意义。
2. 如何确定质量损失函数表达式中的 K 值?
3. 试述纺织产品质量的三次设计。

第五章 六西格玛管理

本章知识点

1. 六西格玛质量控制的起源和背景。
2. 六西格玛的管理含义及作用。
3. 六西格玛管理的组织结构。
4. 实施六西格玛管理的 DMAIC 模式。

20 世纪 90 年代,美国的摩托罗拉、通用电气等企业提出一种新的质量管理方法——六西格玛管理。六西格玛管理是近年来世界级企业追求卓越的一种先进质量管理的方法。西格玛(Sigma)是希腊字母 σ 的读音,在统计学上常用来表示数据的离散程度。对连续型可计量的质量特性值,可用 σ 度量质量特性值总体上对目标值的偏离程度,称为标准差。六西格玛是一个衡量业务流程能力的指标。

第一节 六西格玛管理的起源和发展

一、六西格玛管理的起源

20 世纪 60 年代,日本从美国引入了质量控制的思想,先后多次邀请美国著名质量管理大师戴明、朱兰等去日本传授质量管理思想,同时,日本组织认真学习并开创性地实施全面质量管理,使产品质量有了大幅度的提升。到了 20 世纪 70 年代末、80 年代初,日本产品凭借过硬的品质,从美国人手中抢占了大量的市场份额。美国的摩托罗拉公司在同日本组织的竞争中,先后失去了收音机、电视机、半导体等市场,到 1985 年时濒临倒闭。面对残酷的竞争和严峻的生存形势,摩托罗拉公司痛定思痛,得出了这样的结论:"摩托罗拉失败的根本原因是其产品质量比日本组织同类产品的质量差很多。"公司高级领导层决定向日本组织学习,以全面提升产品品质。当时,根据休哈特的理论,质量水平达到三西格玛最为经济、科学,包括日本企业在内的组织一般都把三西格玛水平作为追求的目标。为了减少质量波动,显著提高产品质量,摩托罗拉公司雄心勃勃地提出产品质量要控制在 6σ 水平上。这就是六西格玛管理方法的由来。

二、六西格玛管理的推广与发展

真正把六西格玛这一高度有效的质量战略变成管理哲学和实践,从而形成一种企业文化的是在杰克·韦尔奇(Jack Welch)领导下的通用电气公司(General Electric Company,简称GE)。该公司在1996年初开始把六西格玛作为一种管理战略列在其三大战略举措之首(另外两个是全球化和服务业),全面推行六西格玛的流程变革方法。六西格玛也逐渐从一种质量管理方法成为世界上追求管理卓越性的企业最重要的战略举措。这些公司迅速将六西格玛的管理思想运用于企业管理的各个方面,为组织在全球化、信息化的竞争环境中处于不败之地建立了坚实的管理基础。

六西格玛的成功故事,特别是它给 GE 带来的巨大变化,吸引了华尔街的注意力,这使得六西格玛的理念和方法犹如旋风般迅速传遍全球。欧美和亚洲的数百家跨国公司都积极聘请相关的咨询公司帮助他们设计方案、培训员工、辅导项目,以期提高客户的满意度、增加收入、降低成本、推动公司快速而健康地发展,从而给以股东丰厚的回报。继摩托罗拉、德仪、联信/霍尼维尔、通用电气等先驱之后,几乎所有的财富 500 强的制造型企业,如柯达、西门子、诺基亚等,都陆续开始实施六西格玛管理战略。值得注意的是,一直在质量领域领先全球的日本企业也在 20 世纪 90 年代后期纷纷加入实施六西格玛的行列,其中包括索尼、东芝等。韩国的三星、LG 也开始了向六西格玛进军的旅程。

值得注意的是,自通用电气之后,所有公司都将六西格玛战略应用于组织的全部业务流程的优化,而不仅仅局限于制造流程。同时,有越来越多的服务性企业,如美国花旗银行、亚马逊等企业也成功地采用了六西格玛战略来提高服务质量,维护高的客户忠诚度,所以六西格玛已不再是一种单纯的、面向制造性业务流程的质量管理方法,它同时也是一种有效的提高服务业务水平的管理方法和战略。在六西格玛的显著成效影响下,甚至一些政府机构也开始采用六西格玛的方法来改善政府服务。目前,美国公司的平均水平已从十年前的 3σ 左右提高到接近 5σ 的程度,而日本已超过 5.5σ 的水平。可以毫不夸张地说,西格玛水平已成为衡量一个国家综合实力与竞争力的最有效的指标。

在改革开放后的中国,近年来也产生了一个引进、学习六西格玛管理法的热潮。据报道,国内有些大企业(如海尔、宝钢等)对实施 6σ 管理做了些尝试,但对于绝大多数的中国企业来说,6σ 管理还仅仅停留在理论的认知水平上。造成这种现象的原因主要是国内企业的科学管理基础薄弱,许多基础的管理工作都没有做好,6σ 管理推行更是无从谈起;也有一些大企业认为自己在本行业已经做得很好,6σ 管理好像没有很大的必要;更有甚者认为自身企业连生产和营销都没搞好,哪还有时间和精力搞 6σ 等等。其实,经营越困难的企业,越需要实施 6σ 管理,由此解决现存的问题。那些自认为做得够好的企业,实际上改进的余地还相当地大。当然,国内 6σ 推行缓慢的另一大原因是国内能为企业进行 6σ 培训和做咨询顾问的专业公司还相当有限,而专业从事 6σ 黑带培训和咨询的公司更加屈指可数,所以 6σ 管理在中国还处在起步阶段。但随着中国企业管理水平的日益提高,6σ 管理在中国必将会得到广泛的应用。

第二节 六西格玛管理的概念

六西格玛具有两个层面的含义:统计含义和管理含义。其中,统计含义只是实施六西格玛

管理的工具,而管理含义则是六西格玛文化和战略的真正体现。

一、六西格玛管理的统计含义

σ 在数理统计中表示"标准偏差",是一个用来表征任意一组数据或过程输出结果的离散程度的指标,是一种评估产品和生产过程特性波动的参数。六西格玛质量水平则是将过程输出的平均值、标准差与质量要求的目标值、规格限联系起来进行比较的结果,是对过程满足质量要求的能力的一种度量。西格玛水平越高,过程满足质量要求能力就越强;反之,西格玛水平越低,过程满足质量要求的能力就越低。六西格玛质量水平意味着 100 万次机会中产生的缺陷数不超过 3.4 个。

具体地说,对于一个标准正态分布 $N(\mu,\sigma^2)=N(0,1)$,即 $\sigma=1$,如图 5-1 所示,有:

$$P(-1<x<+1)=0.6827$$
$$P(-2<x<+2)=0.9545$$
$$P(-3<x<+3)=0.9973$$
$$P(-4<x<+4)=0.99994$$
$$P(-5<x<+5)=0.9999994$$
$$P(-6<x<+6)=0.999999998$$

0.682 7 表示特征数据落在界限 $-1\sigma \sim +1\sigma$ 之间的概率,0.997 3 表示特征数据落在界限 $-3\sigma \sim +3\sigma$ 之间的概率,其余类推。同时,当上、下规格限之差为 $12\sigma(\pm 6\sigma)$ 时,落在界限内的概率为 0.999 999 998,即低于下规格限 LSL(-6σ)和高于上规格限 USL(6σ)的面积(概率)均为 0.001 ppm(ppm,百万分之一),总缺陷概率为十亿分之二。但实际上,过程输出质量特性的分布中心与规格中心重合的可能性很小(非标准正态分布),均值特征数据产生漂移。对于典型的制造过程,由于影响过程输出的基本质量因素(人、机、料、法、环、测)的动态变化,过程输出的均值出现漂移是正常的。在计算过程长期运行中出现缺陷的概率时,一般考虑将上述正态分布的中心向左或向右偏移 1.5σ。以向右偏移 1.5σ、$\sigma=1$ 为例,此时,特征数据落在界限 $-3\sigma \sim +3\sigma$ 之间的概率为 $P(-3<x<+3)=0.9332$,落在 $-6\sigma \sim +6\sigma$ 之间的概率为 $P(-6<x<+6)=0.9999966$,落在 $-6\sigma \sim +6\sigma$ 之外的概率就是 0.000 003 4,即 3.4 ppm。

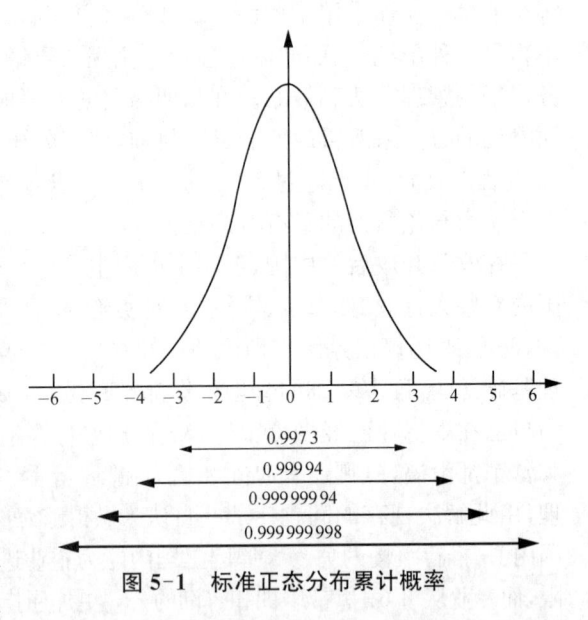

图 5-1 标准正态分布累计概率

因此,对于标准差为 σ 的生产过程,如果过程结构的缺陷率减少到 3.4 ppm,就认为该生产过程的结果达到了 6σ 的质量水平。考虑到实际测评的对象不只是产品,更多的是某种结果或出错的次数,不同的业务会有不同的出错机会,即不同业务的工作难度不同,所以引入百万

机会缺陷数(Defects per Million Opportunities，简称 DPMO)。因此，6σ 的真正意义是对于任一项业务，假设其在 100 万次出错机会中，实际出错的次数少至 3.4，那么就认为这项业务的质量水平达到了 6σ。

二、六西格玛管理的管理含义

目前，六西格玛已经远远超出其统计含义，它已经成为一种客户驱动下持续改进的管理模式。企业推行六西格玛，也不仅仅把六西格玛作为一种目标或指标。六西格玛具有更深刻的多重管理含义。

1. 获取竞争优势的战略

战略管理的目的是获取竞争优势或核心竞争力。许多世界级企业的成功经验表明，通过管理创新可以获得竞争对手难以复制的核心竞争优势。组织的高层领导要认识到，六西格玛的本质是通过管理创新和技术创新构建组织的核心竞争力。首先，六西格玛的推进不能仅仅停留在方法层面，必须与企业的战略相结合，使得六西格玛能够支撑企业战略目标的达成，提升企业战略执行力，促进企业完成其使命，实现其愿景和战略目标。其次，要从战略层面定位六西格玛，通过实施六西格玛，实现管理和技术创新，打造企业的核心竞争力。因此，企业要从战略层面推进六西格玛管理，制定六西格玛管理战略实施规划，通过实施六西格玛管理，实现管理创新、技术创新、人力资源开发和培养及企业文化建设。

2. 持续改进的活动

从过程方法角度来看，过程管理就是管控过程的输入要素和输出结果。六西格玛的本质就是要研究影响过程输出的关键因素，实现过程输出趋于目标值并减少波动，追求零缺陷，追求完美。

实际上，实施六西格玛并不是一定要达到六西格玛水平的质量，而在于对过程进行突破性的改进和创新。六西格玛目标是"又精又准"：尽量使过程输出趋于目标值并减少波动。

3. 科学的问题解决方法体系

六西格玛在方法层面强调系统集成与创新。这里要特别指出，六西格玛绝非仅仅应用统计技术解决问题，它是一套系统的业务改进体系，其工具和方法包括现代质量管理技术、应用统计技术、工业工程技术、现代管理技术和信息技术等。

4. 六西格玛管理文化

企业文化是企业拥有的核心理念和价值观，是企业发展的软环境。无论多好的工具和方法，如果脱离了其赖以生存的环境和文化，也不可能产生任何效果。企业实施六西格玛管理，需要打造顾客导向、持续改进、勇于变革、数据说话的六西格玛管理文化，并与企业的具体特点相结合，形成独特的企业文化。

三、六西格玛管理的作用

实施六西格玛是"一箭多雕"的、多赢的战略选择。实施六西格玛的好处多种多样，包括降低成本、提高生产力、增加市场份额、留住顾客、缩短运作周期时间、减少错误、改变公司文化、改进产品和服务等。实施六西格玛的作用可以归纳为以下四个方面：

1. 解决问题和降低成本

解决困扰公司的重要而复杂的难题，降低不良质量成本。

一个有志于成功、有志于追求卓越的公司，首先要明确自己的定位、未来的发展目标及行为准则，即确立公司的使命、愿景和核心价值观；其次要基于使命、愿景和核心价值观，确定自己的战略目标和战略方案；还要设立能驱动战略目标实现、监测战略规划的关键绩效指标（KPI），并将关键绩效指标横向分解到相关职能部门和过程，纵向层层分解到团队和员工。这些关键绩效指标对公司应对动态的竞争环境，取得长期的成功至关重要。然而，要达成关键绩效指标常常是富有挑战性的，有些还涉及困扰公司多年、导致外部及内部顾客不满意的复杂问题，包括：产品和服务质量问题；运营成本问题；生产率、流程周期问题；市场和顾客流失问题；环境和安全问题。这些问题如果不彻底加以解决，势必会影响公司战略的实现。要解决这些难题，必须由高层领导自上而下地推进，必须由一些具有很强的问题解决能力和技巧的人员，通过科学的流程，应用精确的数理统计技术和其他管理工具。

2. 变革企业文化

建立持续改进和创新的企业文化，消除沟通壁垒。

六西格玛不仅仅是一个解决问题的技术方法，同时也是一种处世和处事的哲学，它的标准就是"完美"。在更广泛的意义上讲，它是一种文化，一种持续改进和创新的文化。它在不断地转变着人们的工作方式。随着六西格玛的推进，企业文化会得到不断的完善，会形成一种同心协力克服障碍、人人积极关注、参与改进和创新的文化氛围。企业的核心业务流程就像一条横向流淌的河，而现有的职能式组织结构犹如纵向的大坝，部门之间由于业务目标差异而产生了沟通壁垒，这种沟通壁垒会大大地影响流程运行的效率和效果。实施六西格玛则有助于消除沟通壁垒，建立无边界合作的文化。六西格玛扩展了跨职能合作的机会，消除了部门间及上下级间的障碍，促进了组织内部横向和纵向的合作。在六西格玛跨职能团队中，团队成员有着共同的团队使命和目标，并且能意识到自己的职责与企业的使命、愿景、战略目标和关键绩效指标的关系，意识到业务流程各部分的相互依赖性，能够创造出一种真正适合团队合作的管理结构和环境。这种无边界合作的"纽带"是有着强大使命感的黑带。黑带要想成功，就必须打破部门之间的障碍。由六西格玛促成的无边界文化正是通用电气成功的秘诀之一。

3. 战略目标实施

全面提升公司的核心竞争力和经营管理成熟度。

六西格玛还可以是一种战略，一种全面提升公司竞争力和经营管理成熟度的战略。六西格玛作为公司战略，主要通过以下作用来实现公司的战略目标：

（1）提高顾客满意度，留住顾客，增加市场份额。随着各个行业竞争的日趋激烈及顾客要求的不断提高，仅仅提供"好的"或"合格的"产品和服务已经不能保证企业的成功。六西格玛以顾客为真正的关注中心，这就意味着企业要学会辨析哪些价值对顾客是有意义的，以及计划如何给顾客提供这些价值且同时又能盈利。顾客决定市场，而顾客的选择标准是产品质量，因此六西格玛质量水平具有强劲的市场竞争力。

（2）减少缺陷和错误，降低风险和成本。所有的缺陷和错误都包含风险，但风险不一定体现在缺陷和错误上。六西格玛的目的在于降低风险，并非仅仅降低由缺陷引起的不合格率。六西格玛强调基于事实和数据，通过数据分析寻找问题并分析原因，不仅要降低顾客购买产品时承担的风险，还要降低提供产品的企业的风险。六西格玛还通过有效的方法查找不良质量成本，消除"隐蔽工厂"，从而降低风险和成本。

（3）改进产品及服务，使企业获得持续的成功。六西格玛是能够给企业提供不断创新的

技巧和文化的方法,通过不断地革新和开发新产品、开拓新市场及不断地改进组织结构,使企业价值最大化,提高顾客满意度,最终达到提高生产力、增加市场竞争力的目的,从而使企业得到持续的发展。

(4) 加快改进的速度。摩托罗拉将1987—1991年"4年改进100倍"的成效归功于六西格玛的实施。顾客的需求是动态变化的,随着现代社会生活节奏的加快,人们对产品性能改进的需求越来越强烈,改进速度最快的企业将在竞争中得到持续发展。六西格玛通过借鉴其他学科的工具和思维,可以帮助企业在改进绩效的同时加速改进流程。

4. 员工职业发展

培养下一代领导者,促进员工职业发展。

六西格玛认为员工是企业获取竞争优势的根本,六西格玛管理的推行能够有效地提高员工的素质,促进员工的职业发展。"学习型组织"这个很多人感兴趣但很难付诸行动的概念产生于20世纪90年代,联合信号的领导层对此评价说:"每个人都在谈论学习,但很少有人把它贯穿于大多数员工的日常生活中。"六西格玛是一种可以在组织内增强和加速新思维的发展和分享的方法。六西格玛带给员工的是解决问题的方法。员工不仅要通过培训学习到知识,而且要将所学知识应用到实践中,通过实践完全掌握解决问题的科学方法,为组织带来丰厚的回报,同时提高员工的个人能力。通过员工个人行为的改变,促进学习和相互指导,提高人员素质,进而改变企业整体的文化氛围,使企业成为一个学习型组织。六西格玛管理为企业实施持续、突破性的改进和创新提供了所必需的管理工具和操作技巧,也为企业培养了具备组织能力、激励能力、项目管理技术和数理统计诊断能力的领导者,这些人是企业推进变革和竞争的核心力量,使企业降低质量缺陷和服务偏差并保持持久性的效益,促进快速实现突破性绩效,帮助企业实现战略目标。

第三节 六西格玛管理的组织结构

企业实施六西格玛管理的首要任务是创建一个致力于流程改进的专家团队,并确定团队内的各种角色及其责任,形成六西格玛的组织体系,这是实施六西格玛管理的基本条件和必备的资源。以黑带团队为基础的六西格玛组织是实施六西格玛突破性改进的成功保证。

六西格玛组织由高层领导、倡导者、资深黑带、黑带、绿带等构成,如图5-2所示。他们的职责与权限如下:

1. 高层领导

高层领导是推行六西格玛管理获得成功的关键因素。成功推行六西格玛管理并获得丰硕成果的企业都拥有来自高层的高度认同、支持、参与和卓越领导。

2. 倡导者

倡导者发起和支持黑带项目,是六西格玛管理的关键角色。倡导者通常是企业推行六西格玛领导小组的一员,或者是中层以上的管理人员,其工作通常是以战略视角对六西格玛管理进行全面的战略部署、项目及目标确定、资源分配与过程监控,最终对六西格玛活动整体负责。其核心任务包括:

(1) 充分认识变革,为六西格玛管理确定前进方向。

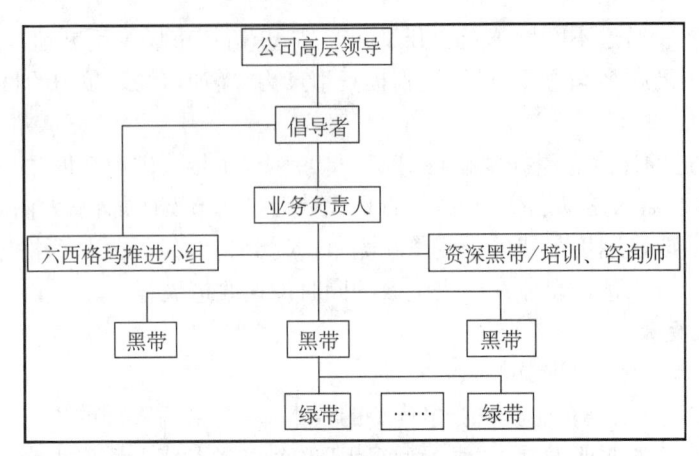

```
                    ┌──────────────┐
                    │  公司高层领导  │
                    └──────┬───────┘
                           │
                    ┌──────┴───────┐
          ┌─────────┤    倡导者     │
          │         └──────┬───────┘
          │                │
          │         ┌──────┴───────┐
          │         │   业务负责人   │
          │         └──────┬───────┘
          │                │
  ┌───────┴──────┐         │        ┌──────────────────┐
  │ 六西格玛推进小组 │         ├────────┤ 资深黑带/培训、咨询师 │
  └──────────────┘         │        └──────────────────┘
                    ┌──────┼──────┐
                 ┌──┴─┐ ┌──┴─┐ ┌──┴─┐
                 │黑带│ │黑带│ │黑带│
                 └──┬─┘ └────┘ └──┬─┘
                    │             │
                 ┌──┴─┐  ……    ┌──┴─┐
                 │绿带│         │绿带│
                 └────┘         └────┘
```

图 5-2 六西格玛管理组织结构示意

(2) 确认和支持六西格玛管理全面推行，制定战略性的项目规划。
(3) 决定"该做什么"，确定任务的实施优先顺序。
(4) 合理分配资源，提供必要的支持。
(5) 消除障碍。
(6) 检查进度，确保按时、按质完成既定目标。
(7) 了解六西格玛管理工具和技术的应用。
(8) 管理及领导资深黑带和黑带。

倡导者在六西格玛组织中起着承上启下的作用，黑带应积极争取倡导者的支持。

3. 资深黑带

资深黑带的职责在不同的企业有不同的规定。例如：在通用电气公司，更多地强调其管理和监督作用；在霍尼韦尔(Honeywell)公司，资深黑带主要起协调作用，负责日程调整、项目领导和指导工具的运用。在一些企业中，资深黑带更多的是扮演企业变革的代言人角色，其工作更加具有管理性质，因为他们经常负责在全公司或特定领域、部门开展六西格玛管理工作；他们是六西格玛管理的高参兼专家，是运用六西格玛管理工具的高手。六西格玛资深黑带的主要职责：

(1) 担任公司高层领导和倡导者的六西格玛管理高级参谋，具体协调、推进六西格玛管理在全公司或特定领域、部门的开展，持续改进公司的运作绩效。
(2) 担任培训师，为黑带学员培训六西格玛管理及统计方面的知识。
(3) 帮助倡导者、管理者选择合适的人员，协助筛选最能获得潜在利润的项目。
(4) 为参加项目的黑带提供指导和咨询。
(5) 作为指导者，保证黑带及其团队在正确的轨道上运转，能够顺利地完成他们的工作。
(6) 具体指导和协助黑带及其团队在六西格玛改进过程中完成每个步骤的关键任务。
(7) 为团队在收集数据、进行统计分析、设计试验及与关键管理人员沟通等方面提供意见和帮助。

4. 黑带

黑带是六西格玛管理中最重要的一个角色。他们专职(或兼职，但专职是最佳选择)从事六西格玛改进项目，是成功完成六西格玛项目的技术骨干，是六西格玛组织的核心力量。他们的努力程度决定着六西格玛管理的成败。黑带的主要任务：

（1）领导。在倡导者及资深黑带的指导下,界定六西格玛项目,带领团队运用六西格玛方法完成项目。

（2）策划。决定项目每一个步骤需要完成的任务,包括组织跨职能的工作。

（3）培训。具有培训技能,为项目团队成员提供新的战略和最有效的工具及技术应用的专门培训。

（4）辅导。组员提供一对一的支持,带领绿带队友快速有效地达到改进的目标。

（5）传递。在各种形式的培训、案例研究、工作座谈会和交流活动中,将新的战略和新的工具方法传递给团队的其他成员。

（6）发现。在内部或外部(如供应商和顾客等)找出新战略和新工具方法运用的机会,与资深黑带一起确定有价值的项目,解决一些有关资源的问题。

（7）确认。通过与其他组织的合作,发现新的商业机会。

（8）影响。拥有良好的人际关系和组织技巧,令团队始终保持高昂的士气与稳定的情绪。

（9）沟通。项目完成后向最高管理层提供项目报告。

在六西格玛项目中,黑带组织、管理、激励、指导一支特定的六西格玛项目团队开展工作,负责团队运作的启动,管理团队的进展,并最终使项目获得成功。在推行六西格玛管理的企业里,如果没有一些具有实力且不怕辛苦的黑带,六西格玛项目通常不会取得最佳效果。

作为一名黑带,必须拥有以下多项技能：

（1）管理和领导能力。黑带必须能够运用权力和职责来指导项目的执行,要能够综合运用自己的管理能力和领导才能,并且能够熟练运用项目管理的方法和技巧。

（2）决策制定。在六西格玛项目中,黑带可能要做无数次的决策。为制定可靠、及时的决策,黑带必须随时掌握和了解项目的每一个方面,能够平衡成本、时间和效果。

（3）沟通。将项目活动内容与结果及时与相关人员(团队成员、上层管理者、项目倡导者和组织的关键利益相关方等)沟通。

（4）团队建设和谈判。黑带必须能够与不同的人建立持久的联系,如管理层、顾客、团队成员、项目倡导者及供应商等,这是由上级认同的特权。一个优秀的黑带必须能够经常与上级领导沟通和谈判,使六西格玛项目的进行获得优先权。

（5）策划、调度和行动。与其他项目管理活动相同,六西格玛项目管理包括：目标建立、项目细化、绘制工作流程、任务调度、成本预算、协调团队、组员沟通等活动。黑带必须进行有效的策划和高效的行动,平衡项目规划和进度安排,这些是项目成功的关键。

（6）关注全局。一个成功的黑带要能够回顾和预见项目任务的所有方面,而对项目细节的过分关注,可能会失去对项目整体上的判断。

（7）人际交往的能力。作为项目领导,黑带必须具有一定的人格魅力：诚实,有能力,可信赖,有包容心;与项目倡导者和组织的关键利益相关方建立良好的关系;能将具有不同背景的人员组成一个统一的团队。

5. 绿带

绿带是黑带项目团队的成员或较小项目的团队负责人,他们接受六西格玛技术培训的项目与黑带类似,但内容层次略低。在一些实施六西格玛的企业中,有很大比例的员工接受过绿带培训,他们的作用是把六西格玛的概念和工具带到企业的日常活动中。在六西格玛管理中,

绿带是人数最多的,也是最基本的力量。他们的职责:

(1) 提供相关过程的专业知识。
(2) 建立绿带项目团队,并与非团队的同事进行沟通。
(3) 促进团队观念转变。
(4) 把时间集中在项目上。
(5) 执行改进计划以降低成本。
(6) 与黑带讨论项目的执行情况及今后的项目。
(7) 保持高昂的士气。

当绿带作为项目团队负责人完成绿带项目时,也应具有黑带在项目团队负责人方面的职责、权限和技能。

6. 业务负责人

除了要选择培养好项目负责人黑带之外,成功的六西格玛项目还需要相关业务部门负责人(过程管理者)的支持和配合,没有他们的协调和帮助,六西格玛很难取得丰硕的成果。业务负责人不需要独立完成项目。他们在六西格玛管理中的职责:

(1) 达成对六西格玛的共识。
(2) 协助选择黑带、绿带。
(3) 为黑带、绿带提供资源支持。
(4) 关注黑带、绿带的项目实施过程。
(5) 协调所管辖范围内的黑带、绿带项目,保持与业务方向的一致性。
(6) 确保过程改进能够落实,保持改进成果。

第四节 实施六西格玛管理的 DMAIC 模式

DMAIC 是指由界定、测量、分析、改进和控制五个阶段构成的过程改进方法,一般用于对现有流程的改进,包括制造过程、服务过程及工作过程等。

一、界定

界定(define)也称定义,是 DMAIC 的第一个步骤,也是非常重要的一步。界定阶段的主要任务是确定顾客的关键需求并识别需要改进的产品或过程,将改进项目界定在合理的范围内。

六西格玛项目是从定义阶段开始的,一般说来,在初选出项目时,对欲解决的问题往往仅有比较宏观的考虑。项目团队需要通过界定阶段的工作,明确问题或者过程输出(Y)及其测量,确定 Y 的标准。项目团队还需要明确项目的关注领域和主要流程,将项目界定在一个比较合理且团队可以把握的范围之内。通过界定阶段的工作,项目团队要明确项目的目标,测算项目预期收益,确定项目核心团队成员等。因此,界定阶段的主要任务是运用一些质量工具和方法,如顾客需求(VOC)分析、卡诺模型(Kano model)、高级过程流程图(SIPOC)分析、相关方分析、排列图等,确定需要改进的产品及相关的核心流程,识别顾客心声,确定质量控制点及关键质量特性,确定六西格玛项目实施所需要的资源。

二、测量

测量阶段是 DMAIC 过程的第二个阶段,它既是界定阶段的后续活动,也是连接分析阶段的桥梁。测量阶段的主要任务是通过对现有过程的测量,确定过程的基线及期望达到的目标,识别影响过程输出(Y)的输入(X),并对测量系统的有效性做出评价。

测量是项目工作的关键环节,是以事实和数据驱动管理的具体体现。从测量阶段起就要开始收集数据,并着手对数据进行分析。通过测量阶段的数据收集和评估工作,可以获得对问题和改进机会的定量化认识,并在此基础上获得项目实施方面的信息。任何过程的输入与输出关系均可以表达为 $Y=f(X)$。正是那些关键的输入变量 X 决定了输出变量 Y。六西格玛项目的实施过程,就是不断地揭示两者之间关系的过程。测量阶段的工作重点是在界定阶段工作的基础上,进一步明确 Y 的测量,并通过收集 X 和 Y 的测量数据,定量化地描述 Y。特别是通过过程分析,认识 Y 的波动规律,揭示过程改进的机会,识别实现项目目标的可能途径和改进方向。在这个阶段,需要大量的工具和方法帮助项目团队完成上述工作。比如,各种过程分析工具,文档和图形分析工具以及过程能力分析方法等。为了保证测量数据的准确可靠,项目团队还需要对测量系统的能力作出评估。

三、分析

分析阶段是 DMAIC 中最难以预见的一个阶段。项目团队所使用的方法在很大程度上取决于所涉及的问题与数据的特点。在这个阶段中,DMAIC 团队应详细研究资料,增强对过程和问题的理解,进而识别问题的原因,使用各分析步骤来寻找"问题根源"。因此,分析阶段的主要任务是通过数据分析确定影响 Y 的关键 X,即确定过程的关键影响因素。

DMAIC 团队用循环分析方法对原因进行探索。这个循环从数据的测量开始,通过对过程的分析,提出对原因的初始推测或者假设;接着收集和关注更多数据和其他看得见的证据,对这些推测或者假设做出进一步的判断;分析循环继续进行,各种假定不断地被确认或被拒绝,直到真正的问题根源通过严谨的数据分析被明确识别出来。分析步骤中最大的挑战之一是正确使用工具,如果用简单工具能够找到根本原因,就不使用复杂工具。有时原因是深藏而不易识别的,有时问题与其他较多因素相关联而纠缠混杂在一起,这时就需要用到更高级的统计技术或其他管理技术来确定和验证根本原因。统计方法有助于团队除了使用常用的图示工具以外,还可以运用统计推断、假设检验、方差分析和回归分析等方法来确定项目问题的根本原因,确定和验证 $Y=f(X)$ 的关系,为改进找到有效的方向。虽然有很多统计分析工具,但六西格玛的分析工具不仅仅指这些工具。六西格玛的工具箱是开放性的,任何适用于实际项目的分析工具都可以被整合和应用。作为一名六西格玛黑带或绿带,要善于持续学习。挑战之二是测量和分析两个阶段之间有很多交叉,在对某个原因进行深入分析时,有可能发现已有的测量数据远远不够,需要补充测量大量数据。

四、改进

通过前面三个阶段的项目工作,团队对要解决的问题以及引起该问题产生的根本原因等有了比较准确的把握,奠定了从根本上解决这些问题的基础。至此,项目工作进入了关键性的"改进"阶段。

改进阶段的目标是形成针对根本原因的最佳解决方案，并且验证这些方案是有效的。一般来说，为了达到上述目的，需要完成以下工作：

（1）产生解决方案，也叫改进方案。通常这些解决方案的产生需要专业知识和对流程的认知与经验等。但是，也有一些方法和原则，将帮助黑带及其项目团队，制定出最佳解决方案。试验设计是帮助团队产生最佳解决方案的强有力工具。在产生解决方案的时候，应当减少各个不必要的流程步骤，优化各个步骤间的顺序，尽可能合并流程中的一些功能，将流程标准化。当然，这个过程需要不断挑战自己，挑战流程的各种限制，以达到突破的目的。

（2）评价解决方案。解决方案产生后，需要对其优劣进行评价。一般从可行性、成本投入和周期等方面，评价方案的优势与劣势。在许多六西格玛项目实践中，团队会产生多个改进方案，并且选用因果矩阵的评价方法，依据项目的综合优势，选择出一个最好的方案加以验证实施。当然，对改进方案的评价，不仅从技术方法上评价，还应该考虑到这些方法的接受程度，即它们将对使用这些方法的人员（包括操作人员、管理人员等）造成什么影响？他们是否愿意接受这样的改进？等等。有时需要退而求其次，因为没有好的接受程度，是不会有好的改进效果的。因此，团队选用的方案不一定是技术上最佳的，而是最容易被大家接受的。

（3）完成改进方案的风险评估。一个改进方案的实施是否会给顾客及流程带来其他问题？这是每一个黑带和项目团队需要把握的问题。一个好的改进方案不能以给顾客或企业带来较高的风险为代价。评价改进方案的风险，并且对高风险项加以有效控制，是改进阶段中项目团队必须完成的一项工作。

（4）改进方案的有效性验证。任何改进方案均需要验证其有效性，才能最终被确认为团队将采取的方案，而有效性必须通过量化结果加以证明。这些量化结果包括：通过对样本的测量和统计分析得到的改进方案实施效果的数据，以及作出推断的置信程度；改进后缺陷率降低的情况或者改进后过程能力的评估数据等。

五、控制

控制阶段是项目团队维持改进成果的重要步骤，是 DMAIC 的关键阶段。要保持改进的成果，需要将改进阶段对流程的修改或新的流程作业指导书纳入作业标准和受控的文件体系，并建立过程控制系统。控制阶段的主要目的是避免回到旧的习惯和程序使人们的工作方式形成新的习惯并得以保持。我们不仅需要测量和监视结果，还要不断说服和推销观念，两者都是必要的。

六西格玛团队控制细节应该包括：
（1）建立监控过程，明确已经取得的改进。
（2）制定应变方案。
（3）确定关键控制点、控制参数和控制方法。
（4）形成新的程序文件或作业标准。

六西格玛管理以其严格的科学方法和对经营绩效的突破性改进模式，将一个企业的所有组成要素紧密地连接起来，为集中资源实现底线和顶线结果，帮助企业实现经营绩效的突破，并最终成为组织持久的绩效改进基因，提供了一种战略方案、一个追求卓越和走向成功的阶梯。

思考题：

1. 简述六西格玛的起源和背景。
2. 简述六西格玛的管理含义及作用。
3. 简述六西格玛管理的组织结构。
4. 实施六西格玛管理的 DMAIC 模式是什么？

第六章 抽样检验

本章知识点

1. 抽样检验的基本概念、基本原理,计数型抽样检验以及抽样检验的管理。
2. 学习接收概率的含义及其计算方法,抽验特性曲线与相关要素的相互关系与影响。
3. 计数标准型抽样检验和计数调整型抽样检验的概念及方法,抽样方案转移规则。
4. 从管理的角度认识抽样方案的选用、抽样检验运行系统和有效性。

产品检验根据检验的数量可分为全数检验和抽样检验。全数检验是对产品逐个进行检测来判别产品是否合格的检验方式,风险小,结果可靠,可以获得充分完整的质量信息,但由于工作量大、周期长、成本高及占用的检验人员和设备多而受到局限。这种检验方法适用于精度要求高、质量难以保证、单件或小批量生产的产品及重要的质量特性。从技术和经济的角度出发,在大多数情况下,一般采用抽样检验的方式,在质量水平既定的条件下,利用样本数据对整批产品做出是否接收的决定。

第一节 抽样检验的基本概念

一、抽样检验中的抽样方法

抽样检验是指从全体调查对象中按一定的规则抽取一小部分具有代表性的对象进行观察和检验,然后根据检验分析结果掌握全体调查对象的状况的活动,它是一种通过了解部分进而掌握整体的可靠方法。抽样检验的具体过程包括:明确调查目标总体;了解总体基本情况,决定抽样基本单位;确定样本数量,选择抽样方法进行抽样;根据样本信息推算总体情况。在实践中,抽样是采用最广泛的形式。图 6-1 所示为抽样方法的分类。

1. 概率抽样

概率抽样又称为随机抽样,如果使用得当,可取得近似全面检验的结果。为了达到概率抽样的目标,人们在实践中创造了多种多样的抽样方法,其中主要有简单随机抽样、分层随机抽样和分群随机抽样。

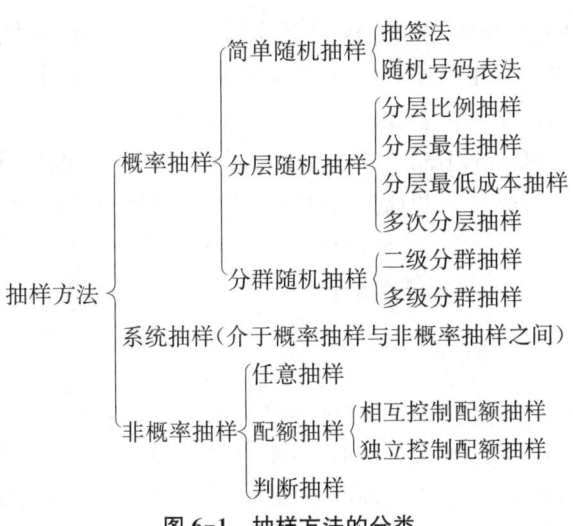

```
                              ┌─ 抽签法
              ┌─ 简单随机抽样 ─┤
              │               └─ 随机号码表法
              │               ┌─ 分层比例抽样
              │               │
      ┌ 概率抽样 ─ 分层随机抽样 ─┤─ 分层最佳抽样
      │       │               │─ 分层最低成本抽样
      │       │               └─ 多次分层抽样
      │       │               ┌─ 二级分群抽样
      │       └─ 分群随机抽样 ─┤
抽样方法┤                       └─ 多级分群抽样
      │─ 系统抽样(介于概率抽样与非概率抽样之间)
      │       ┌─ 任意抽样
      │       │           ┌─ 相互控制配额抽样
      └ 非概率抽样 ─ 配额抽样 ─┤
              │           └─ 独立控制配额抽样
              └─ 判断抽样
```

图6-1　抽样方法的分类

（1）简单随机抽样。简单随机抽样是在总体单位中完全排除任何主观的有目的的选择。这种方法更能体现总体中每个样本被抽中的机会完全相等，选出的样本与总体特性接近，是比较简便易行的一种抽样方法。简单随机抽样法在对象不明，难以划分组类或总体内单位间差异小时，采用的效果更好。如果检验对象的总体范围广，内部各样本之间差异大，一般不直接采用此法，而是与其他方法结合进行抽样。

（2）分层随机抽样。这种方法不是直接从被检验总体中抽取样本，而是先按某种标准将被检验总体划分为若干层，再从各层样本中随机抽出样本。分层时，要将同一性质的单位样本分在同一层，而层与层之间样本的特性差异较大。这种方法适用于总体范围大、总体中各样本间差异大且分布不均匀时抽取样本。其中又有适用于各层之间样本数量有差异的分层比例抽样，根据各层的样本标准差的大小进行的分层最佳抽样，以及在考虑统计效果的前提下，根据费用支出确定各层应抽样本数的最低成本抽样。

（3）分群随机抽样。将被检验总体区分为若干群体，然后以简单随机抽样法选定若干群体作为调查样本，对群体内各样本进行普遍调查。在实践中，不同地区产品检验适合采用分群随机抽样法。从理论上说，分群随机抽样由于被检验产品相对集中，不能均匀分布在总体的各个部分，准确性会受到一些影响。一定要注意分群方法，若产品由一些情况大体相同的比较复杂的群体组成，群内差异大，而群间差异小，则采用分群随机抽样法，可以达到提高样本代表性和节省费用的目的。

2. 非概率抽样

在实践中，对被检验母体不甚了解或者过分庞杂时，往往也采用非概率方法抽取样本。

（1）任意抽样法。任意抽样是一种由工作人员根据其工作便利而随意选取样本的方法。其理论假定：认为被检验母体中的每一产品都是相同的，随意选取任一个产品都可以取得代表被检验母体特征的结果。一般来说，任意抽样法多用于初步检验或对市场情况不甚明了时采用，在正式检验中较少采用。

（2）配额抽样法。实行配额抽样法的理论假定是，特征相同的检验对象，如同时间、同一质量水平，市场需求和反映大致相似，差异不明显，因而不必要再按随机原则抽取样本。根据配额抽样按分配样本数额时的做法不同，又分为独立控制和相互控制两种类型。独立控制配额抽样:这种方法是分别独立地按各类控制特性分配样本数额,对样本单位中在各类控制特性中的交叉关系,则不作规定。相互控制配额抽样:按各类控制特性分配样本数额时,要考虑各类型之间的交叉关系,采用交叉控制表安排样本的分配数额。

(3) 判断抽样法。判断抽样法是一种由检验人员根据经验判断而选定被检产品的非概率抽样法。在实际过程中,根据目的和任务,在对被检验对象进行全面分析的基础上,有意识地选择若干有典型意义的或有代表性的单位进行检验,称为典型检验。其选择的样本单位就是根据经验判断选定的,即采用的是判断抽样。这种抽样方法,通常适用于总体中子体构成不同、样本数目不多的检验。

3. 系统抽样法

系统抽样法又称等距抽样。先对总体中的单位进行有序编号,然后按一定的距离,确定样本单位的区间数。系统抽样法,就其类型而言,兼有概率抽样与非概率抽样的特性,究竟属于哪一种类型,关键取决于第一个样本的抽取方法,如果第一个样本采用判断抽样法选取,那么它就是非概率抽样;同样,如果第一个样本采用随机抽样方法选取,那么它就是概率抽样。

4. 抽样方法选择

(1) 各种抽样方法的优缺点。在三大类抽样方法中,概率抽样的特点是排除主观上的选择,完全以随机的方式选取样本,总体中每个样本都有均等的机会被选中作为样本,使样本的客观性增强。非概率抽样是以主观经验为基础,从总体中选取样本。系统抽样介于这两类方法之间。

概率抽样的优点是客观性强,可以深入、广泛地了解产品信息,并可以科学的计算、控制抽样误差,工作量较大。非概率抽样的优点是在经验和工作便利的基础上选择样本,工作量较小,但由于选取样本带有一定的主观性,获得的产品信息具有局限性,而且也不能准确地计算、控制样本误差。系统抽样方法的优缺点介于这两者之间。

(2) 选择抽样方法。在实践中,当存在以下情况时,选择非概率抽样:第一,受客观条件限制(如了解的总体情况不完备),总体中各样本过于分散,无法采用概率抽样;第二,受时效性限制,时间紧,要求快速取得结果;第三,被检验对象不稳定,变化较快,要快速取得样本,及时获取信息;第四,检验人员具有较丰富的经验,而且被检验总体中各样本情况差异较小。

在实际应用过程中,概率抽样方法应作为首选。选择时应考虑具体因素:

① 对抽样误差大小的要求。在抽样总数一定的情况下,分层、分群抽样误差要小于简单随机抽样误差。系统抽样中的等距抽样,抽样误差更小。因此,根据实际情况和对检验误差的不同要求,选择适当的抽样方法。

② 被检验总体本身的特点。有时由于缺乏对产品总体的资料,抽样时只能用简单随机抽样;如对被检验产品总体了解的信息量较大时,就可以按照产品的质量特性进行分层、分群抽样。

③ 受人力、物力、经费和实践等各种检验条件的约束。

应该注意的是,根据上述原则选择抽样方法,并不排除几种抽样方法的适当结合。在实际工作中,可以根据具体情况,结合使用各种抽样方法。

二、抽样检验与分类

1. 抽样检验

抽样检验是从一批产品中随机抽取一部分产品进行检查,进而判断产品批或过程是否接收的活动。由于只对一批产品的一部分进行检验,因此可以降低检验的工作量和检验成本,缩

短了检验周期。抽样检验方法适用于破坏性检验、大批量和连续性生产的产品以及检验费用比较高的情况。

由于这种判断的方式是通过随机抽取的部分产品的检验来实现的,因此存在两类误判的风险:把合格批误判为不合格批;或把不合格批误判为合格批。实际上,样本代表整批产品的程度对抽样检验结果的准确性有很大的影响,为使尽可能地减小由于抽样检验形成的这种风险,取样的随机性和抽样方案的科学性是非常关键的。

2. 抽样检验的分类

(1) 按检验特性值的属性分类。按检验特性值的属性分为计数和计量抽样检验。计数抽样检验包括计件抽样检验和计点抽样检验。计件抽样检验是根据被检验样本中的不合格品数,进而推断整批产品是否接收的活动;计点抽样检验是根据被检样本中产品包含不合格品数的多少,进而推断整批产品是否接收的活动。计量抽样检验是指在判断一批产品是否可接收时,对被检样本中的产品质量特性值进行测量,进而做出推断的抽样检验方法。

(2) 按抽取样本的个数分类。按抽取样本的个数可以分为一次抽样检验、二次抽样检验、多次抽样检验和序贯抽样检验。一次抽样检验是从检验批中只抽取一个样本即对该批产品做出是否接收的判断;二次抽样检验是在一次抽样检验的基础上,要求对一批产品抽取一个或两个样本才做出抽验批接收与否的结论,但抽取的样本不得多于两个;多次抽样检验可以抽取3~7个样本才对抽验批做出判断;序贯抽样检验不限制抽样的次数,但每次抽取一个单位产品,直至按规则做出判断。

(3) 按交付检验时是否组成批分类。一般情况下,产品是以批的形式交付检验的,每批都要抽样检验的叫逐批抽样检验。但有时在产品制造的过程中抽取样品进行检验,如连续加工出来的产品,在某个固定点进行检验,因没有组成批的条件或没有中间存放场地时,可以采用连续抽样方案。逐批检验有连续批和孤立批的情况,可分为全数检验和抽样检验两种。其目的在于判断一批产品的批质量是否符合规定的要求,主要适用于订货方对供货方提交的产品进行验收的检查。

(4) 调整型和非调整型抽样方案。根据已检验的批质量变化情况,按预先指定的调整规则,随时更换抽样方案的检查,称为调整型抽样方案。还有一种是根据以往的检验历史,改变检查水平(即改变从批中抽取的样本大小的比例)来调整的方案。比较特殊的链形抽样方案、跳批抽样方案及累积和抽样方案都是根据预先确定的规则进行调整,所以调整型抽样方案具有广泛的类型。所谓非调整型抽样方案是没有利用产品质量历史的抽样方案,如标准型抽样方案。标准型抽样方案是严格控制供货方和使用方风险的一种非调整型方案。

三、抽样检验常用的术语

1. 单位产品

单位产品指为了实施抽样检验或试验并能获得观测值的基本单位,以决定该基本单位是合格品还是不合格品,或者计算它的不合格项数或缺陷数。

2. 检验批

检验批指为实施抽样检验而汇集起来的、在一致条件下生产的、一定数量的单位产品,用以从中抽取样本来进行检验,以确定是否接收或拒收。又称交验批、提交批或验收批。所谓一致条件(有时称为同性质条件)是指:同一生产过程中,相同的生产条件和相近的一段生产时间。

批有稳定和流动两种:前者是指将整批产品存放在一起,批中所有单位产品同时交付检

验,后者是指各单位产品依次通过检验。一般成品检验用稳定批,工序间的检验用流动批。

3. 不合格

不合格指单位产品的质量特性不符合规范要求。按质量特性的重要性或其不符合的严重程度可分为三类：

A 类不合格：单位产品的质量特性极严重不符合规定。

B 类不合格：单位产品的质量特性严重不符合规定。重要程度稍低于 A 类不合格。

C 类不合格：单位产品的质量特性轻微不符合规定。重要程度不仅低于 A 类不合格,也低于 B 类不合格。

4. 不合格品

不合格品指一个或多个质量特性不合格的单位产品。

A 类不合格品：有一个或一个以上 A 类不合格,也可能有 B 类和 C 类不合格。

B 类不合格品：有一个或一个以上 B 类不合格,也可能还有 C 类不合格,但没有 A 类不合格。

C 类不合格品：有一个或一个以上 C 类不合格,但没有 A 类和 B 类不合格。

5. 不合格品率与不合格率

不合格品率指总体中不合格品数目除以总体中单位产品总数。

$$\text{不合格品率} = \frac{\text{不合格品总数}}{\text{被检验单位产品总数}} \times 100\% \tag{6-1}$$

不合格率指总体中不合格项数目除以总体中单位产品总数。

$$\text{不合格率} = \frac{\text{不合格项总数}}{\text{被检验单位产品总数}} \times 100\% \tag{6-2}$$

6. 过程平均

过程平均指在稳定的生产条件下,一系列初次检验批的平均质量水平。初次检验是指对批进行的第一次检验,不包括第一次检验判为拒收、返工后再次提交所进行的检验。也就是说,经过返修或挑选再次提交检验的批产品的数据,不能用来估计过程平均不合格品率。用来估计过程平均不合格品率的批产品一般不应少于 20 批。在生产条件基本稳定的情况下,用于估计过程平均不合格品率的产品批数越多,受到检验的单位产品数量越大,对产品质量水平的估计越可靠。

$$\overline{P} = \frac{D_1 + D_2 + \cdots + D_k}{N_1 + N_2 + \cdots + N_k} \times 100\% \tag{6-3}$$

式中：$\overline{P}$ 为过程平均不合格品率；N_i 为第 i 批的单位产品数量；D_i 为第 i 批的不合格品数；k 为批数。

实际上,$\overline{P}$ 值是不易得到的,一般可利用抽样检验的结果估计。

假设从 k 批产品中顺序地抽取大小为 $n_1, n_2, \cdots, n_k$ 的 k 个样本,其中出现的不合格品数分别为 $d_1, d_2, \cdots, d_k$,则：

$$\overline{p} = \frac{d_1 + d_2 + \cdots + d_k}{n_1 + n_2 + \cdots + n_k} \times 100\% \tag{6-4}$$

$\overline{p}$ 是样本的平均不合格品率,用以作为过程平均不合格品率 $\overline{P}$ 的估计值,最终目的是估计在稳定的生产条件下,提交的初次检验批产品的不合格率。

7. 生产方风险质量水平

生产方风险质量水平(Producer's Risk Quality Level,PQL)指多数批或大部分时间被抽样方案接收的一个质量水平。生产方是指提供检验批供抽检的单位、组织或个人,有时称供货方。生产方风险指具有 PQL 的产品被抽样方案拒收的概率,用符号 α 表示。

8. 使用方风险质量水平

使用方风险质量水平(Consumer's Risk Quality Level,CQL)指多数批或大部分时间被抽样方案拒收的一个质量水平。使用方是指接收检验批的单位、组织或个人,有时称购货方。使用方风险指具有 CQL 的产品被抽样方案接收的概率,用符号 β 表示。

9. 可接收质量水平

可接收质量水平(Acceptable Quality Level,AQL)指为了进行抽样验收,作为过程平均认为可接收的批中不符合规范要求的单位产品的最大比例。

10. 平均检出质量

平均检出质量(Average Outgoing Quality,AOQ)指对一定质量的产品,用某个抽样方案抽样检验后检出的产品平均质量水平,它包含所有的接收批和拒收批,对拒收批,进行有效的100%筛选,并用合格品替换发现的不合格品。

11. 平均检出质量上限

平均检出质量上限(Average Outgoing Quality Limit,AOQL)指在产品质量水平整个变化范围内 AOQ 的最大值。

12. 平均样本量

平均样本量(Average Sample Number,ASN)指使用一定抽样方案做出接收或拒收判断时,平均每批要检验的样品数,也称平均样本量。

四、我国已颁布的常用抽样检验标准

我国现行的常用抽样检验标准见表 6-1。

表 6-1 我国现行的常用抽样检验标准

方案	名称	国家标准代号
计数抽样方案	不合格品百分数的计数标准型一次抽样检验程序及抽样表	GB/T 13262—2008
	跳批计数抽样检查程序	GB/T 13263—1991
	不合格品百分数的小批计数抽样检验程序及抽样表	GB/T 13264—2008
	挑选型计数抽样检查程序及抽样表	GB/T 13546—1992
	计数抽样检验程序 第1部分:按接受质量限(AQL)检索的逐批检验抽样计划	GB/T 2828.1—2019
	孤立批计数抽样检验程序及抽样表	GB/T 15239—1994
	计数序贯抽样检验方案	GB/T 8051—2008
	单水平和多水平计数连续抽样检验程序及表	GB/T 8052—2002
	周期检验计数抽样程序及表(适用于对过程稳定性的检验)	GB/T 2829—2002

(续　表)

方案	名称	国家标准代号
计量抽样方案	不合格品率的计量标准型一次抽样检验程序及表	GB/T 8053—2001
	计量标准型一次抽样检验程序及表	GB/T 8054—2008
	计量抽样检验程序	GB/T 6378—2008
	计量截尾序贯抽样检验程序及抽样表（适用于标准差已知的情形）	GB/T 16307—1996
监督抽样方案	产品质量监督计数抽样程序及抽样表（适用于每百单位产品不合格数为质量指标）	GB/T 14162—1993
	产品质量监督计数一次抽样检验程序及抽样方案	GB/T 14437—1997
	产品质量平均值的计量一次监督抽样检验程序及抽样表	GB/T 14900—1994
	产品质量监督小总体计数一次抽样检验程序及抽样表	GB/T 15482—1995
	产品质量平均值的计量一次监督抽样检验程序及抽样表	GB/T 14900—1994
	声称质量水平复检与复验的评定程序	GB/T 16306—2008

第二节　抽样检验的基本原理

一、抽样检验的质量指标

抽样检验既然是对产品质量做出推断，就必须首先给出质量标准，一批产品在何种质量下可以接收或不接收。根据企业产品质量的描述不同，质量水平的表达就不同。如衡量一批产品质量的指标，常用于孤立批的抽样检验，提出的往往是批可接收的质量 p_0 或批不可接收的质量 p_1；衡量加工过程质量指标，常用于连续批的产品验收，如计数调整型抽样中规定的 AQL 为可接收的过程质量；说明检验后产品平均质量的指标 AOQL，常用于连续批的验收，表示连续对产品验收时，接收的所有批的平均质量。企业在设计抽样方案时，应根据检验批是孤立批还是连续批来制定合理的质量指标，并以此设计抽样方案。

二、抽样方案

在抽样检验时，首先要确定一个合格的批质量水平，即批不合格品率的标准值 p_t，然后将交验批的批不合格品率 p 与 p_t 比较，做出相应的判断。实际工作中，在保证 n 对 N 有代表性的前提下，用样本中包含的不合格品 d 的情况来推断整批质量，并与标准要求进行比较。样本量 n 和样本中包含的不合格（品）数 A 形成一个抽样方案 (n, A)（A 也称为合格判定数或接收数）。在抽样检验中，根据从检验批最多可以抽几个样本就必须对该检验批做出接收与否的判断这一标准，又将抽样方案分为一次抽样、二次抽样和多次抽样三种不同的抽样类型。根据抽样类型的不同，判定程序有所不同。

1. 一次抽样方案

一次抽样方案就是仅根据一个样本的检验结果就判定批合格与否的检验方式。一次抽样方案通常用(n,A)表示。从批量为N的交验批中随机抽取n件产品进行检验,对照预先规定的合格判定数A,当$d \leqslant A$时,则判定该批产品合格;否则,当$d > A$时,则判断该批产品不合格,予以拒收。其判断程序如图6-2所示。

2. 二次抽样方案

二次抽样是从检验批中最多抽两个样本就必须对该检验批做出接收与否判断的一种抽样方式。它根据第一个样本提供的信息,决定是否抽取第二个样本。二次抽样方案就是在批量为N的交验批中,随机抽取一个样本容量为n_1的样本进行检验,记在n_1件产品中发现的不合格品数为d_1,预先规定合格判定数A_1和不合格判定数R_1。其判断程序如图6-3所示。

当$d_1 \leqslant A_1$时,则判定该批产品合格,予以接收。

当$d_1 \geqslant R_1$时,则判定该批产品不合格,予以拒收。

当$A_1 < d_1 < R_1$进行二次抽样,在从批量为N的一批产品中随机抽取一个样本容量为n_2的样本进行检验,记在n_2件产品中发现的不合格品数为d_2,则:

当$d_1 + d_2 \leqslant A_2$时,则判定该批产品合格,予以接收。

当$d_1 + d_2 > R_2$时,则判定该批产品不合格,予以拒收。

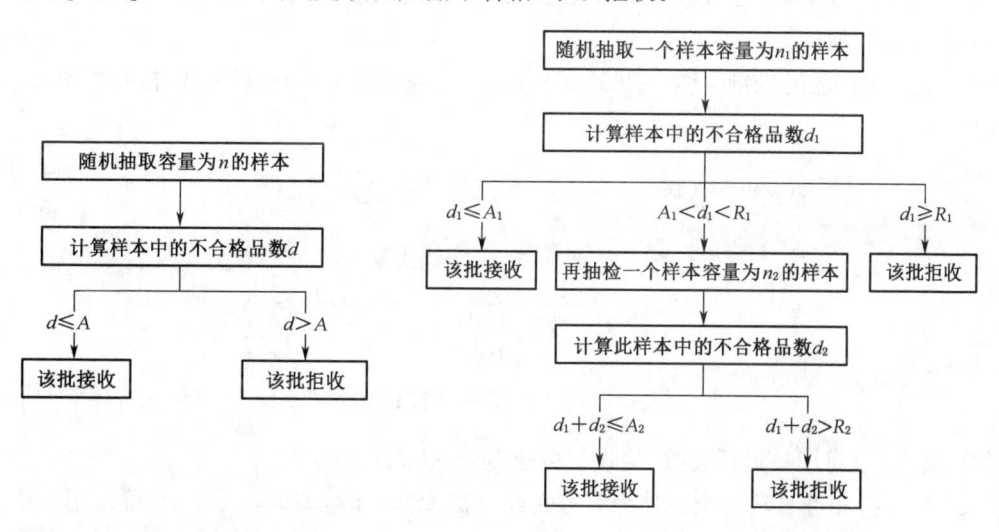

图6-2 一次抽样方案判断程序　　图6-3 二次抽样方案判断程序

3. 多次抽样方案

多次抽样就是每次按规定的样本容量进行检验,每次抽验的结果与事先规定的判定标准进行比较,当无法做出合格判定时,只有通过继续抽验,才能对检验批做出接收与否判定的抽样方式。因此,它依次抽取样本的次数,需依据前一个样本所提供的信息而定。

三、抽样方案的接收概率与特性曲线

使用抽样检验方案时,抽样方案对合格批和不合格批的判断能力可以用接收概率、抽检特性曲线和两类风险来衡量。

1. 接收概率

接收概率是指根据规定的抽样方案,把具有给定质量水平的检验批判断为接收的概率,即用给定的抽样方案(n, A)验收批质量为p的检验批时,把检验批判断为接收的概率。接收概率通常记为$L(p)$,它是批不合格品率p的函数,随着p的增大而减小。当p一定时,根据不同的情况,可用超几何分布公式、二项分布公式、泊松分布公式求得$L(p)$。

$$L(p) = P(d \leqslant A) \tag{6-5}$$

(1) 超几何分布计算法。设从不合格品率为p的批量N中,随机抽取n个单位产品组成样本,则样本中出现d个不合格品的概率可按超几何分布公式计算:

$$L(p) = \sum_{d=0}^{A} \frac{C_{Np}^{d} C_{N-Np}^{n-d}}{C_{N}^{n}} \tag{6-6}$$

式中:C_{Np}^{d}为从批的不合格品数N_p中抽取d个不合格品的全部组合;C_{N-Np}^{n-d}为从批的合格品数$N-N_p$中抽取$n-d$个不合格品的全部组合;C_{N}^{n}为从批量N的一批产品中抽取n个单位产品的全部组合。

式(6-6)是进行有限总体计件抽样检验时计算接收概率的精确公式。用超几何分布公式计算接收概率虽然精确,但当N与n值较大时,计算过程很繁琐。一般可用二项分布公式或泊松分布公式近似计算。

例 6-1 设一批产品的批量为$N=100$, $p=10\%$,采用方案$(10,1)$进行验收,接收概率$L(p)$是多少?

解
$$L(p) = L(10\%) = \sum_{d=0}^{A} \frac{C_{Np}^{d} C_{N-Np}^{n-d}}{C_{N}^{n}} = \sum_{d=0}^{1} \frac{C_{5}^{d} C_{100-5}^{5-d}}{C_{100}^{5}}$$

$$= \frac{\frac{10!}{0!\,10!} \cdot \frac{90!}{5!\,85!}}{\frac{100!}{5!\,95!}} + \frac{\frac{10!}{1!\,9!} \cdot \frac{90!}{4!\,86!}}{\frac{100!}{5!\,95!}}$$

$$= 0.583\,75 + 0.339\,39 = 0.923\,14$$

即以该抽样方法对产品进行验收,接收的可能性为0.92。

(2) 二项分布计算法。当总体为无穷大或近似无穷大时,即$n \leqslant 0.1N$,可以用二项分布计算法。在生产条件基本相同的情况下,一个制造过程不断进行时,该过程制造的一种特定产品的全体形成一个无限总体,它由于具有无限性,所以不同于由单独一批产品所构成的总体。二项分布的研究对象是无限总体,当总体数量很大时,可以不考虑样本抽取后对总体特性的影响。利用二项分布计算接收概率的公式:

$$L(p) = \sum_{d=0}^{A} C_{n}^{d} p^{d} (1-p)^{n-d} \tag{6-7}$$

式中:C_{n}^{d}为从总体中随机抽取的n个单位产品中含有d个不合格品的全部组合。

例 6-2 若对$N=2\,500$的一批产品进行检验,采用$(15,1)$的抽验方案,当$p=1\%$时,接收概率$L(p)$是多少?

解
$$L(p)=L(1\%)=\sum_{d=0}^{A}C_n^d p^d(1-p)^{n-d}$$
$$=\sum_{d=0}^{1}C_n^d p^d(1-p)^{n-d}$$
$$=C_{15}^0(0.01)^0(0.99)^{15}+C_{15}^1(0.01)^1(0.99)^{14}$$
$$=0.9904$$

即接收概率 $L(p)$ 为 0.99。

（3）泊松分布计算法。当 $n \leqslant 0.1N$ 且 $p \geqslant 0.1$ 时，可以采用泊松分布计算法。泊松分布的研究对象是具有计点值特征的质量特性值，如纺织工程质量管理中的纺织品疵点数及事故或故障的发生次数等。利用泊松分布计算接收概率的公式：

$$L(p)=\sum_{d=0}^{A}\frac{(np)^d}{d!}\mathrm{e}^{-np} \quad (\mathrm{e}=2.71828) \tag{6-8}$$

式(6-8)是计点抽验计算接收概率的精确公式。

例 6-3 设有 100 件产品需要进行外观检验，采用抽样方案(10,1)，当 $p=5\%$ 时，接收概率 $L(p)$ 是多少？

解
$$L(p)=L(5\%)=\sum_{d=0}^{A}\frac{(np)^d}{d!}\mathrm{e}^{-np}$$
$$=\sum_{d=0}^{1}\frac{(np)^d}{d!}\mathrm{e}^{-np}=\frac{(0.5)^0}{0!}\mathrm{e}^{-0.5}+\frac{(0.5)^1}{1!}\mathrm{e}^{-0.5}$$
$$=0.6065+0.5\times 0.6065$$
$$=0.9098$$

即接收概率 $L(p)$ 为 0.91。

使用超几何分布、二项分布、泊松分布公式计算接收概率，计算过程一般较复杂，通常可以使用查表的方法求得。

2. 抽验特性曲线

根据 $L(p)$ 是批不合格品率 p 的函数且随着 p 的变化而变化的特点，对于一个具体的抽样方案 (n,A)，有一个 p 就有一个与之对应的接收概率，如果用横坐标表示自变量 p 的值，纵坐标表示相应的接收概率 $L(p)$，则 p 和 $L(p)$ 构成的一系列点子连成的曲线就是抽样检验特性曲线，简称 OC 曲线，如图 6-4 所示。

不同的抽样方案就有不同的反映其所对应的抽检方案特性的 OC 曲线。它可以直观和定量地说明产品质量状况，表达把合格批误判为不合格批或把不合格批误判为合格批的概率。表明生产方风险质量水平 PQL 及使用方风险质量水平 CQL 与生产方风险 α 和使用方风险 β 的关系。

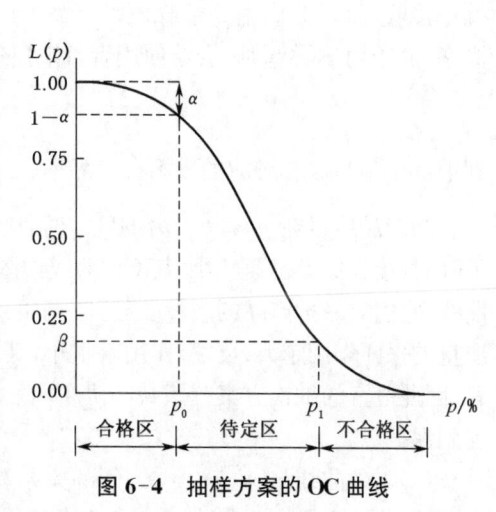

图 6-4 抽样方案的 OC 曲线

(1) 理想的 OC 曲线。如果规定当批不合格品率不超过 p_t 时,这批产品可接收,那么一个理想的抽检方案应当满足:当 $p \leqslant p_t$ 时,接收概率 $L(p)=1$;当 $p > p_t$ 时,接收概率 $L(p)=0$。对应的理想 OC 曲线如图 6-5 所示。但是,理想的 OC 曲线实际上是不存在的。即使在 100% 的全数检验条件下,也难以保证由于人员和设备等诸多因素的影响而不发生错检和漏检的情况。

(2) 不理想的 OC 曲线。抽样方案 (0,1) 的 OC 曲线为一条直线,如图 6-6 所示。所谓的 (0,1) 抽样方案,就是从交验批中随机抽取一件产品,这件产品合格就判定该批产品合格,否则判定不合格。从图 6-6 可以看出,这种方案的判断能力是很差的。当批不合格率达到 50% 时,接收概率仍为 50%,也就是说,有 50% 的批被判为合格。

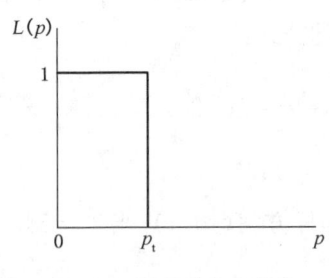

图 6-5 理想的 OC 曲线

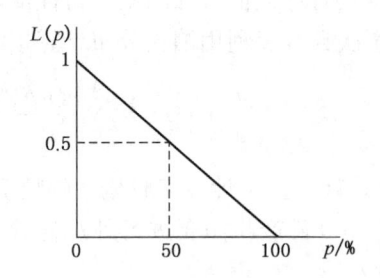

图 6-6 不理想的 OC 曲线

(3) 实际的 OC 曲线。实际可行的抽样方案通过 OC 曲线表达的应该是:在设定一个合格质量水平为 p_0 时,当批质量好到 $p \leqslant p_0$ 时,能以高概率接收该批产品,而以低概率 α 不接收该批产品。α 也称为生产方风险,它是将合格批判为不合格批的概率。这种错判会给生产者带来损失,属于第一类错判。

$$\alpha = 1 - L(p_0)$$

其中:p_0 是与 α 相对应的批不合格品率。

设定另一个批允许不合格品率的质量水平 p_1,当批质量差到 $p \geqslant p_1$ 时,能以高概率判该批不接收,而以低概率 β 接收该批产品。β 也称为使用方风险,它是将不合格批判为合格批的概率,属于第二类错判,会给使用者带来损失。

$$\beta = L(p_1)$$

其中:p_1 是与 β 相对应的批不合格品率。

当产品质量在 $p_0 < p < p_1$ 的区域时,接收概率随之变化。总体情形是产品质量从好的方向下降时,接收概率迅速减小,其 OC 曲线如图 6-4 所示。不同的抽样检验方案会形成不同的 OC 曲线,它们对一批产品的质量能起到一定的保证作用,越接近理想抽样检验方案的 OC 曲线对批质量的保证作用越大;反之,作用就很小,甚至没有应用价值。由于涉及供需双方的风险承担问题,因此适宜的抽检方案应该共同协商,对 p_0 和 p_1 进行通盘考虑,使生产者和使用者的利益都受到保护。

(4) OC 曲线与 N、n、A 之间的关系。OC 曲线是由批量 N、样本容量 n 和合格判定数 A 决定的。当 N、n、A 变化时,OC 曲线必然也变化,但它们的影响程度如何,值得探讨。

① n、A 不变,N 对 OC 曲线的影响。图 6-7 展示了三个抽检方案 (50, 20, 0)、(100, 20,

0)、(1 000,20,0)所对应的三条 OC 曲线。从图 6-7 可以看出,批量大小对 OC 曲线影响不大,所以当 $n \leqslant 0.1N$ 时,就可以考虑忽略 N 对抽样检验方案的影响。因此,可以将抽样检验方案 (N,n,A) 简单地表示为 (n,A)。但如果批量过大,虽然分摊到单位产品的检验费用有所减少,若一旦不接收,则对生产方或使用方造成的损失都会很大,因为抽样检验总存在着犯错误的可能。

② N、A 不变,n 对 OC 曲线的影响。图 6-8 展示了合格判定数为 2,而样本大小 n 分别为 200、100、50 时所对应的三条 OC 曲线。从图 6-8 可以看出,当 A 一定时,样本大小 n 越大,OC 曲线越陡,抽样检验方案越严格,致使生产方风险 α 略有上升,即由于大样本检验的能力加强,生产方将合格批判断为不合格的概率变大;而使用方风险 β 显著减少,即使用方将不合格批接收和将合格批拒收的概率变小。

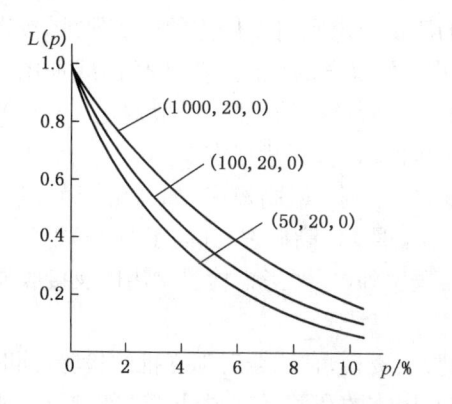

图 6-7　n、A 不变,N 对 OC 曲线的影响

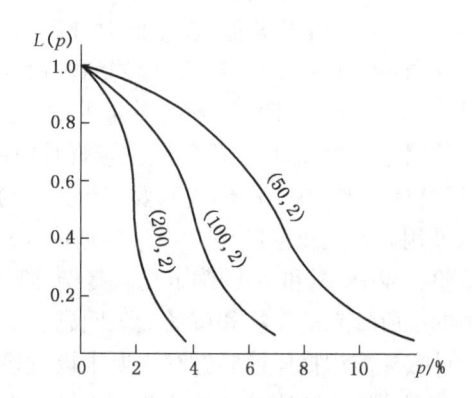

图 6-8　N、A 不变,n 对 OC 曲线的影响

③ N、n 不变,A 对 OC 曲线的影响。图 6-9 中,从左至右分别是当 $n=100$,A 分别为 1、2、3、4、5 时所对应的 OC 曲线。从图 6-9 可以看出,当 n 一定时,接收数 A 越小,则 OC 曲线的倾斜度越大,抽样方案越严格。

从以上的分析可以看出,企业常采用的百分比抽样的不合理性。所谓百分比抽样,就是不论产品的批量 N 如何,均按一定的比例抽取样本进行检验,并按统一的合格判定数进行验收。N 不同,样本容量也不同,批量愈大,n 愈大。但前面提到,N 对 OC 曲线的影响很小,而 n 对 OC 曲线的影响很大。设供方有批量不同但批质量相同的 5 批产品,它们均按 5% 抽取样本,并规定样本中不允许有不合格品(即 $A=0$)。这 5 个抽样方案所对应的 OC 曲线如图 6-10 所示,可以看出百分比抽样导致大批严格、小批宽松的不合理结果。

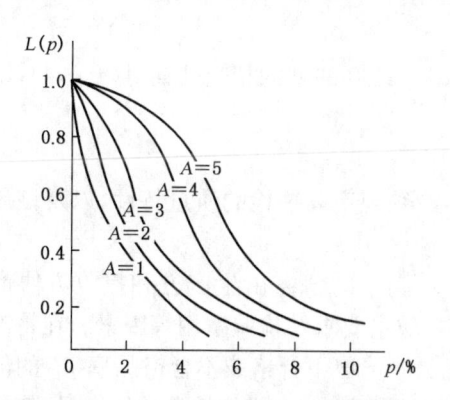

图 6-9　N、n 不变,A 对 OC 曲线的影响

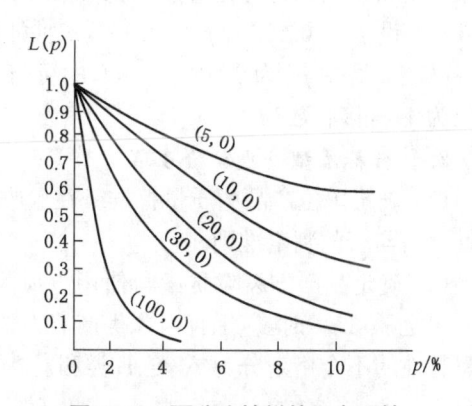

图 6-10　百分比抽样的不合理性

第三节 计数型抽样检验

一、计数标准型抽样检验

计数抽样检验可分为计数标准型抽样检验、计数挑选型抽样检验、计数连续生产型抽样检验、计数序贯抽样检验。

1. 计数标准型抽样检验的概念

计数标准型抽样检验,就是同时规定对生产方的质量要求和对使用方的质量保护,按供需双方共同制定的 OC 曲线所进行的抽样检验,控制了供需双方的风险。其 OC 曲线如图 6-4 所示。α 为生产方风险,即好的质量批被不接收时生产方所承担的风险,一般规定 $\alpha=0.05$。β 为使用方风险,即坏的质量批被接收时使用方所承担的风险,一般规定 $\beta=0.10$。p_0 为生产方风险质量(PQL),p_0 的选取要求当批不合格率 $p \leqslant p_0$ 时,以高概率(如高于 95%)接收;p_1 为使用方风险质量(CQL),p_1 的选取要求当 $p \geqslant p_1$ 时,以高概率(如高于 90%)拒收。抽样检验实践中,p_0 和 p_1 的确定比较复杂,除考虑接收概率外,还要考虑检验费用以及接收质量低劣的批所带来的经济和市场损失问题。

计数标准型抽样检验方案不要求提供检验批的验前资料,它适合对孤立批的检验,同时适用于破坏性检验和非破坏性检验。为满足生产方和使用方的利益,使两类风险同时减少,所需抽取的样本量较大。标准型抽样方案可以通过一次抽样表查得。表 6-2 为不合格百分数的计数标准型一次抽样方案(GB/T 13262—2008 节选),由 p_0、p_1 相交栏读取抽样方案,栏中左侧的数值为样本量 n,右侧的数值为接收数 A。根据样本检验的结果,若样本中发现的不合格品数小于或等于接收数,则接收该批;若样本中发现的不合格品数大于接收数,则不接收该批(认为该批不合格)。GB/T 13262—2008 由下列内容组成:

(1) p_0 栏从 0.009%~0.100%(代表值为 0.75%)至 10.1%~11.2%,共分 42 个区间;p_1 栏从 0.71%~0.80%(代表值为 0.75%)至 31.6%~35.5%,共分 34 个区间。

(2) 样本量 n,考虑到使用方便,取以下 209 级:5,6,7,…,1 750,1 820,2 055。

(3) 由于以区间形式表示 p_0、p_1 值,且 n 的变化是非等距的,所以,以表 6-2 求得的抽检方案同所希望的抽检特性有点不同,但不影响实际使用。

例 6-4 设 $p_0=0.42\%$,$p_1=1.9\%$,求抽样方案。

解 从表 6-2 中 p_0 为 0.401~0.450 的行与 p_1 为 1.81~2.00 的列的相交处查得(440,4),即样本数为 440,接收数为 4。

2. 计数标准型一次抽检步骤

(1) 确定单位产品的质量标准。在验收条款中,必须规定需抽检的质量特性,以及该质量特性合格与否的判定准则。

(2) 确定生产方风险质量与使用方风险质量。p_0、p_1 的值需由生产方和接收方协商确定。决定 p_0、p_1 时,应综合考虑生产能力、制造成本、质量要求及检验费用等因素。在将产品质量特性的不合格划分为 A 类、B 类和 C 类后,依此次序选取不合格或不合格品率 p_0 的值从小到大。通常,多数 p_1 为 p_0 的 4~10 倍。p_0 与 p_1 间的距离小,会增加抽检的样本量,使检验

表 6-2 不合格百分数的计数标准型一次抽样方案（GB/T 13262—2008 节选）（$\alpha=0.05, \beta=0.10$）

$p_0(\%)$ \ $p_1(\%)$	0.75	0.85	0.95	1.05	1.20	1.30	1.50	1.70	1.90	2.10	2.40	2.60	3.00	3.40	3.80	4.20	4.80	p_0 范围
0.095	750,2	425,1	395,1	370,1	345,1	315,1	280,1	250,1	225,1	210,1	185,1	160,1	68,0	64,0	58,0	54,0	49,0	0.091~0.100
0.105	730,2	665,2	380,1	355,1	330,1	310,1	275,1	250,1	225,1	200,1	185,1	160,1	150,1	60,0	56,0	52,0	48,0	0.101~0.112
0.120	700,2	650,2	595,2	340,1	320,1	295,1	275,1	245,1	220,1	200,1	180,1	160,1	150,1	130,1	54,0	50,0	46,0	0.113~0.125
0.130	930,3	625,2	580,2	535,2	305,1	285,1	260,1	240,1	220,1	200,1	180,1	160,1	150,1	130,1	115,1	48,0	45,0	0.126~0.140
0.150	900,3	820,3	545,2	520,2	475,2	270,1	250,1	230,1	215,1	195,1	175,1	160,1	140,1	130,1	115,1	100,1	43,0	0.141~0.160
0.170	1105,4	795,3	740,3	495,2	470,2	430,2	240,1	220,1	205,1	190,1	170,1	155,1	140,1	125,1	115,1	100,1	92,1	0.161~0.180
0.190	1295,5	980,4	710,3	665,3	440,2	415,2	370,2	210,1	200,1	185,1	165,1	155,1	140,1	125,1	115,1	100,1	92,1	0.181~0.200
0.210	1445,6	1135,5	875,4	635,3	595,3	395,2	365,2	330,2	190,1	175,1	165,1	145,1	135,1	125,1	115,1	100,1	92,1	0.201~0.224
0.240	1620,7	1305,6	1015,5	785,4	570,3	525,3	350,2	325,2	300,2	170,1	160,1	140,1	130,1	120,1	115,1	100,1	90,1	0.225~0.250
0.260	1750,8	1435,7	1165,6	910,5	705,4	510,3	465,3	310,2	290,2	265,2	150,1	135,1	125,1	115,1	110,1	100,1	90,1	0.251~0.280
0.300	2055,10	1545,8	1275,7	1025,6	810,5	625,4	450,3	410,3	275,2	260,2	240,2	135,1	125,1	110,1	110,1	98,1	88,1	0.281~0.315
0.340		1820,10	1385,8	1145,7	920,6	725,5	555,4	400,3	365,3	250,2	230,2	210,2	120,1	110,1	105,1	96,1	86,1	0.316~0.355
0.380			1630,10	1235,8	1225,7	820,6	640,5	490,4	355,3	330,3	220,2	205,2	190,2	110,1	100,1	92,1	86,1	0.356~0.400
0.420				1450,10	1100,8	910,7	725,6	565,5	440,4	315,3	295,3	195,2	180,2	165,2	95,1	88,1	82,1	0.401~0.450
0.480					1300,10	985,8	810,7	545,5	505,5	390,4	285,3	260,3	175,2	165,2	150,2	84,1	80,1	0.451~0.500
0.530						1165,10	875,8	715,7	495,5	455,5	350,4	255,3	230,3	155,2	145,2	135,2	76,1	0.501~0.560
0.600							1035,10	770,8	640,7	435,5	405,5	310,4	225,3	205,3	140,2	125,2	115,2	0.561~0.630
0.670								910,10	690,8	570,7	390,5	360,5	275,4	200,3	185,3	125,2	115,2	0.631~0.710
0.750									815,10	620,8	610,7	350,5	320,5	250,4	180,3	165,3	110,2	0.711~0.800
0.850										725,10	550,8	455,7	310,5	285,5	220,4	160,3	145,3	0.801~0.900
0.950											650,10	490,8	405,7	275,5	255,5	195,4	140,3	0.901~1.00
1.05												580,10	435,8	360,7	245,5	225,5	175,4	1.01~1.12
1.20												715,13	515,10	390,8	280,6	220,5	165,4	1.13~1.25
1.30													635,13	465,10	350,8	250,6	195,5	1.26~1.40
1.50													825,18	565,13	410,10	310,8	220,6	1.41~1.60
1.70														745,18	505,13	360,10	275,8	1.61~1.80
1.90															660,18	445,13	325,10	1.81~2.00
2.10																585,18	400,13	2.01~2.24
2.40																	520,18	2.25~2.50
p_1 范围	0.71~0.80	0.81~0.90	0.91~1.00	1.01~1.12	1.13~1.25	1.26~1.40	1.41~1.60	1.61~1.80	1.81~2.00	2.01~2.24	2.25~2.50	2.51~2.80	2.81~3.15	3.16~3.55	3.56~4.00	4.01~4.50	4.51~5.00	

费用增加,但可求得较强的判别力。p_0 与 p_1 间的距离大,又会放松对质量的要求,对使用方不利。因此,一般以 $\alpha=0.05$、$\beta=0.10$ 为准。

(3) 形成检验批。检验批应由相同条件下生产的单位产品组成。当过程处于稳定状态时,尽可能组成大批,单位产品所占的检验费用的比例就越小;当过程未处于稳定状态时,尽可能将批分小,以减少由合格批判为不合格批以及由不合格批判为合格的误判给供需双方造成的损失。

(4) 检索抽样方案。根据事先规定的 p_0、p_1 值,查标准型抽样方案表(GB/T 13262—2008),从 p_0 栏和 p_1 栏相交处读取抽样方案的样本大小 n 和接收数 A,按上述检索方法,如果样本大小超过批量,应进行全数检验,但 A 值不变。一些特殊情况应按照国家标准抽样表的相关说明进行抽样方案的选择。

(5) 抽取样本。样本应按照检索的抽样方案从整批中随机抽取。随机抽样包含简单随机抽样、分层随机抽样、整群随机抽样和系统随机抽样等方法。

(6) 检验样本质量特性。对抽取的样本中的每一个单位产品逐个进行检验,判断是否合格,并且统计出样本中的不合格品总数。

(7) 批的判断。根据样本检验的结果,若 $d \leqslant A$,则接收该批;若 $d \geqslant A$,则不接收该批。

(8) 检验批的处置。判为接收的批,订货方应整批接收,同时允许订货方在协商的基础上向供货方提出某些附加条件;判为拒收的批,应全部退回供货方,未经有效处理不得再次提交检查。

二、计数调整型抽样检验

1. 计数调整型抽样检验的概念

计数调整型抽样检验是适用于连续批检验的抽样计划,它有正常、加严和放宽三种严格程度不同的检验方案和一套转移规则组成的抽样计划。该计划在充分考虑两类风险的同时兼顾了检验的经济性,它要求抽样方案的严格程度根据历史和加工质量而变化,在抽样计划中对过程质量提出了要求。当实际的过程质量满足要求时,使用正常检验,并保证多数批被接收;当过程质量不满足要求时,应使用加严检验,以保护使用方的利益,以免第二类错判概率 β 变大;当过程质量远远好于质量要求时,可以考虑放宽检验,以满足经济性的要求,以免第一类错判概率 α 变大。

国际标准化组织(ISO)于 1974 年在美国军用标准 MIL-STD-105D 的基础上,制定颁发了记数调整型抽样检验国际标准,代号为 ISO 2859,之后历经修改,1999 年修订版的代号为 ISO 2859-1。该标准适用于成品、在制品、工序管理、原材料和库存等方面的检验,适用于连续批的检验。我国在 1987 年颁发了 GB 2828《逐批检查计数调整型抽样程序及抽样表》,并于 1988 年 5 月 1 日起实施。2003 年,我国发布了等同采用国际标准 ISO 2859-1 的 GB/T 2828.1《计数抽样检验程序 第 1 部分:按接收质量限(AQL)检索的逐批检验抽样计划》,并于 2012 年修订,目前的现行版本是 2019 年修订的。

计数调整型抽样的检验要素有五个:接收质量限(AQL)、检验水平(IL)、批量(N)、检验严格度和抽样类型。五个检验要素在抽样计划中所起的作用各不相同。计数调整型抽样检验方案是目前使用最广泛、理论上研究得最多的一种抽样检验方法。

2. 接收质量限

AQL 是在 GB/T 2828.1—2003 中提出的,在 ISO 2859-1 和 GB 2828—1987 中被称为可

接收质量水平。AQL是指供需双方能够共同接收的连续系列批的过程平均质量水平。它是控制最大过程平均不合格品率的界限,是计数调整型抽样方案的设计基础。

AQL是可接收和不可接收过程平均的分界线。当生产方交验批的实际过程平均优于AQL时,应使用正常方案进行检验,抽样方案以尽可能高的概率接收;若生产方交验批的实际过程平均稍坏于AQL时,使用加严检验方案,以降低使用方的风险;而当生产方交验批的实际过程平均远远好于AQL时,使用放宽检验,以带来良好的经济性。确定AQL时,应考虑用户对产品性能、功能、寿命、互换性等方面的质量要求,还应考虑生产方的供应水平,以及产品复杂程度、产品质量不合格类别、检验项目的数量和经济性等因素。具体方法如下:

(1) 根据过程平均确定。根据生产方近期能够达到的过程平均质量水平加以估计,如能被使用方接收,则以此作为AQL值;如规定的AQL值小于过程平均,则不合格品增多,生产方会时常中断生产,改进和提高产品质量,但这样做多少会影响其积极性。AQL值的确定要考虑的是多数供应方参与供货的同时,又能提高产品的质量水准。此种方法大多用于品种少、批量大而且质量信息充分的场合。

(2) 根据检验项目数确定。检验项目有多个时,AQL值应比只有一个检验项目时的规定值适当大一些。

(3) 按不合格类别确定。对于属于严重程度不同的不合格类别产品,应分别规定不同的AQL值。不合格品依严重程度从重至轻分为A、B、C三类。因此,对A类规定的AQL值小于对B类的规定,对B类规定的AQL值小于对C类的规定。愈是重要的检验项目,验收后的不合格品造成的损失越大,愈应指定严格的AQL。此方法适用于多品种、小批量生产和产品质量信息不多的场合。

(4) 按用户要求的质量确定。规定AQL主要考虑的是使用方的要求。当用户根据使用的技术、经济条件提出了必须保证的质量限时,应将该质量要求定为AQL。通常为使用户要求的质量同供应方的过程能力协调,双方在彼此信赖的基础上,共同协商确定一个合理的AQL值。

3. 检验水平(IL)

前述表明批量N对OC曲线的影响不大。但对批量大的检验批,一旦错判,将造成较大的经济损失。N大时,若n过小,样本对总体的代表性就差。为了减少错判,必须增大n,以提高方案对质量优劣的鉴别能力。在其他条件不变的情况下,规定的检验水平越高,样本量越大,方案越严格,而且不同的检验水平对使用方损失的影响远大于其对生产方的影响。检验水平在规定批量和样本量之间的关系时,鼓励大批量交验,批量越大,单位检验量越小,检验越经济。当然,大批量相对于小批量来说,误判引起的损失也大。

计数调整型抽样方案规定了两类七种检验水平:一类是一般检验水平,有三种,分别是Ⅰ、Ⅱ、Ⅲ;另一类是特殊检验水平,共有四种,分别是S-1、S-2、S-3、S-4。按照Ⅰ、Ⅱ、Ⅲ的顺序,当批量N一定时,样本量n逐渐增大;按照S-1、S-2、S-3、S-4的顺序,当批量N一定时,样本量n也逐渐增大。一般情况下,应使用一般检验水平Ⅱ。特殊检验水平所抽取的样本量较小,仅适用于较小的样本且允许有较大错判风险的项目。

ISO 2859-1中的检验水平明确了批量N与样本量n之间的关系,同时也对方案的严格程度产生了影响。检验水平不同,样本含量也不同。对于某检验水平,可以利用相关字码表及AQL值查询抽样方案检验主表获得所需样本量n、合格判定数A和不合格判定数R等参数。

表6-3为样本量字码表,表6-4为抽样方案主表。

如对于 $N=1\,500$ 的三个一般检验水平的样本含量,用表6-3查得,相关字码为H、K、L,由表6-4-Ⅰ查得依次为50、125、200。可见检验水平Ⅰ比检验水平Ⅱ松,检验水平Ⅲ比Ⅱ严。表6-5给出了一次正常检验条件下一般检验水平的批量与样本大小之间的关系。例如:一般检验水平Ⅱ,当 N 由10增加到100,查表6-2得到字码由B变为F,由表6-4-Ⅰ查得样本含量由3增至20,但 n/N 的比值由 $3/10=0.3$ 降至 $20/100=0.2$。由此体现的明显设计原则: N 增加时,一般要求 n 也大,但不是按比例增大。

表6-3 样本量字码表

批量 N	特殊检验水平				一般检验水平		
	S-1	S-2	S-3	S-4	Ⅰ	Ⅱ	Ⅲ
2~8	A	A	A	A	A	A	B
9~15	A	A	A	A	A	B	C
16~25	A	A	B	B	B	C	D
26~50	A	B	B	C	C	D	E
51~90	B	B	C	C	C	E	F
91~150	B	B	C	D	D	F	G
151~280	B	C	D	E	E	G	H
281~500	B	C	D	E	F	H	J
501~1 200	C	C	E	F	G	J	K
1 201~3 200	C	D	E	G	H	K	L
3 201~10 000	C	D	F	G	J	L	M
10 001~35 000	C	D	F	H	K	M	N
35 001~150 000	D	E	G	J	L	N	P
150 001~500 000	D	E	G	J	M	P	Q
5 000 001 以上	D	E	H	K	N	Q	R

确定检验水平时应考虑的因素:各种备选方案的OC曲线;目前的过程平均质量水平;生产方的加工能力、检验能力、费用承受能力;产品的复杂性;质量特性值的重要程序;使用方能承担的风险等。

样本量的大小在很大程度上依赖于批的同质性。批内质量严重不一致会导致拒收合格产品或接收不合格产品的可能性急骤增大。此时,批内不合格品如果不是随机排列,会增大抽样误差。因此,对于任何抽样程序,批中的单位产品应来自同一总体,即所谓的同质性。同质性好的产品可用大批量提交,以降低抽样比,获得好的经济效益。

4. 抽样方案转移规则

GB/T 2828.1规定了三种不同严格度的检验:正常检验、加严检验和放宽检验。在使用抽样方案时,三种检验之间的转移有具体的规则。

表 6-4-Ⅰ 加严检验二次抽样方案主表

可接收质量水平 AQL

字码	抽样次数	样本量	累计样本量	0.010 A R	0.015 A R	0.025 A R	0.040 A R	0.065 A R	0.100 A R	0.150 A R	0.250 A R	0.400 A R	0.650 A R	1.00 A R	1.50 A R	2.50 A R	4.00 A R	6.50 A R	10.0 A R	15.0 A R	25.0 A R	40.0 A R	65.0 A R	100.0 A R	150.0 A R	250.0 A R	400.0 A R	650.0 A R	1 000 A R
A	第一 第二	2 2	2 4																									*	23 29 52 53
B	第一 第二	2 2	2 4																								*	15 20 34 35	23 29 52 53
C	第一 第二	3 3	3 6																							*	9 14 23 24	15 20 34 35	23 29 52 53
D	第一 第二	5 5	5 10																						*	6 10 15 16	9 14 23 24	15 20 34 35	23 29 52 53
E	第一 第二	8 8	8 16																					*	3 7 11 12	6 10 15 16	9 14 23 24	15 20 34 35	23 29 52 53
F	第一 第二	13 13	13 26																				*	2 5 6 7	3 7 11 12	6 10 15 16	9 14 23 24	15 20 34 35	
G	第一 第二	20 20	20 40																			*	1 4 4 5	2 5 6 7	3 7 11 12	6 10 15 16	9 14 23 24			
H	第一 第二	32 32	32 64																		*	0 3 3 4	1 4 4 5	2 5 6 7	3 7 11 12	6 10 15 16	9 14 23 24				
J	第一 第二	50 50	50 100																	*	0 2 1 2	0 3 3 4	1 4 4 5	2 5 6 7	3 7 11 12	6 10 15 16	9 14 23 24					
K	第一 第二	80 80	80 160																*		0 2 1 2	0 3 3 4	1 4 4 5	2 5 6 7	3 7 11 12	6 10 15 16	9 14 23 24						
L	第一 第二	125 125	125 250															*		0 2 1 2	0 3 3 4	1 4 4 5	2 5 6 7	3 7 11 12	6 10 15 16	9 14 23 24							
M	第一 第二	200 200	200 400														*		0 2 1 2	0 3 3 4	1 4 4 5	2 5 6 7	3 7 11 12	6 10 15 16	9 14 23 24								
N	第一 第二	315 315	315 630													*		0 2 1 2	0 3 3 4	1 4 4 5	2 5 6 7	3 7 11 12	6 10 15 16	9 14 23 24									
P	第一 第二	500 500	500 1000												*		0 2 1 2	0 3 3 4	1 4 4 5	2 5 6 7	3 7 11 12	6 10 15 16	9 14 23 24										
Q	第一 第二	800 800	800 1600											*		0 2 1 2	0 3 3 4	1 4 4 5	2 5 6 7	3 7 11 12	6 10 15 16	9 14 23 24											
R	第一 第二	1250 1250	1250 2500										*		0 2 1 2	0 3 3 4	1 4 4 5	2 5 6 7	3 7 11 12	6 10 15 16												
S	第一 第二	2000 2000	2000 4000																										

注：* 用对应的一次抽样方案或其下面的二次抽样方案。
↓——用箭头下面的第一个抽样方案，如果样本大小等于或超过批量，执行本标准 4.11.4b 的规定。
↑——用箭头上面的第一个抽样方案。
A——合格判定数；R——不合格判定数。

表 6-4-Ⅱ　加严检验一次抽样方案主表

样本量字码	样本量	可接收质量水平 AQL																									
		0.010	0.015	0.025	0.040	0.065	0.100	0.150	0.250	0.400	0.650	1.000	1.500	2.500	4.000	6.500	10.00	15.00	25.00	40.00	65.00	100.0	150.0	250.0	400.0	650.0	1 000
		AR	AR	AR	AR	AR	AR	AR	AR	AR	AR	AR	AR	AR	AR	AR	AR	AR	AR	AR	AR	AR	AR	AR	AR	AR	AR
A	2	↓																									27 28
B	3		↓																							18 19	27 28
C	5																								12 13	18 19	41 42
D	8																							8 9	12 13	27 28	41 42
E	13																						5 6	8 9	18 19	41 42	←
F	20																					3 4	5 6	12 13	27 28	←	
G	32																			1 2	2 3	3 4	8 9	18 19	41 42	←	
H	50																		1 2	2 3	3 4	5 6	12 13	27 28	←		
J	80																	1 2	2 3	3 4	5 6	8 9	18 19	←			
K	125															→	0 1	→	1 2	2 3	3 4	5 6	8 9	12 13	18 19	←		
L	200														→	0 1		1 2	2 3	3 4	5 6	8 9	12 13	18 19	←			
M	315												→	0 1	→	1 2	2 3	3 4	5 6	8 9	12 13	18 19	←					
N	500											→	0 1	→	1 2	2 3	3 4	5 6	8 9	12 13	18 19	←						
P	800									→	0 1	→	1 2	2 3	3 4	5 6	8 9	12 13	18 19	←								
Q	1 250		0 1	↑				0 1	→	1 2	2 3	3 4	5 6	8 9	12 13	18 19	↑											
R	2 000	0 1	↑		0 1	1 2	2 3	3 4	5 6	8 9	12 13	18 19	↑															
S	3 150			1 2																								

注：↓——用箭头下面的第一个抽样方案。如果样本大小等于或超过批量，执行本标准 4.11.4b 的规定。
↑——用箭头上面的第一个抽样方案。
A——合格判定数；R——不合格判定数。

表 6-4-Ⅲ 放宽检验一次抽样方案主表

样本量字码	样本量	可接收质量水平 AQL																																
		0.010		0.015		0.025		0.040		0.065		0.100		0.150		0.250		0.400		0.650		1.000		1.500		2.500		4.000		6.500		10.00		15.00
		A	R	A	R	A	R	A	R	A	R	A	R	A	R	A	R	A	R	A	R	A	R	A	R	A	R	A	R	A	R	A	R	A	R
A	2	↓																																	
B	2			↓																															
C	3					↓																												↓	
D	5							↓																								0	1	↑	
E	8									↓																				0	1	↑		→	
F	13											↓															0	1	↑		→		0	2
G	20													↓								0	1	↑		→		0	2	1	3	1	3	1	4
H	32															↓				0	1	↑		→		0	2	1	3	1	4	2	5	2	5
J	50																	↓		↑		→		0	2	1	3	1	4	2	5	3	6	3	6
K	80																	0	1	↑		→		0	2	1	3	1	4	2	5	3	6	5	8
L	125																			0	1	↑		→		0	2	1	3	1	4	2	5	3	6	5	8
M	200																					0	1	↑		→		0	2	1	3	1	4	2	5	3	6	5	8
N	315																							0	1	↑		→		0	2	1	3	1	4	2	5	3	6
P	500																									0	1	↑		→		0	2	1	3	1	4	2	5
Q	500																											0	1	↑		→		0	2	1	3	1	4
R	800																													0	1	↑		→		0	2	1	3

字码	样本量	25.00		40.00		65.00		100.0		150.0		250.0		400.0		650.0		1000	
		A	R	A	R	A	R	A	R	A	R	A	R	A	R	A	R	A	R
A	2																		
B	2																		
C	3																	30	31
D	5															21	22	30	31
E	8													14	15	21	22	←	
F	13	1	2	2	3	3	4	5	6	7	8	10	11	14	15	21	24		
G	20	1	3	2	4	3	5	5	6	7	8	10	11	14	17	21	24	←	
H	32	2	5	2	5	3	6	5	8	7	10	10	13	14	17	21	24		
J	50	3	6	3	6	5	8	7	10	10	13	14	17	←					
K	80	5	8	7	10	7	10	10	13	←									
L	125	7	10	10	13	10	13	←											
M	200	10	13	←															
N	315	←																	
P	500																		
Q	500																		
R	800																		

注：↓——用箭头下面的第一个抽样方案。如果样本大小等于或超过批量，执行本标准 4.11.4b 的规定。
↑——用箭头上面的第一个抽样方案。
A——合格判定数；R——不合格判定数。

表 6-4-Ⅳ　正常检验二次抽样方案主表

字码	抽样次数	样本量	累计样本量	可接收质量水平 AQL																									
				0.0100	0.0155	0.0255	0.0400	0.0655	0.1000	0.150	0.2500	0.4000	0.650	1.00	1.50	2.50	4.00	6.50	10.0	15.0	25.0	40.0	65.0	100.00	150.00	250.00	400.00	650.00	10000
				A R	A R	A R	A R	A R	A R	A R	A R	A R	A R	A R	A R	A R	A R	A R	A R	A R	A R	A R	A R	A R	A R	A R	A R	A R	A R
A				↓	↓	↓	↓	↓	↓	↓	↓	↓	↓	↓	↓	↓	↓	*	↓	↓	*	*	*	*	*	*	*	*	*
B	第一	2	2	↓	↓	↓	↓	↓	↓	↓	↓	↓	↓	↓	↓	↓	*	↑	↓	0 2	0 3	1 4	2 5	3 7	5 9	7 11	11 16	17 22	25 31
	第二	2	4																	1 2	3 4	4 5	6 7	8 9	12 13	18 19	26 27	37 38	56 57
C	第一	3	3	↓	↓	↓	↓	↓	↓	↓	↓	↓	↓	↓	↓	*	↑	↓	0 2	0 3	1 4	2 5	3 7	5 9	7 11	11 16	17 22	25 31	↑
	第二	3	6																1 2	3 4	4 5	6 7	8 9	12 13	18 19	26 27	37 38	56 57	
D	第一	5	5	↓	↓	↓	↓	↓	↓	↓	↓	↓	↓	↓	*	↑	↓	0 2	0 3	1 4	2 5	3 7	5 9	7 11	11 16	17 22	25 31	↑	↑
	第二	5	10															1 2	3 4	4 5	6 7	8 9	12 13	18 19	26 27	37 38	56 57		
E	第一	8	8	↓	↓	↓	↓	↓	↓	↓	↓	↓	↓	*	↑	↓	0 2	0 3	1 4	2 5	3 7	5 9	7 11	11 16	17 22	25 31	↑	↑	↑
	第二	8	16														1 2	3 4	4 5	6 7	8 9	12 13	18 19	26 27	37 38	56 57			
F	第一	13	13	↓	↓	↓	↓	↓	↓	↓	↓	↓	*	↑	↓	0 2	0 3	1 4	2 5	3 7	5 9	7 11	11 16	↑	↑	↑	↑	↑	↑
	第二	13	26													1 2	3 4	4 5	6 7	8 9	12 13	18 19	26 27						
G	第一	20	20	↓	↓	↓	↓	↓	↓	↓	↓	*	↑	↓	0 2	0 3	1 4	2 5	3 7	5 9	7 11	11 16	↑	↑	↑	↑	↑	↑	↑
	第二	20	40												1 2	3 4	4 5	6 7	8 9	12 13	18 19	26 27							
H	第一	32	32	↓	↓	↓	↓	↓	↓	↓	*	↑	↓	0 2	0 3	1 4	2 5	3 7	5 9	7 11	11 16	↑	↑	↑	↑	↑	↑	↑	↑
	第二	32	64											1 2	3 4	4 5	6 7	8 9	12 13	18 19	26 27								
J	第一	50	50	↓	↓	↓	↓	↓	↓	*	↑	↓	0 2	0 3	1 4	2 5	3 7	5 9	7 11	11 16	↑	↑	↑	↑	↑	↑	↑	↑	↑
	第二	50	100										1 2	3 4	4 5	6 7	8 9	12 13	18 19	26 27									
K	第一	80	80	↓	↓	↓	↓	↓	*	↑	↓	0 2	0 3	1 4	2 5	3 7	5 9	7 11	11 16	↑	↑	↑	↑	↑	↑	↑	↑	↑	↑
	第二	80	160									1 2	3 4	4 5	6 7	8 9	12 13	18 19	26 27										
L	第一	125	125	↓	↓	↓	↓	*	↑	↓	0 2	0 3	1 4	2 5	3 7	5 9	7 11	11 16	↑	↑	↑	↑	↑	↑	↑	↑	↑	↑	↑
	第二	125	250								1 2	3 4	4 5	6 7	8 9	12 13	18 19	26 27											
M	第一	200	200	↓	↓	↓	*	↑	↓	0 2	0 3	1 4	2 5	3 7	5 9	7 11	11 16	↑	↑	↑	↑	↑	↑	↑	↑	↑	↑	↑	↑
	第二	200	400							1 2	3 4	4 5	6 7	8 9	12 13	18 19	26 27												
N	第一	315	315	↓	↓	*	↑	↓	0 2	0 3	1 4	2 5	3 7	5 9	7 11	11 16	↑	↑	↑	↑	↑	↑	↑	↑	↑	↑	↑	↑	↑
	第二	315	630						1 2	3 4	4 5	6 7	8 9	12 13	18 19	26 27													
P	第一	500	500		*	↑	↓	0 2	0 3	1 4	2 5	3 7	5 9	7 11	11 16	↑	↑	↑	↑	↑	↑	↑	↑	↑	↑	↑	↑	↑	↑
	第二	500	1000					1 2	3 4	4 5	6 7	8 9	12 13	18 19	26 27														
Q	第一	500	500	*	↑	↓	0 2	0 3	1 4	2 5	3 7	5 9	7 11	11 16	↑	↑	↑	↑	↑	↑	↑	↑	↑	↑	↑	↑	↑	↑	↑
	第二	500	1000				1 2	3 4	4 5	6 7	8 9	12 13	18 19	26 27															
R	第一	1250	1250	↑	↑	0 2	0 3	1 4	2 5	3 7	5 9	7 11	11 16	↑	↑	↑	↑	↑	↑	↑	↑	↑	↑	↑	↑	↑	↑	↑	↑
	第二	1250	2500			1 2	3 4	4 5	6 7	8 9	12 13	18 19	26 27																

注：* 用对应的一次抽样方案或用其下面的二次抽样方案。

↓——用箭头下面的第一个抽样方案，如果样本大小等于或超过批量，执行本标准 4.11.4b 的规定。

↑——用箭头上面的第一个抽样方案。

A——合格判定数；*R*——不合格判定数。

表 6-4-Ⅴ　加严检验二次抽样方案主表

字码	抽样次数	样本量	累计样本量	可接收质量水平 AQL																									
				0.010	0.015	0.025	0.040	0.065	0.100	0.150	0.250	0.400	0.650	1.00	1.50	2.50	4.00	6.50	10.0	15.0	25.0	40.0	65.0	100.0	150.0	250.0	400.0	650.0	1000
				A R	*A R*	*A R*	*A R*	*A R*	*A R*	*A R*	*A R*	*A R*	*A R*	*A R*	*A R*	*A R*	*A R*	*A R*	*A R*	*A R*	*A R*	*A R*	*A R*	*A R*	*A R*	*A R*	*A R*	*A R*	*A R*
A				↓	↓	↓	↓	↓	↓	↓	↓	↓	↓	↓	↓	↓	↓	↓	↓	↓	*	*	*	*	*	*	*	*	*
B	第一	2	2															*			0 2	0 3	1 4	2 5	3 7	6 10	9 14	15 20	23 29
	第二	2	4																		1 2	3 4	4 5	6 7	11 12	15 16	23 24	34 35	52 53
C	第一	3	3														*	↑		0 2	0 3	1 4	2 5	3 7	6 10	9 14	15 20	23 29	↑
	第二	3	6																	1 2	3 4	4 5	6 7	11 12	15 16	23 24	34 35	52 53	
D	第一	5	5													*	↑	↓	0 2	0 3	1 4	2 5	3 7	6 10	9 14	15 20	23 29	↑	
	第二	5	10																1 2	3 4	4 5	6 7	11 12	15 16	23 24	34 35	52 53		
E	第一	8	8												*	↑	↓	0 2	0 3	1 4	2 5	3 7	6 10	9 14	15 20	23 29	↑		
	第二	8	16															1 2	3 4	4 5	6 7	11 12	15 16	23 24	34 35	52 53			
F	第一	13	13											*	↑	↓	0 2	0 3	1 4	2 5	3 7	6 10	9 14	↑	↑	↑			
	第二	13	26														1 2	3 4	4 5	6 7	11 12	15 16	23 24						
G	第一	20	20										*	↑	↓	0 2	0 3	1 4	2 5	3 7	6 10	9 14	↑						
	第二	20	40													1 2	3 4	4 5	6 7	11 12	15 16	23 24							
H	第一	32	32									*	↑	↓	0 2	0 3	1 4	2 5	3 7	6 10	9 14	↑							
	第二	32	64												1 2	3 4	4 5	6 7	11 12	15 16	23 24								
J	第一	50	50								*	↑	↓	0 2	0 3	1 4	2 5	3 7	6 10	9 14	↑								
	第二	50	100											1 2	3 4	4 5	6 7	11 12	15 16	23 24									
K	第一	80	80							*	↓	↓	0 2	0 3	1 4	2 5	3 7	6 10	9 14	↑									
	第二	80	160										1 2	3 4	4 5	6 7	11 12	15 16	23 24										
L	第一	125	125						*	↓		0 2	0 3	1 4	2 5	3 7	6 10	9 14	↑										
	第二	125	250									1 2	3 4	4 5	6 7	11 12	15 16	23 24											
M	第一	200	200					*	↓		0 2	0 3	1 4	2 5	3 7	6 10	9 14	↑											
	第二	200	400								1 2	3 4	4 5	6 7	11 12	15 16	23 24												
N	第一	315	315				*	↓		0 2	0 3	1 4	2 5	3 7	6 10	9 14	↑												
	第二	315	630							1 2	3 4	4 5	6 7	11 12	15 16	23 24													
P	第一	500	500			*	↓		0 2	0 3	1 4	2 5	3 7	6 10	9 14	↑													
	第二	500	1000						1 2	3 4	4 5	6 7	11 12	15 16	23 24														
Q	第一	800	800		*	↓		0 2	0 3	1 4	2 5	3 7	6 10	9 14	↑														
	第二	800	1600					1 2	3 4	4 5	6 7	11 12	15 16	23 24															
R	第一	1250	1250	*	↑		0 2	0 3	1 4	2 5	3 7	6 10	9 14																
	第二	1250	2500				1 2	3 4	4 5	6 7	11 12	15 16	23 24																
S	第一	2000	2000			0 2																							
	第二	2000	4000			1 2																							

注：* 用对应的一次抽样方案或用其下面的二次抽样方案。

↓——用箭头下面的第一个抽样方案，如果样本大小等于或超过批量，执行本标准 4.11.4b 的规定。

↑——用箭头上面的第一个抽样方案。

A——合格判定数；*R*——不合格判定数。

表 6-4-Ⅵ 放宽检验二次抽样方案主表

表 6-5　一般水平的批量与样本量之间的关系(一次正常检验)

$\dfrac{n}{N}/\%$	水平Ⅰ	水平Ⅱ	水平Ⅲ
	N	N	N
≤50	≥4	≥4	≥10
≤30	≥7	≥27	≥167
≤20	≥10	≥160	≥625
≤10	≥50	≥1 250	≥2 000
≤5	≥640	≥4 000	≥63 000
≤1	≥2 500	≥50 000	≥80 000

抽样检验一般从正常检验开始时,只要初检批中连续 5 批或不到 5 批中有 2 批不接收,则应从下批起转到加严检验。一般情况下,加严检验的样本量与正常检验的样本量相同但接收数降低,加严检验是强制性的。当进行加严检验时,如果连续 5 批的初次检验为接收,则从下批起恢复正常检验。

从正常检验转为放宽检验必须同时满足四个条件:①连续 10 批合格;②连续 10 批中的不合格总数不大于 8;③生产过程稳定;④主管认为可放宽检验。放宽检验的样本量一般为正常检验的样本量的 40%。

只要出现下列任何一种情况,就需从放宽检验转到正常检验:①1 批检验不合格;②1 批附加条件合格;③生产不稳定或延迟;④主管认为需要。在连续 10 批停留在加严检验或累计 5 批不合格的情况下,应暂时停止检验,由供方采取改进产品质量的措施,经用户或主管部门的同意,才能恢复检验,但应该从加严检验开始。

在计数调整型抽样检验计划中,不同的抽样类型对方案的严格程度不产生影响,当检验要素相同时,不同抽样类型的抽样方案的质量保证能力相同,不同的是平均样本量(ASN)。

5. 抽验程序

(1) 确定质量标准和不合格分类。
(2) 确定接收质量限(AQL)。
(3) 确定检验水平(IL)。
(4) 选择抽样方案类型。
(5) 组成检验批,由相同条件下生产的产品组成。
(6) 规定检验的严格度,根据验收记录或主观意见决定采取正常检验、加严检验还是放宽检验。
(7) 检索抽样方案,根据宽严程度检验水平所对应的字码、AQL 值、抽样类型检索出抽样方案(N, n, A)。
(8) 抽取样本,采用随机抽取的方法,从交验批中按抽样方案抽取样本。
(9) 测量样本质量特性。
(10) 判断批接收与否。
(11) 对不接收批的处置。供货方在对不接收批进行百分之百检验的基础上,将发现的不合格品剔除或修理以后,允许再次提交检验。通常,批不接收并不意味着整批报废。

例 6-5　某服装产品采用计数调整型抽样方案检验,批量为 10 000,AQL=2.5%,检验水平为Ⅱ。求正常检验一次的抽样方案。

解 由表 6-2 查得 $N=10\ 000$ 和检验水平为 Ⅱ 条件下的样本大小字码为 L,根据 L 和 AQL 值,由表 6-4-Ⅰ 查得抽样方案为(200,10),即从 10 000 件服装中随机抽取 200 件进行检验,如果被检出的不合格品数小于等于 10,则 10 000 件产品全部接收;如果被检出的不合格品数大于 11,则 10 000 件全部不接收。

如果对例 6-5 中的产品进行加严检验,由表 6-4-Ⅱ 可得抽样方案为(200,8),即从 10 000 件服装中,随机抽取 200 件进行检验,如果被检出的不合格品数小于等于 8,则 10 000 件产品全部接收;如果被检出的不合格品数大于 9,则 10 000 件全部不接收。

如果对例 6-5 中的产品进行放宽检验,由表 6-4-Ⅲ 可得抽样方案为(80,5),即从 10 000 件服装中随机抽取 80 件进行检验,如果被检出的不合格品数小于等于 5,则 10 000 件产品全部接收;如果被检出的不合格品数大于 8,则 10 000 件全部不接收。

例 6-6 $N=2\ 000$,AQL$=1.5\%$,采用检验水平 Ⅰ。求正常检验二次抽样方案。

解 由 $N=2\ 000$ 和检验水平 Ⅰ,由表 6-2 查得样本大小字码为 H,再由表 6-4-Ⅳ(正常检验二次抽样方案)中 H 与 AQL$=1.5\%$ 相交处得到(0,3,3,4),由表 6-4-Ⅳ 中"H"的右边样本大小栏内得到 $n_1=n_2=32$。故所求正常检验二次抽样方案:$n_1=32, A_1=0, R_1=3; n_2=32, A_2=3, R_2=4$。

6. 复合 OC 曲线与 ASN

与标准型抽样方案相比,计数调整型抽样方案有两个特性。一是计数调整型抽样方案随着过程质量水平不同而变化,即它不是一个固定的方案,是根据转移规则有机结合的方案,体现为 OC 曲线是由正常、加严和放宽三个方案组成的复合 OC 曲线,如图 6-11 所示。二是平均样本量 ASN,它是衡量计数调整型抽样检验经济性的重要指标。在抽样计划中,当其他检索要素相同时,多次抽样的平均样本量比二次抽样的小,二次抽样的平均样本量比一次抽样的小。ASN 与提交批的实际质量水平有关,根据批质量的好坏决定采用二次还是多次抽样。

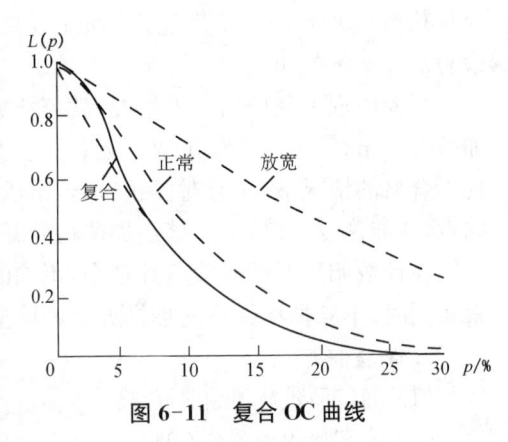

图 6-11 复合 OC 曲线

三、OC 曲线在实施抽样检验中的用途

(1) 利用 OC 曲线估算接收批的质量水平。OC 曲线越接近长方形,接收批的质量水平就越高;反之则不能确定。

(2) 用以确定批合格概率 $L(p)$ 和生产方风险 α 与接收方风险 β。可利用 OC 曲线,方便地确定 $L(p)$、α 与 β,在全面评估由抽样带来的经济上的好处与面临的风险后,即可对抽样方案做出抉择。

(3) 通过 OC 曲线的比较,帮助确定检验水平 IL。当 AQL 确定后,检验水平 IL 不同,就会检索到不同的抽样方案。即在同一批质量下,不同的检验水平 IL 对应不同的 OC 曲线。为保证抽样方案能最大限度地拒收劣质批,对使用者来说,按照高的检验水平进行抽样更为合适。但要注意的是,有可能当 p 为一定值时,两种检验水平所代表的抽样方案几乎是一致的。这时,建议采用低检验水平的抽样方案。

（4）可通过 OC 曲线上的两点设计一个抽样方案。目前，抽样表中所包含的抽样方案往往是满足生产者与使用者双方对风险的要求的，如另有特殊要求，可通过 OC 曲线上的两点，通常取 $(p_0, 1-\alpha)$ 和 (p_1, β)，简便地设计新的抽样方案。

OC 曲线是建立在概率论与数理统计基础上的抽检特性曲线，深刻理解其意义和作用，结合纺织产品的实际情况，可以较好地理解确定合格质量水平、生产方风险、使用方风险和检验水平，最终设计科学合理的抽样方案。同时，把使用方提出的抽样方案，加强对产品质量的监督与检验，调整生产，达到双赢的目的。

第四节 抽样检验的管理

一、关于抽样方案的选用

1. 典型抽样方案

抽样方案是验收控制的基础工具。前文对计数抽样方案做了阐述，而抽样检验中的另一个分类是计量抽样检验。计量抽样方案是通过在批中抽取样本，统计计算样本质量数据的平均值和标准差，根据给定的规则来判断这批产品可否接收。它可以比计数抽样检验提供更多的质量信息，同时抽验的样本量减少，但需要假定质量特性服从正态分布、指数分布，其计算工作量较大，且应用范围不如计数抽验方案广泛。

影响抽样方案选择的因素主要有市场条件和产品生产条件。市场条件涉及使用方对生产方的影响程度、生产方对产品的担保与否、不合格品造成的损失大小、检验费用的高低、延迟交货对使用方的影响等；产品生产条件涉及生产方的管理水平、产品是否有完整的检验记录、选取样本代表性的难易程度、检验费用、产品质量特征值的表达、产品提交的方式（连续批、孤立批），以及对不合格品及拒收批的处置。

根据实际使用的情况来看，抽样方案应根据检验的目的和要求进行适当的选择。有些适用于多种检验目的，如一次、二次方案；有些方案只适用于特殊的需要，例如跳批方案。表 6-6 列出了典型抽样方案及其有关的抽样标准（国际标准和国家标准）。

表 6-6 典型抽样方案

目的	计数抽样	计量检验
在规定的风险下，同时提供生产方和使用方的保护	两点式方案 GB/T 8051　GB/T 2828.1	两点式方案 GB/T 13732，GB/T 8053，GB/T 8054
在规定的风险下，着重提供使用方或生产方的保护	单点式方案 ISO 8422，ISO 2859-2，GB/T 2828.1，GB/T 2829，GB/T 8051，GJB 179	单点式方案 ISO 8423，GB/T 6378，ISO 3951
把质量水平维持在某个水平上或比该水平更好的水平上	AQL 方案 GJB 179，ISO 8422，GB/T 2828，GB/T 8051	AQL 方案 ISO 8423，GB/T 6378，ISO 3951

(续 表)

目的	计数抽样	计量检验
保证平均检出质量水平在某个水平上或比该水平更高的水平上	AQL 方案 GB/T 13456，GB/T 8052	AQL 方案
具有好的质量历史后的减少检验	链型方案	二次计量方案
具有极好质量历史后的校核检验	跳批方案 GB/T 13263，ISO 2859-3	计量序贯方案 ISO 8423
可靠性抽样	成功率方案 IEC 605-5	可靠性寿命抽查方案 GB/T 1772

2. 一次、二次、多次及序贯抽样方案的比较

在 GB/T 2828.1 和 ISO 2859-1 等 AQL 抽样系统中，在同一样本量字码和 AQL 下，相应的一次、二次及多次抽样方案是互相匹配的，即有几乎一致的 OC 曲线；而 GB/T 8051 和 ISO 8422 所提供的计数序贯抽样方案，又与 GB/T 2828.1 和 ISO 2859-1 中相应的抽样方案匹配。计数序贯抽样检验事先不规定抽样的次数，每次抽取一个(或一组)单位产品，根据抽样结果决定是否抽取下一个样本，它是多次抽样的延续，在同样的质量保证下，平均样本量达到最小，特别适合产品的破坏性试验，以及检验费用高、检验时间长、希望抽取的样本小但又不影响产品批判断的情况。使用一次、二次、多次还是序贯抽样方案，主要取决于管理上的难易和经济合理程度，见表 6-7。

表 6-7　一次、二次、多次及序贯抽样方案的比较(OC 曲线相同)

比较项目	一次	二次	多次	序贯
对产品批的质量保证	基本相同			
平均样本量(ASN)	最多	多	少	最少
每批样本量的变动	无	较小	大	最大
每批抽取的最大可能样本量	最少	少	多	最多
人员和设备利用率	最高	一般	差	最差
过程平均的推定精度	最高	一般	差	最差
检验作业和管理	易	较易	复杂	最复杂
心理上的影响	差	较好	好	最好
对检验人员的要求	较低	一般	较高	高
检验费用	最高	一般	较少	最少
检验时间	长	一般	短	短
适用	同时检验许多单位产品	介于两者之间	一次检验一个或两个单位产品	

二、抽样检验运行系统

当抽样方案应用于单个批时，只起到很小的控制作用，但当应用于一个系列或一个过程

时,抽样方案就成为保护用户和生产者的手段、累计质量历史的手段、过程控制的反馈,以及对生产方施加经济上、心理上和信誉上的影响,迫使他们改善生产过程质量。

抽样检验应以一个合理的方式适应检验对象的现状,并随着检验环境的变化,不断地加以修正。它可以作为过程质量控制系统的一个动态因素。

当质量历史表明产品质量的稳定性足够好时,应减少检验量,最后取消检验。不检验是验收控制的最终目的,但完全不检验将导致没有可供使用的质量历史,无法判定未来过程是否仍处于控制状态,可用极少量的局部性抽检代替数量较多的抽样检验。

抽样检验方案在实施一段时间之后,一般应根据实际质量水平的变化、该抽样方案对产品质量的把关作用、用户对产品质量的反映、检验费用等情况,审查原抽样方案的合理性,必要时对抽样检验参数进行适当的调整。

抽样检验的运行系统如图 6-12 所示。

三、抽样检验的有效性

1. 商检与企业检验的区别

商检属于监督检验、校核检验、认定检验、最终检验、交接检验、第三者检验。商检

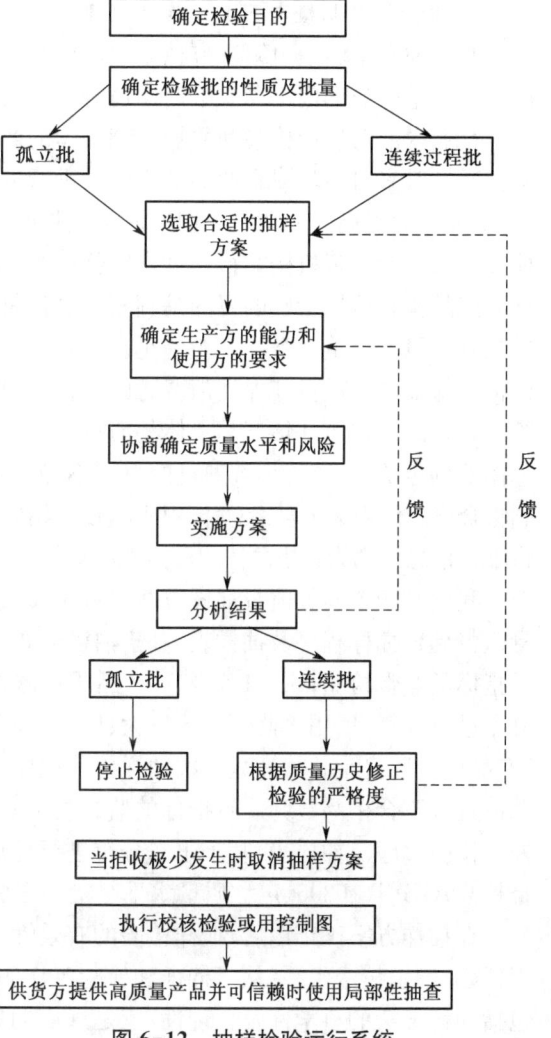

图 6-12 抽样检验运行系统

的目的是从国家利益出发,保护国内的生产和使用部门的利益,同时保护国际贸易双方的合法权益,维护商检自身的公正信誉,为对外经济贸易关系的顺利发展服务。

企业对产品的检验属于购入检验、工序检验、性能检验、耐久检验、库存检验、出厂检验。企业检验的目的是从企业的效益出发,保证产品符合技术标准及合同要求,保证订货方和消费者得到符合要求的产品,为广大消费者服务,维护企业自身的商业信誉。

检验的机能一般概括为三种:保证机能、预防机能、审核与评价机能。商检应偏重于保证和评价机能;企业检验应偏重于预防和审核机能。保证和评价机能的相对风险较大。商检是在厂检合格的基础上评价和验收进口商品的检验,商检具有最后把关的作用。因此,商检的验收首先必须高度重视样品的代表性。

纺织业每年的产品出口贸易量一直居于世界前列,也是我国主要的贸易出口产业,为此,企业生产、检验检疫、质量监督等机构在该领域涉猎的产品相当广泛。随着纺织新产品、新原料、新工艺、新标准的产生,在检验要求不断提高的同时,检验内容也逐步增加。其实,检验不是目的,而是手段,主要目的是提高产品质量。

2. 质量监督抽检与产品抽检的区别

监督抽样检验是由第三方独立地对产品进行的决定监督总体是否可通过的抽样检验。它适用于质量监督部门定期或不定期地对经过验收合格的产品总体实施的质量监督抽查,也可用于企业内部对生产检验和质量管理工作的监督抽查。其中质量监督抽查是指国家质量监督机构通过对来自市场或企业的抽检样品进行的检验,判断产品质量是否合格,从而采取强制措施,责成企业提高产品质量。国家质量监督的主要形式是由技术监督局实行的季度质量监督抽查及由质量监督机构实行的日常监督检验。

产品验收抽样检验的目的是判断产品批是否可接收,它是由使用方采取的一种微观的质量控制手段。质量监督抽样检验是在验收抽样合格的基础上进行的一种复检,它是由第三方机构为保证产品质量和保护消费者的利益而对产品质量进行的监督,它无法取代逐批产品检验。其目的不在于评估产品总体的质量水平,而在于发现不合格的产品总体,它主要对不合格总体的判定负责,监督抽查通过的总体不等于确认其合格,因为在方案的设计和选取上主要控制将合格总体判为不合格总体的概率,使其错判的可能性尽可能小。但由于其样本量相对较小,将不合格总体判为合格总体的可能性相对较大,因此监督抽验对合格总体的准确性不予保证。

我国有四个质量监督抽样方案和一个质量监督复查抽样方案,其中 GB/T 14162《产品质量监督计数抽样程序及抽样表》基于泊松分布进行计算,适用于以每百单位产品不合格数为质量指标的监督检验;GB/T 14437《产品质量监督计数一次抽样检验程序及抽样方案》基于二项分布进行计算,适用于监督总体较大、以总体不合格品率为质量指标的监督检验;GB/T 15482《产品质量监督小总体计数一次抽样检验程序及抽样表》基于超几何分布进行计算,适用于小总体且以不合格品数为质量指标的监督检验;GB/T 14900《产品质量平均值的计量一次监督抽样检验程序及抽样表》基于正态分布进行计算,适用于以质量特性均值为质量指标的计量监督检验;GB/T 16306《声称质量水平复检与复验的评定程序》用于质量监督复验。

在抽样方案确定以后,抽样检验的有效性主要涉及三个方面:一是抽检人员的素质,包括责任心、知识技术水平、从事抽样和检验工作的实践经验和管理水平;二是抽取样品的代表性,包括抽样方法的科学性及合理性;三是采用的检验仪器与检查方法的先进性。随着产品技术要求和质量要求的不断提高,检验作为事后评价的模式已经不能适应现代市场经济的发展。因此,生产方应该在建立有效的质量保证体系的基础上,严格实施 ISO 9000 标准程序,在提高产品质量,同时做好检验规程的质量文件和质量记录,向用户提供产品质量可靠的客观证据。

附:案例分析

在某针织厂的产品质量检验改革中,我们调查分析了该厂采用的产品质量抽检工作方案。首先对原方案进行分析,再根据纺织行业有关规定和该厂的实际生产水平,确定了 AQL 值,制定了新的出厂产品质量检验方案。通过对两个方案的统计分析,明确了原方案的不合理性及其弊病,并实施了新方案,试用后获得了更高的效益。

1. 对原方案的统计分析

原方案是对批量为 N 的待检批,按 10% 抽取样本进行检验。这里以待检批 200 件为例,分析原方案的检验接收概率。

检验法规定:20 件样本中,若不合格品数不大于 1,则判该批为合格批;若不合格品数大于 1,则判为不合格批。此检验法简记为(20 | 1)。对不合格批,返工后重新提交检验。这个方案

属于"百分比抽样"检验法。

采用不放回抽样,样本中的不合格品数服从概率论中的超几何分布。按原方案,待检批判为合格批而被接收的概率:

$$L(p) = \sum_{d=0}^{A} \frac{C_{Np}^{d} C_{N-Np}^{n-d}}{C_{N}^{n}} = \sum_{d=0}^{A} p_{N,D,n,d} \qquad (6-9)$$

式中:N 为待检批的件数;n 为样本容量;p 为不合格品率;$D = Np$,为不合格品件数;A 为样本中允许的不合格品数。

当待检批的批量 $N \geqslant 10n$ 时,可用二项分布作超几何概率分布的近似,即:

$$p_{N,D,n,d} \approx \binom{n}{d} p^{d} (1-p)^{n-d} \qquad (6-10)$$

因此,有:

$$L(p) \approx \sum_{d=0}^{A} \binom{n}{d} p^{d} (1-p)^{n-d} \qquad (6-11)$$

表 6-8　不同不合格品率下待检批的接收概率

(n | A)	$L(p)$	p					
		0.005	0.015	0.025	0.040	0.050	0.080
20 | 1		0.995 5	0.964 2	0.918 8	0.810 3	0.735 9	0.516 9

表 6-8 显示了按式(6-11)计算的原方案中待检批在不同不合格品率下的接收概率。从表 6-8 可看出,按检验法(20 | 1),当待检批不合格品率高达 0.040 时,仍有 0.810 3 的概率被接收;而不合格品率为 0.005 时(此种情况并没达到该厂最好的平均质量水平),待检批被接收的概率达到 0.995 5。这表明检验法(20 | 1)对保证出厂的产品质量没有很好地起到把关作用,使较多的不合格批的产品流向市场。这将对产品在市场的信誉造成不好的影响,也影响该厂应有的产品形象和竞争力。

2. 制定二次抽样方案

我们采用的二次抽样方案简记为 $(n_1, n_2 | A_1, 0)$,其中:n_1 为第一次抽验量;A_1 为第一接收界限;n_2 为第二次抽验量;0 为第二接收界限。

检验法规定:对于批量为 N 的待检批,在第一次抽取的 n_1 个样品中,若没有不合格品,即 $A_1 = 0$,则判该批为合格批;若有不合格品(不限件数),则要对该待检批进行第二次抽样。在第二次抽取的 n_2 个样品中,若没有不合格品,则判该批为合格批;若有一件不合格品,则判该批为不合格批。不合格批须返工,之后重新提交检验。

当产品的不合格品率为 p 时,使用此检验方案判定待检批为合格批的接收概率:

$$L(p) = p_{N,D,n_1,0} + \sum_{d_1=0}^{A} \left[p_{N,D,n_1,d_1} \times \sum_{d_2=0}^{A} p_{N-n_1,D-d_1,n_2,d_2} \right] \qquad (6-12)$$

式中:d_1 为第一次抽验的样品中的不合格品数;d_2 为第二次抽验的样品中的不合格品数;其他符号的意义与前述相同。

在检验中,由于都满足 $N \geqslant 10n$ 这个条件,所以都用式(6-12)计算 p_{N,D,n_1,d_1} 和

$p_{N-n_1, D-d_1, n_2, d_2}$。

制定合理的抽样检验方案,首先必须根据产品检验的历史纪录,对目前的产品质量水平进行分析,确定合格产品的质量水平 p_i(简记为 AQL)值,它是被允许的不合格品率。根据该厂上半年 1～7 月份的抽检纪录,选用在正常情况下生产的 k 批数据(第 i 批的抽样大小用 n_i 表示,样本中的实际不合格品数用 d_i 表示,$i=1,2,\cdots,k$),求出 p_i 的平均值:

$$p_i = \sum_{i=1}^{k} \frac{\sum_{i=1}^{k} d_i}{\sum_{i=1}^{k} n_i} \tag{6-13}$$

参照国家有关标准,确定该厂 A 型产品的 AQL=3%。

其次,划分待检批的批量。根据管理人员和商业用户的意见,规定三个批量:600 件,1 200 件,1 800 件。在 AQL 值和待检批的批量已确定的基础上,提出三个二次抽样方案。对于批量为 600 件的采用(30, 60 | A, 0),对于批量为 1 200 件的采用(40, 80 | A, 0),对于批量为 1 800 件的采用(50, 100 | A, 0)。对不同的方案,按式(6-12)计算,可以得到对具有不同不合格品率的批的接收概率,见表 6-9。

表 6-9 不同不合格品率下待检批的接收概率

$(n|A)$	$L(p)$	p					
		0.001	0.003	0.005	0.007	0.010	0.020
(30, 60 | A, 0) 批量 $N=600$		0.998 23	0.985 78	0.963 74	0.932 65	0.882 13	0.680 72
(40, 80 | A, 0) 批量 $N=1\ 200$		0.996 98	0.975 81	0.939 98	0.894 69	0.817 11	0.555 81
(50, 100 | A, 0) 批量 $N=1\ 800$		0.995 36	0.963 80	0.912 60	0.850 55	0.749 59	0.448 49

由表 6-9 可见,虽然目前的检验方案比原方案(20 | 1)好得多,但是对不合格品率为 0.005 和 0.007 的产品批,仍分别有高达 0.96 和 0.93 的概率被接收。各方人员认为应该再降低,因此又对三个不同批量分别采用方案(40, 80 | A, 0)、(50, 100 | A, 0)和(60, 120 | A, 0)进行检验,计算的接收概率填入表 6-10 中。

表 6-10 新方案中待检批接收的概率

$(n|A)$	$L(p)$	p						
		0.000 5	0.001	0.003	0.005	0.007	0.010	0.020
(40, 40 | A, 0) 批量 $N=600$		0.999 22	0.996 98	0.975 81	0.939 98	0.894 69	0.817 11	0.555 81
(50,100 | A, 0) 批量 $N=1\ 200$		0.998 80	0.995 36	0.963 80	0.912 60	0.850 55	0.749 59	0.448 49
(60,120 | A, 0) 批量 $N=1\ 800$		0.998 28	0.993 41	0.950 07	0.882 59	0.804 12	0.682 73	0.359 74

从表 6-10 可看到,新方案中,当产品质量即 AQL 值保持在 0.003 以内时,待检批被拒收的概率很小。就是说,如果待检批的不合格品率不高于 0.003,那么在 100 批这样的产品中,至多有 5 批被判定为不合格。这样,一方面保证了产品的出厂质量,另一方面,从生产管理考虑,采用新方案也不至于影响生产。

3. 新方案与原方案的对比分析

首先,在控制质量不良的批的出厂问题上,新的检验方案明显优于原检验方案。这一点从表 6-9 及表 6-10 中的接收概率看得十分清楚。

其次,由表 6-10 中不同的不合格品率下的接收概率来看,当产品批的质量水平较高时,接收概率较大;而当产品批的质量不好时,接收概率也较小。也就是说,当生产的产品质量水平高的时候,新的检验方案能够较好地保护生产方的利益;而当生产的产品质量不好时,新的检验方案能较好地保护商家的利益。特别是对于批量较大的待检批,该检验效果更明显。

再者,由于新的检验方案采用的是一组三个方案,在实际检验中,当待检批的接收概率下降时,有理由认为此时的生产质量水平下降,或者生产出现不稳定状况,并且能够初步判断不合格品率在哪一个等级上。这就是说,新的检验方案可以对生产质量水平起到一定的监督作用。这些也都是原方案所不具备的。新方案的实施效果很好,得到了各方人员的认可。

思考题:

1. 抽样方法是如何分类的? 阐述几种概率抽样的特点。
2. 抽样检验是如何分类的?
3. 阐述一次抽样与二次抽样方案的判断程序。
4. 何谓接收概率? 如何进行计算?
5. 什么是抽样特性曲线? 它与抽样方案有什么关系?
6. 阐述 OC 曲线与 N、n、A 之间的关系。
7. 实际可行的抽样方案取决于哪些参数? 其参数有什么含义?
8. 说明计数标准型一次抽检步骤。
9. 阐述计数调整型抽样检验的概念及相关要素。
10. 接收质量限(AQL)的概念是什么? 如何确定?
11. 试述计数调整型抽样方案转移规则。
12. 检验水平(IL)的概念是什么? 如何确定?
13. 阐述 OC 曲线在实施抽样检验中的用途。
14. 比较一次、二次、多次及序贯抽样方案的特点。
15. 商检与企业检验的区别如何?
16. 监督抽样检验与产品批的抽样检验有什么不同?
17. 在纺织产品的检验中,指定 AQL 为 1.5%,批量大小为 $N=20\,000$,检验水平为 Ⅱ,根据计数调整型抽样方案,采用一次抽样检验,求正常、放宽、加严抽样方案。
18. 经生产方和使用方协调,$p_0=0.8\%$,$p_1=3.0\%$,$\alpha=0.05$,$\beta=0.10$,试检索抽样方案。
19. 已知交验产品 $N=25\,000$,AQL 为 1.0%,选用检验水平为 Ⅱ,根据计数调整型抽样方案,试检索二次正常、放宽、加严抽样方案。

第七章 质量管理体系

本章知识点

1. ISO 9000 标准的产生背景。
2. ISO 9000：2015 族标准的特点。
3. ISO 14000 环境管理体系标准的特点。

质量管理体系（Quality Management System，简称 QMS）是指在质量方面指挥和控制组织的管理体系。质量管理体系是组织内部建立的、为实现质量目标所必需的系统的质量管理模式，是组织的一项战略决策。它将资源与过程结合，以过程管理方法进行系统管理，根据企业特点选用若干体系要素加以组合，一般包括与管理活动、资源提供、产品实现，以及测量、分析和改进活动相关的过程，涵盖了从确定顾客需求、设计研制、生产、检验、销售到产品交付之前全过程的策划、实施、监控、纠正与改进活动，一般以文件化的方式，形成组织内部质量管理工作的制度。

第一节 质量管理体系标准的产生与发展

一、质量管理体系标准的产生背景

第二次世界大战期间，世界军事工业得到了迅猛的发展。一些国家的政府在采购军用品时，不但对产品特性提出了要求，还对供应厂商提出了质量保证的要求。20 世纪 50 年代末由美国发布的 MIL-Q-9858A《质量大纲要求》是世界上最早的有关质量保证的标准。70 年代初，借鉴军用品质量保证标准的成功经验，美国标准化协会（ANSI）和美国机械工程师协会（ASME）分别发布了一系列有关原子能发电和压力容器生产的质量保证标准。美国军用品生产方面的质量保证活动的成功经验，在世界范围内产生了很大的影响。一些工业发达国家，如英国、美国、法国和加拿大等，在 70 年代末先后制定和发布了用于民用品生产的质量管理和质量保证标准。

（1）质量管理和质量保证的国际化是促进国际贸易和合作、消除技术壁垒的需求。

随着世界各国经济的迅速发展和日益国际化，对组织的质量管理体系的审核已逐渐成为

国际贸易和国际合作的一种需求,因此,世界各国先后发布了一些关于质量管理体系及审核的标准。但是由于各国实施的标准不一致,在国际贸易中形成了技术壁垒,给经济的全球化带来了障碍,质量管理和质量保证的国际化成为当时世界各国的迫切需要。

(2) 建立、实施质量管理体系是组织增强市场竞争能力的需要。

随着地区化、集团化、全球化经济的发展,市场竞争日趋激烈,顾客对质量的期望越来越高。每个组织为了竞争和保持良好的经济效益,就要努力设法提高自身的能力以适应市场竞争的需要,这就需要采用一种系统的、科学的和透明的方式进行管理。针对所有顾客和相关方的需求,建立、实施并保持一个持续改进其绩效的管理体系,可以帮助组织增强市场竞争能力,从而使组织获得成功。

(3) 建立、实施质量管理体系是组织持续保持提供满足顾客要求的产品的能力的需要。

对于顾客而言,他们要求产品能够具有满足其需求和期望的特性,而顾客对产品的需求和期望又是不断变化的,顾客的这些需求和期望通常表述在产品的规范或标准中。但是,如果组织没有完善的质量管理体系作为其不断识别顾客的需求和期望,并不断提供满足这些需求和期望的产品的基础,那么,组织就很难具备持续提供满足顾客要求的产品的能力,也就不能始终满足顾客的需要。

基于以上背景,制定国际化的质量管理和质量保证标准成为一种迫切需求,从而导致了质量管理体系标准的产生,并以其作为对产品技术规范/标准中有关产品要求的补充。国际标准化组织(ISO)于1979年成立了质量管理和质量保证技术委员会(TC/176),负责制定质量管理和质量保证方面的国际标准。

1986年,ISO发布了第一个质量管理体系标准:ISO 8402《质量管理和质量保证 术语》。

1987年,ISO相继发布了ISO 9000、ISO 9001、ISO 9002、ISO 9003和ISO 9004。这些标准通称为1987版ISO 9000系列标准。

ISO 9000系列标准总结了工业发达国家先进企业的质量管理的实践经验,统一了质量管理和质量保证有关的术语和概念,有助于推动组织的质量管理的国际化,在消除贸易壁垒、提高产品质量和顾客满意程度等方面产生了积极和深远的影响。

ISO 9000系列标准的颁布,得到了世界各国的普遍关注和广泛采用,促使各国的质量管理和质量保证活动统一在ISO 9000族标准的基础之上。

二、质量管理体系标准的制定和修订

1. ISO 9000 族标准的制定

1979年,英国标准化组织向ISO提出建议。同年,GATT(关贸总协定)向ISO提出要求制定一套世界性的质量保证标准。1980年9月,ISO理事会通过决议,成立了质量管理和质量保证标准化技术委员会,编号为TC 176,负责制定质量管理和质量保证标准。ISO于1986年发布ISO 8402《质量术语》,1987年又发布了以下标准:

(1) ISO 9000《质量管理和质量保证标准 选择和使用指南》。

(2) ISO 9001《质量体系 设计、开发、生产、安装和服务的质量保证模式》。

(3) ISO 9002《质量体系 生产、安装的质量保证模式》。

(4) ISO 9003《质量体系 最终检验和试验的质量保证模式》。

(5) ISO 9004《质量管理和质量体系要素指南》。

上述国际标准通称为 ISO 9000 系列标准，或称为 1987 版 ISO 9000 系列标准。

2. 1994 版 ISO 9000 族标准简介

ISO 9000 系列标准由于具有较强的实践性和指导性，得到了世界各国的普遍欢迎，并被纷纷采用。我国于 1988 年颁布了 GB/T 10300，等效采用 ISO 9000 系列标准，推动了我国企业质量管理的发展。但是，1987 版 ISO 9000 系列标准存在一些需要改进的地方，内容上比较适用于大中型制造业，难以适用于教育、行政、金融和服务业领域，急需要改进补充，提高实用价值。1990 年，ISO/TC 176 对系列标准进行修订，扩大标准的内容，尽可能满足各行各业的不同需要，到 1994 年推出第 2 版标准，由原来的"ISO 9000 系列标准"改称为"ISO 9000 族标准"。我国也同等采用 ISO 9000 族标准，并颁布了我国质量管理标准。

3. 2000 版 ISO 9000 族标准的产生

1994 版 ISO 9000 族标准满足了更多行业的需要，但还存在一些需要完善的地方，主要有以下方面：

（1）标准结构不够合理。标准文件总数达到 20 多个，为各类标准使用者选择标准带来困难，往往只选择使用质量保证模式，忽视了质量管理，在一定程度上背离了 ISO 9000 族标准的初衷。

（2）标准内容缺乏系统性。标准中 20 个质量体系要素间的相互关联和相互作用体现不够。此外，三种质量保证模式和 ISO 9000 标准之间缺乏协调性，标准结构不一致。

（3）通用性较差。1994 版主要针对规模较大的组织进行设计，小型组织难以使用；主要供生产硬件的制造业使用，而生产软件、流程性材料和提供服务的组织难以使用。

（4）标准更多地关注"文件化"和符合性。1994 版未能充分体现质量管理体系的持续改进和组织整体业绩的提高。

（5）缺少与其他标准的相容性。除 ISO 9000 族质量管理标准外，目前已制定发布的标准还有 ISO 14000 环境管理系列标准。同时，还存在有关安全、卫生健康和劳动保护等方面的国际和地区性管理标准。质量管理标准与其他标准体系之间缺乏相容性直接导致组织应用标准的困难，降低了管理效率。

正是基于上述考虑，ISO/TC 176 从结构体系、技术内容两个方面对标准进行了彻底修改，并于 2000 年 12 月 15 日正式发布了 2000 版 ISO 9000 族标准。ISO 9000：2000 族标准对提高组织的运营能力、促进国际贸易与经济合作、提高质量认证的有效性、维护顾客的利益，产生了积极而深远的影响。

4. 2008 版 ISO 9000 族标准的产生

根据 ISO 的有关规则，每隔 5～8 年要对标准进行修订或修正。2004 年，各成员方对 ISO 9000：2000 族标准进行了系统评审，以确定是否对其撤销、保持原状、修正或修订。评审结果表明，需要对 ISO 9000：2000 族标准进行修订或修正。

就 ISO 9000 标准，经过修订，于 2005 年颁布了 ISO 9000：2005《质量管理体系 基础和术语》，于 2009 年 5 月 1 日正式实施。

就 ISO 9001 标准，经过修正，于 2008 年 11 月 15 日正式发布。对该标准进行修正的主要目的是更加明确地表述其内容，并加强与 ISO 14001：2000 的兼容性。这次修正的基本要求：标题、范围保持不变；继续保持过程方法；修正的标准仍适用于各行业不同规模和类型的组织；尽可能地提高与 ISO 14001：2004《环境管理体系要求及使用指南》的兼容性；ISO 9001 标准和ISO 9004标准仍然是一对协调一致的质量管理体系标准:使用相关支持信息协助识别需要明确的问题;根据设计规范进行修正,并经验证和确认。

ISO 9004标准经过修订于2009年1月1日发布,与2000版ISO 9004标准相比,无论是内容上还是结构上,都发生了较大的变化。标准的名称由原来的ISO 9004:2000《质量管理体系 业绩改进指南》更换为ISO 9004:2009《组织持续成功管理 一种质量管理方法》。新标准旨在通过一种质量管理途径,为所有处于复杂与不断变化环境下的组织持续地取得成功提供指南。需要说明的是,ISO 9000:2000族标准的基本构成和特点都在2008版中保留下来。

5. 2015版ISO 9000族标准

2012年,ISO/TC 176在西班牙召开有关修订ISO 9001的首次会议,制定了ISO 9001修订版的工作项目计划,起草了设计规范草案,形成了ISO导则附件SL。经过设计规范工作草案(Work Draft,简称WD)审批、委员会草案(Comite Draft,简称CD)征询意见及投票、国际标准草案(Draft Intermational Standard,简称DIS)投票及最终国际标准草案(Final Draft Interational Standard,简称FDIS)投票,2015年9月作为国际标准(International Standard,简称IS)正式发布。ISO 9001:2015的发布标志着2015版ISO 9000族标准的正式形成。

三、我国采用ISO 9000族标准的情况

采用国际标准是我国的一项重要技术经济政策,分为等同采用和修改采用两种。所谓等同采用,通常用"idt(identical)"符号"≡"表示,是指国家标准在采用国际标准时,在技术内容和编写方法上和国际标准完全相同,只存在少量编辑性修改。所谓修改采用,通常用"mod(modified)"符号"="表示,是指国家标准与国际标准之间存在技术差异,并清楚地标明这些差异以及解释其产生原因,允许包含编辑性修改。

1988年,我国颁布了等效采用ISO 9000系列标准的国家标准GB/T 10300.1～10300.5《质量管理和质量保证》系列标准。

为使我国质量管理和国际接轨,提高我国产品在国际市场上的竞争力,原国家质量技术监督局于1992年10月决定等同采用ISO 9000系列标准,正式颁布了双标号系列国家标准GB/T 19000—1992(idt ISO 9000:1987)《质量管理和质量保证——选择和使用指南标准》。

1994年7月1日,ISO颁布的1994版ISO 9000系列标准取代了1987版的相应标准;同年11月,原国家质量技术监督局领导下的全国质量管理和质量保证标准化技术委员会(CSBTS/TC 151)组织进行国家标准的修订工作,并于1994年12月24日正式颁布了1994版的国家标准GB/T 19000—1994(idt ISO 9000:1994)《质量管理和质量保证标准》系列。1994版的国家标准等同采用了1994版的ISO 9000族标准和ISO 8402术语标准。

2000年11月15日,ISO颁布了2000版ISO 9000族标准;同年9月,在原国家质量技术监督局的领导下,我国成立了GB/T 19000族国家标准的修订起草工作组,并着手起草等同采用2000版ISO 9000国际标准的国家标准草案。CSBTS/TC 151于2000年12月召开了国家标准审定会,三项国家标准得到全体委员的一致表决通过。2000年12月28日,国家技术监督局批准颁布了GB/T 19000—2000《质量管理体系 基础和术语》(idt ISO 9000:2000)、

GB/T 19001—2000《质量管理体系　要求》(idt ISO 9001：2000)和 GB/T 19004—2000《质量管理体系　业绩改进指南》(idt ISO 9004：2000)三项国家标准。

ISO 9000 质量管理体系系列标准可帮助各种类型和规模的组织或企业建立有效的质量管理体系，目前主要包括四项核心标准，其主要内容和目前的发布情况如下：

（1）ISO 9000：表述质量管理体系基础知识并规定质量管理体系术语。目前使用的是 2000 年发布的版本。我国于 2008 年 10 月 29 日等同采用 ISO 9000：2000，发布了 GB/T 19000—2008，2009 年 5 月 1 日实施。

（2）ISO 9001：规定质量管理体系要求，用于证实组织具有能力提供满足顾客要求和适用的法规要求的产品，目的在于增进顾客满意。ISO 9001：2008 版英文标准已经在 2008 年 11 月 15 日正式颁布，我国的等同版本标准 GB/T 19001—2008 于 2008 年 12 月 30 日发布，2009 年 3 月 1 日起实施。这次改版共修订 112 处，主要是对标准要求的澄清，以便于更清楚地理解，与 ISO 9001：2000 版相比，标准的框架没有更改。改版后的 ISO 9001：2008 质量体系管理要求，其主要特点是使用简单、语言简洁、容易翻译和理解，增强了与 ISO 14001 环境管理体系的兼容性。

（3）ISO 9004：提供考虑质量管理体系的有效性和效率两方面的指南，该标准的目的是改进组织业绩并达到顾客及其他相关方满意。目前使用的是 2000 年发布的版本，更改的版本尚未公布颁布。

（4）ISO 19011：提供质量和环境管理体系审核指南。目前我国使用的是 2011 年发布的版本。

四、纺织行业与 ISO 9000 族标准

随着国际贸易的发展，ISO 9000 系列标准在全世界不断得到推广和实施。在对外贸易活动中，取得 ISO 9000 认证与否已经成为必然的一道贸易壁垒。提高产品质量，加强品质管理，提升产品竞争力，已成为纺织企业发展的重中之重，产品质量和保证质量的管理体系成为纺织企业进一步发展的基本条件。品质管理的关键在于制定正确、完善的品质管理标准。为了实现与国际惯例尽快接轨，使质量管理水平再上台阶，纺织企业导入 ISO 9000 系列标准是一项最基本的措施。

1. 有利于纺织产品质量的持续提高

质量是无止境的，质量管理的关键在于持续改进。企业内每项质量工作都严格按照 ISO 9000 的程序进行。各种反馈信息顺畅无阻，快速及时。按照 ISO 9000 标准"不放过原则"，严格检查并及时处理生产过程中的质量问题。ISO 9000 标准的思路是"预防为主，事前控制"。通过控制各环节的质量问题来保证生产管理质量，最终保证产品质量不断改进。

2. 有利于不断提升员工的工作素质

纺织企业 ISO 9000 标准的实施使纺织产品生产过程中的任何事都有章可循、有据可查、有人负责、有人监督，即具有可追溯性，便于分析问题的原因，并将责任落实到人，使奖罚处理公正、公平、合理。这样既提高了员工对质量管理和保证的认识，又锻炼了员工的素质，使职工责任心大大加强。

3. 有利于提高纺织企业的质量管理水平

ISO 9000 系列标准集中并吸取了世界各国质量管理专家和众多成功企业的经验，还参考

了多个发达国家行之有效的质量管理和质量保证标准,是世界级企业质量管理的整合。所以,实施 ISO 9000 系列标准可以借鉴和吸收他国的有用经验,带动纺织企业管理水平的提高。

4. 有利于提升企业形象,增强竞争力

ISO 9000 系列标准已成为国际经济合作中确认质量保证能力的重要依据和相互认可的技术基础。通过 ISO 9000 认证,有利于提高企业信誉,增强企业的市场竞争力。

5. 有利于促进纺织产品打入国际市场

目前,质量认证已成为各企业及其产品走向国际市场的通行证,通过认证就意味着我们的产品可以和国际市场上的产品站在同一平台上进行竞争。质量认证有助于提升企业形象,建立并健全质量保证体系,增强客户对企业的可信度。纺织企业质量体系的有效运作,有助于提高产品的质量,降低质量成本,提高企业的市场竞争力,实现与国际市场的接轨。

第二节 ISO 9000：2015 族标准

一、ISO 9000：2015 族标准的构成和特点

1. ISO 9000：2015 族标准的体系结构

ISO 9000：2015 族标准由一系列关于质量管理的标准、指南、技术规范、技术报告、小册子和网络文件组成。其中,由 4 项密切相关的质量管理体系标准构成了 ISO 9000：2015 族标准的核心,包括 ISO 9000：2005《质量管理体系　基础和术语》、ISO 9001：2015《质量管理体系　要求》、ISO 9004：2009《组织持续成功管理　一种质量管理办法》、ISO 19011：2011《管理审核指南》。

从用途上,ISO 90009 族标准又分为三类标准,即 A 类、B 类和 C 类。

A 类标准为管理体系要求标准,向市场提供有关组织的管理体系的相关规范,以证明组织的管理体系是否符合内部和外部要求(例如,通过内部审核和外部审核予以评定)的标准。如管理体系要求标准,专业管理体系要求标准。

B 类标准为管理体系指导标准,通过对管理体系要求标准各要素提供附加指导或提供非同于管理体系要求标准的独立指导,以帮助组织实施或完善管理体系的标准。如使用标准的指导,建立、改进和改善管理体系的指导,专业管理体系指导标准。

C 类标准为管理体系相关标准,就管理体系的特定部分提供详细信息或就管理体系的相关支持技术提供指导的标准。

2. ISO 9000：2015 族标准的特点

(1) 体现质量管理大师的质量理念与管理思想。ISO 9000：2015 族标准以朱兰、戴明、费根鲍姆等质量管理大师的质量理念和管理思想为自身注入了新的内涵,强调"顾客满意,持续改进"。顾客满意是指"顾客对其期望已被满足的程度的感受",它是顾客的一种主观感受,是顾客期望与实际感受之间对应程度的反映,具有相对性,随着时间、地点和其他条件的改变而变化。由于顾客满意具有这种主观性和相对性,所以对组织提出了持续改进的要求。顾客满意是归宿,是动力;持续改进是基础,是条件。

ISO 9000：2015 族标准确立了质量管理的七项原则,构成了 ISO 9000：2015 族质量管

理体系标准的基础。这七项原则分别为"以顾客为关注焦点""领导作用""全员参与""过程方法""改进""基于事实的决策方法""关系管理"。第一项原则明确指出:"组织依存于顾客。因此,组织应当理解顾客当前和未来的需求,满足顾客要求,并争取超越顾客需求。"第五项原则认为"改进总体业绩是组织的一个永恒目标"。其他原则也在不同方面说明了"顾客满足,持续改进"的重要意义。

ISO 9000:2015 族标准引入了过程方法,致力于把"顾客满意,持续改进"落到实处。标准要求把顾客和其他相关方的需求作为组织的输入,通过产品实现、资源管理和过程监测,测评组织是否满足顾客或其他相关方的要求。

(2) 适应组织所面临的新环境和组织自身的新特征。当今社会已由工业社会转向信息社会,经济体系已由工业经济转向以信息和知识为基础的服务经济。组织正面临着市场全球化、竞争激烈化、企业国际化、需求个性化的环境。企业自身正越来越多地呈现出组织扁平化、管理过程化、运营虚报化的特征。

与之前的版本相比,ISO 9000:2015 族标准通用性更强,是适用范围最广的国际标准之一。一方面,清除了偏重于制造业的倾向,而且考虑了对小型组织的适用性,从而适用于生产所有产品和提供所有服务的所有行业和各种规模的组织。另一方面,为了防止将 ISO 9000 族标准发展成为质量管理百科全书,ISO 9000:2015 族标准简化了其本身的文件结构,取消了应用指南标准,强化了标准的通用性和原则性。

(3) 结构简化,可操作性更强。提出了统一的标准结构,通过 ISO 9000:2015 标准的《附件 SL 附录 2》规定了核心标准均分为 10 章,其他管理体系标准也将由 10 章构成;强调了质量体系有效运行的证实和效果,体现了新标准注组织的实际控制能力、证实能力和实际效果,而不是用文件化来约束组织;取消了《质量手册》《程序文件》这类难以理解和应用的文件形式,统一用"形成文件的信息"代替。

二、ISO 9000:2015 族标准的核心标准

1. ISO 9000:2015《质量管理体系　基础和术语》

本标准为质量管理体系提供了基本概念、原则和术语,并为质量管理体系的其他标准奠定了基础;旨在帮助使用者理解质量管理的基本概念、原则和术语,以便能够有效和高效地实施质量管理体系,并实现其他质量管理体系标准的价值;旨在增强组织在满足其顾客和相关方的需求和期望以及在实现其产品和服务的满意方面的义务和承诺意识;基于融合已制定的有关质量的基本概念、原则、过程和资源的框架,提出了明确的质量管理体系,以帮助组织实现其目标;适用于所有组织,无论其规模、复杂程度或经营模式。

本标准通过规定用于建立质量管理体系的基本概念和原则,提供了一种对组织的更加广泛地进行思考的方式。所有的概念、原则及其相互关系应被看成一个整体,而不是彼此孤立的。没有哪一个概念或原则比另一个更重要。无论何时在应用中找到适当的平衡是至关重要的。本标准包含七项质量管理原则以支持基本概念,针对每一项质量管理原则,通过"概述"介绍每一个原则;通过"理论依据"解释组织应该满足此原则的原因;通过"主要益处"说明应用这一原则的结果;通过"可开展的活动"给出组织应用这一原则能够采取的措施。具体原则如下:

(1) 以顾客为关注焦点(Customer Focus)。组织依存于顾客,因此组织应当理解顾客当前和未来的需求,满足顾客要求并争取超越顾客期望。

（2）领导作用（Leadership）。领导者确立组织统一的宗旨及方向。他们应当创造并保持使员工能充分参与实现组织目标的内部环境。

（3）全员参与（Involvement of People）。各级人员都是组织之本，只有他们的充分参与，才能使他们的知识和技能为组织带来收益。

（4）过程方法（Process Approach）。将活动和相关的资源作为过程进行管理，可以更高效地得到期望的结果。

（5）改进（Continual Improvement）。持续改进总体业绩应当是组织的一个永恒目标。

（6）循证决策（Factual Approach to Decision Making）。有效决策是建立在数据和信息分析基础上的。

（7）关系管理（Relationship Management）有关的相关方影响组织的绩效。当组织管理其与所有相关方的关系以使相关方对组织的绩效影响最佳时，才更有可能实现持续成功。对供方及合作伙伴的关系网的管理是尤为重要的。

2. ISO 9001：2015《质量管理体系　要求》

（1）ISO 9001：2015 标准是规定质量管理体系要求的标准。本标准规定的质量管理体系要求除了产品质量保证之外，旨在增强顾客满意，从而成了名副其实的质量管理标准。本标准为有下列需求的组织规定了质量管理体系要求：需要证实其有能力稳定地提供满足顾客和适用的法律法规要求的产品和服务。通过体系的有效应用，包括体系持续改进的过程以及保证符合顾客与适用的法律法规要求，旨在增强顾客满意。

（2）ISO 9001：2015 规定了质量管理体系要求，可供组织内部使用，也可用于认证或合同约定。在满足顾客要求方面，ISO 9001：2015 关注的是质量管理体系的有效性。该标准的制定考虑了 ISO 9000：2005 和 ISO 9004：2009 中所阐明的质量管理原则，并鼓励在建立、实施质量管理体系，以及改进其有效性时采用过程方法，通过满足顾客要求，增强顾客满意。ISO 9001：2015 和 ISO 9004：2009 已成为一对协调一致的质量管理体系标准，它们相互补充，但也可单独使用。这两个标准虽然具有不同的范围，但具有相似的结构，这有助于它们作为协调一致的一对标准加以应用。为了使用者的利益，ISO 9001：2015 与 ISO 14001：2002 相互趋近，以增强两类标准的相容性。ISO 9001：2015 标准不包括针对其他管理体系的要求，如环境管理、职业卫生与安全管理、财务管理或风险管理的特定要求，然而该标准使组织能够将自身的质量管理体系与相关的管理体系要求结合或整合。组织为了建立符合该标准要求的质量管理体系，可能会改变现行的管理体系。

（3）ISO 9001：2015 标准的主要内容。除前言和引言外，ISO 9001：2015 标准条文共分10章：第1章"范围"、第2章"规范性引用文件"、第3章"术语和定义"、第4章"组织的背景环境"、第5章"领导作用"、第6章"策划"、第7章"支持"、第8章"运行"、第9章"绩效评价"、第10章"持续改进"。

3. ISO 9004：2009《组织持续成功管理　一种质量管理方法》

（1）ISO 9004：2009 标准概述。与 ISO 9001：2015 相比，ISO 9004：2009 为质量管理体系更宽范围的目标提供了指南。除了有效性，该标准还特别关注持续改进组织的总体业绩与效率。对于最高管理者希望通过追求业绩持续改进进而超越 ISO 9001：2015 要求的那些组织，ISO 9004：2009 推荐了指南。

（2）与 ISO 9001：2015 相比，ISO 9004：2009 将顾客满意和产品质量的目标扩展为包括

相关方满意和组织的业绩。该标准强调持续改进,这可通过顾客和相关方的满意程度加以测量。该标准鼓励在建立、实施质量管理体系,以及改进其有效性和效率时采用过程方法,通过满足相关方的要求,增强相关方满意。该标准包括指南和建议,既不拟用于认证、法规或合同目的,也不是 ISO 9001：2015 的实施指南。ISO 9004：2009 与 ISO 9001：2015 已成为一对结构相似但范围不同,既可以互相补充,也可以单独使用的标准。ISO 9004：2009 提供了实现质量管理体系广泛目标的指南,但不包括环境管理、职业卫生与安全管理、财务管理或风险管理的指南。然而,该标准可使组织将其质量管理体系与相关的管理体系进行协调或整合,反映了该标准建立的质量管理体系具有与其他管理体系的相容性。

(3) ISO 9004：2009 标准的主要内容。除前言和引言外,ISO 9004：2009 标准条文共包括第 1 章"范围"、第 2 章"引用标准"、第 3 章"术语和定义"、第 4 章"质量管理体系"、第 5 章"管理职责"、第 6 章"资源管理"、第 7 章"产品实现"及第 8 章"测量、分析和改进"。其中,主体内容为第 4 章至第 8 章。

4. ISO 19011：2011《质量管理体系　管理审核指南》

(1) ISO 1911：2011 标准概述。管理体系认证已在全球形成一种重要的评价手段。影响认证注册价值的主要因素体现在以下三个方面：

① 审核活动的特性,通过管理体系的标准体现出来。

② 审核制度的完整性和诚信,表现为规范化、程序化的制度。

③ 审核员的素质,审核员的素质和能力是影响审核活动的关键因素。

(2) ISO 19011：2011 反映了世界各国对审核理论与实践的新认识和提高,保证了审核程序的公正性,规范了审核员的行为规范,规定了审核员应具有的能力,为管理审核方案,实施内部审核和外部审核,以及序列化审核员的能力提供了指南。在管理思路和方法上,ISO 19011：2011 着眼于持续改进和预防为主的思想,遵循策划、实施、验证和改进的 PDCA 循环管理模式。通过设立内审和管理评审的监督机制,使组织的管理体系螺旋上升、自我完善、自我改进。

(3) ISO 19011：2011 标准的主要内容。除前言和引言外,ISO 19011：2011d 标准条文包括：第 1 章"范围"、第 2 章"规范性引用文件"、第 3 章"术语和定义"、第 4 章"审核原则"、第 5 章"审核方案的管理"、第 6 章"审核活动"和第 7 章"审核员的能力和评价"。

三、ISO 14000 环境管理体系

1. ISO 14000 环境管理体系概述

ISO 14000 是国际标准化组织继 ISO 9000 之后推出的第二个管理性系列标准。与 ISO 9000 关注企业的产品质量保证体系不同,ISO 14000 强调的是企业和环境的协调发展,旨在通过标准化手段有效地改善环境质量并满足经济持续发展的需要,同时希望通过推行国际化的标准,统一各国已有的环境管理标准,以消除世界经济贸易间的绿色壁垒,也可以说是一张走向世界的绿色通行证。它包含环境管理体系(EMS)、环境管理体系审核(EA)、环境标志(EL)、生命周期评估(LCA)、环境行为评价(EPE)等国际环境管理领域的研究与实践的焦点问题,向各国政府及各类组织提供统一、一致的环境管理体系、产品的国际标准及严格、规范的审核认证办法。

ISO 14000 系列环境管理标准是国际标准化组织(ISO)第 207 技术委员会(ISO/TC 207)组织制定的环境管理体系标准,由标号为 ISO 14001～ISO 14100 的若干个标准组成,统称 ISO 14000 系列标准。TC 207 的宗旨：支持环境保护工作,改善并维持生态环境质量,减少人

类各项活动所造成的环境污染,使之与社会经济发展达到平衡,促进经济的持续发展。TC 207 委员会由 80 个成员国和 16 个国际组织组成,中国是其中之一。ISO 14000 系列标准中,只有 ISO 14001《环境管理体系 规范及使用指南》可以用于组织的自我声明或第三方认证、注册。除了 ISO 14001 之外,世界上还有其他若干种环境管理体系标准,其中比较著名的有英国标准化协会(BSI)于 1992 年 3 月颁布的 BS 7750《环境管理体系规范》、欧共体(EEC)于 1993 年 7 月颁布的《生态管理与审核计划(EMAS)》等。

ISO 14000 环境管理系列标准主要包括环境管理体系、环境审核、环境标志、环境行为评价、生命周期评估、产品中环境因素导则、术语和定义等几个部分。

ISO 14001 环境管理体系标准是 ISO 14000 系列标准的核心标准,是企业建立环境管理体系及实施环境审核的基本准则,它明确了环境管理体系的构成要素与基本运行模式,规定了对环境管理体系的要求。

2. ISO 14000 环境管理体系的发展

TC 207 于 1993 年 6 月正式成立,其宗旨是支持世界范围内的环境保护工作,改善环境和生态,减少污染,促进经济与环境的可持续发展。经过三年的努力,在参照英国 BS 7750《环境管理体系标准》及加拿大等国环境管理标准的基础上,到 1996 年 10 月 1 日,由 TC 207 制定的 5 个环境管理标准经由 ISO 颁布,其中的核心标准是 ISO 14001:1996《环境管理体系规范及使用指南》和 ISO 14004:1996《环境管理体系原则、体系和支持技术指南》。同年,中国等同转化为国家标准,即 GB/T 24001—1996 和 GB/T 24004—1996。ISO 14001:1996 的内容编排可以说是划时代的,完全遵循 PDCA 循环模式,将 17 个管理要素融入五大活动,即环境方针(P)、策划(P)、实施和运行(D)、检查和纠正措施(C+A)及管理评审(A)。该标准条文由于按照 PDCA 循环的逻辑顺序编排,让人一目了然,也便于理解和记忆。

2004 年,两大环境管理体系标准修订成为 ISO 14001:2004 和 ISO 14004:2004,与 1996 版相比,没有做出实质性的改动,只是在表述上更加准确和简洁,内容上更加完整。

2015 年 9 月 15 日,ISO 14001:2015 正式颁布。2015 版在起草中,总结了过去十几年实施的经验,并为适应当前全球环境保护的形势,做了大量的修改,与 2004 版相比,有了较大的发展和变化。ISO 14001:2015 的主要变化可归纳为以下十个方面:

(1) 根据导则要求采用了新的标准框架结构。
(2) 增加了有关战略环境管理的要求。
(3) 强调与组织的业务相融合。
(4) 强调了领导作用。
(5) 将"污染预防"扩展为"环境保护"。
(6) 更加强调提高环境绩效。
(7) 增加了"生命周期观点"的要求。
(8) 引入了"风险控制"的方案。
(9) 细化了"信息交流"的要求。
(10) 其他变化(如文件化信息、术语和定义等)。

3. ISO 14000 系列标准的特点

环境管理体系是全面管理体系的组成部分,包括制定、实施、实现、评审和维护环境方针所需的组织结构、策划活动、职责操作惯例、程序、过程和资源。ISO 14001 标准共包括 17 个要

素,可以分成5个组成部分。ISO 14000标准向各类组织提供了一个标准化的环境管理体系的模式,它包括环境方针、策划、实施与运行、检查与纠正措施、管理评审等5个方面的内容和要求。这5个方面逻辑上连贯一致,步骤上相辅相成,共同保证体系的有效建立和实施。

环境管理体系的管理模式如同其他管理模式一样,遵循查理斯·德明(Chailes Demiry)提供的管理模式,即把企业的活动分成策划(Plan)、实施(Do)、验证(Check)和改进(Action)四个阶段,简称PDCA循环。与其他管理体系相比,ISO 14000标准又有自己的特点。实施环境管理体系必须首先得到最高管理者的承诺,形成指导原则和实施的宗旨,即环境方针;需要一套相应程序来支持环境方针、目标和指标的实现,并制定环境管理方案,确保重要的环境因素处于受控状态;为保证体系的适用和有效,应设立监督、检测机制,配置一定的人、财、物;最后通过审核与评审,促进体系的进一步完善和改进,完成一次管理体系的循环上升和持续改进。

这一系列标准与我国制定的环境质量、污染物排放等标准不同,是一个国际上通用的标准,是一个管理性标准,它具有如下特点:

(1)以消费者行为为根本动力。以往的环境保护工作是由政府推动的,依靠制定法规、法令来强制企业执行。ISO 14000标准强调的是非行政手段,用市场、用人们对环境问题的共同认识来达到促进生产者改进其环境行为的目的,环境意识的普遍提高使消费已超过法律而成为保护的第一动因。

(2)自愿性标准,不带任何强制性。企业建立环境管理体系、申请认证完全是自愿的。出于商业竞争、企业形象、市场份额的需要,在企业内部实施ISO 14000标准,并以此向外界展示其实力和对保护环境的态度。

(3)没有绝对量的设置,以各国的法律、法规要求为基准。整个标准没有对环境因素提出任何数据化要求,强调体系的运行,以达到设定的目标、指标,并符合各国的法规要求。

(4)强调持续改进和污染预防。要求企业实施全面管理,尽可能把污染消除在产品设计、生产过程中,并且要求企业注重进一步的提高,使环境行为持续改进。

(5)标准强调的是管理体系,特别注重体系的完整性。要求采用结构化、程序化、文件化的管理手段,强调管理和环境问题的可追溯性,体现出整体优化的特色。

(6)标准强调生命周期思想的应用。对产品进行从摇篮到坟墓的分析,较全面地覆盖了当代的环境问题。从产品设计入手,以期从根本上解决由于人类不当的生产方式和消费方式所引起的环境问题。

当环境问题成为国际社会关注的焦点时,它对贸易的影响就不可低估,也就是说环境问题将成为国际经济贸易合作中的主要问题。ISO 14000正是想通过其对贸易的影响来实现改善全球环境和可持续发展的目标。如果说ISO 9000系列标准是走向国际市场的第一张通行证,那么ISO 14000系列标准则是走向世界市场的第二张通行证、绿色通行证。

由于全球环境意识的提高和越来越多的企业实施全球化战略(全球采购、全球生产和全球销售),产品和服务中的环境因素将成为政府和组织采购时考虑的一个重要因素,政府、企业及其他组织在采购时,将优先考虑环境表现较好的企业的产品和服务,就是说在价格、质量相同的情况下,将优先采购拥有ISO 14000认证的产品和服务。尤其是已经通过ISO 14000认证的企业,在采购原材料、零部件等时,会对其供应商提出ISO 14000认证要求,这样会引起企业认证的连锁反应。一些欧洲公司,包括德国西门子集团、芬兰诺基亚集团和瑞士汽巴-嘉基集团等已经开始要求其供货方进行 ISO 14000 标准认证,或已经派出检查组审核其合作伙伴的环境管理状况。所以,ISO 14000 标准是一把双刃剑。虽然 ISO 建立此标准的初衷之一是为了消除绿色贸易壁垒,但是如果发展中国家的企业不做或没有能力做 ISO 14000,那么 ISO 14000 标准本身也就成为壁垒,成为发达国家限制发展中国家市场准入的一个借口。

思考题

1. 阐述 ISO 9000 标准产生的必然性。
2. 简述质量管理体系标准的制定和修订历程。
3. 试说明 ISO 9000:2015 族标准的特点。
4. 简述环境管理体系标准的特点。

第八章 纺织企业质量管理体系的建立、审核与认证

本章知识点

1. 质量管理体系建立所涉及的质量保证与质量体系、质量管理体系的总体设计、编制质量管理体系文件、质量管理体系的运行与改进。
2. 质量管理体系审核准则及为此进行的系统的、独立的、形成文件的过程。
3. 认识质量认证制度的产生与发展、认证的含义与分类、模式,以及认证的条件与程序。

第一节 质量管理体系

现代世界经济的快速发展使得质量迅速成为商业和工业中新的着重点。鉴于供应商和工业的需要,世界各主要工业发达国家都在质量体系领域制定出各种国家标准和多国标准,一些标准为指导性文件,另一些标准则在供需双方的合同中采用。但由于各标准在细节上不一致和存在差异性,各国或地区间形成了贸易壁垒。企业须付出巨大努力,才能满足形形色色的质量体系要求。质量管理和质量保证技术委员会(TC 176)在总结各国质量管理经验的基础上,经过各国质量管理专家的努力工作,继 1986、1987 年正式发布 ISO 8402 及 ISO 9000~ISO 9004 系列标准以后,又相继在 1994 年、2000 年和 2008 年进行了系统的修正,形成了总标题为《质量管理和质量保证》的系列标准,使质量管理和质量保证工作规范化、程序化和国际化,满足了当今国际贸易中商业和工业应用的需要。该系列标准提供了大量综合性的质量管理概念和指导性文件,以及外部质量保证要求的几种模式。这些标准具有紧凑的体系结构,组成一种协调又便于记忆的编码体系,同时随着时间的推移和市场的变化,标准制定不断完善,其适用范围更加普遍,而且具有可操作性。

一、质量保证与质量体系

所谓质量保证,是指为提供某实体能满足质量要求的适当信赖程度,在质量体系内实施并按需要进行证实的全部有策划的和系统的活动。其基本思想是强调对用户负责,其思路是:为了确定某实体的质量能满足规定的质量要求的适当信任,就必须提供证据。而这类证据包括实体的质量测定证据和管理证据,以证明供方有足够的能力满足需方的要求。这里的"适当信任"显然考虑到质量的经济性。考虑到产品的价格、服务价格或统称实体的价格和外部质量保

证费用,质量保证分为内部质量保证和外部质量保证。由于企业管理者必须对企业的质量管理负全部责任,并且要对外向顾客负责保持一致。所以,只有当企业管理者本身对本组织的质量保证能力取得并保持信赖时,才敢于对外提供质量保证,并承担由此所产生的质量责任,其中开展的对质量体系的内部审核的评审,是内部质量保证职能的重要组成部分。为使顾客取得信赖,必须提供外部质量保证和相应的质量保证的"证实"。外部质量保证所开展的活动包括:需方对供方质量体系进行验证,审核和评价;同时,供方向需方提供其自身体系满足合同要求的各种证据,例如质量手册、质量计划、质量记录、各种工作程序等质量体系文件、记录,以及供方对其实施某质量要求的声明。

所谓质量体系的实质,是为实施质量管理所需要的组织机构、职责、程序、过程和资源。质量体系是质量管理的核心,质量体系应该是组织机构、职责、程序之列的管理能力和资源能力的综合体,其内涵包括:

(1) 质量体系不仅包括组织机构、职责、程序等软件,还包括"资源"。"资源"就是人、财、物。

(2) 质量体系是为实施质量管理而建立和运行的,并不包括质量方针的制定。因此,一个组织的质量体系包含在该组织的质量管理范畴之内。

(3) 原则上,一个组织的质量体系只有一个,一般说来,每个组织实际上已经固有了一个质量体系。

(4) 不同组织的质量体系是不同的,质量体系的建立和健全必须结合本组织的真实特点和内、外部环境来考虑。

人们把质量管理、质量保证体系的说法统一为质量体系。通常把用于内部管理的质量体系称为质量管理体系,把用于需方对供方提供外部证明要求的质量体系称为质量保证体系。质量管理体系和质量保证体系又并非是平行、独立和并列的,质量保证体系是从质量管理体系中派生出来的。

二、质量管理体系的总体设计

质量管理体系的建立应在贯彻 ISO 9000 族标准的基础上,包括质量管理体系的总体设计及编制质量管理体系文件。质量管理体系建立与实施过程如图 8-1 所示。

质量管理体系设计是按 ISO 9000 族标准,在建立质量管理体系之处,对组织所进行的统筹规划、系统分析、整体设计,并提出设计方案的过程。

1. 建立质量管理体系的决策与前期准备

(1) 学习 ISO 9000 标准,统一认识。对企业领导来说,建立和实施质量管理体系是一项重大战略决策。任何企业只要能够向顾客提供产品,在正常情况下,都有一个已存在的固有体系,有其高层领导、中层管理部门和人员、产品加工过程和与之配套的管理规则。但这个固有体系是不规范、不完善和粗放的体系。企业贯彻实施 ISO 9000 族标准,就是按照标准的要求,改造、理顺、规范企业固有的旧体系,使其完全成为受标准规定制约的体系。因此,纺织企业内高层首要要学习 ISO 9000 族标准的意义、作用和内容,进而理解这项工作的必要性、紧迫性和复杂性。

(2) 企业管理层进行宏观决策。企业依据 ISO 9001:2015 标准建立质量管理体系时,首先要在企业的内部进行质量管理和质量控制的立法工作,编制一系列相关的系统文件,其会涉

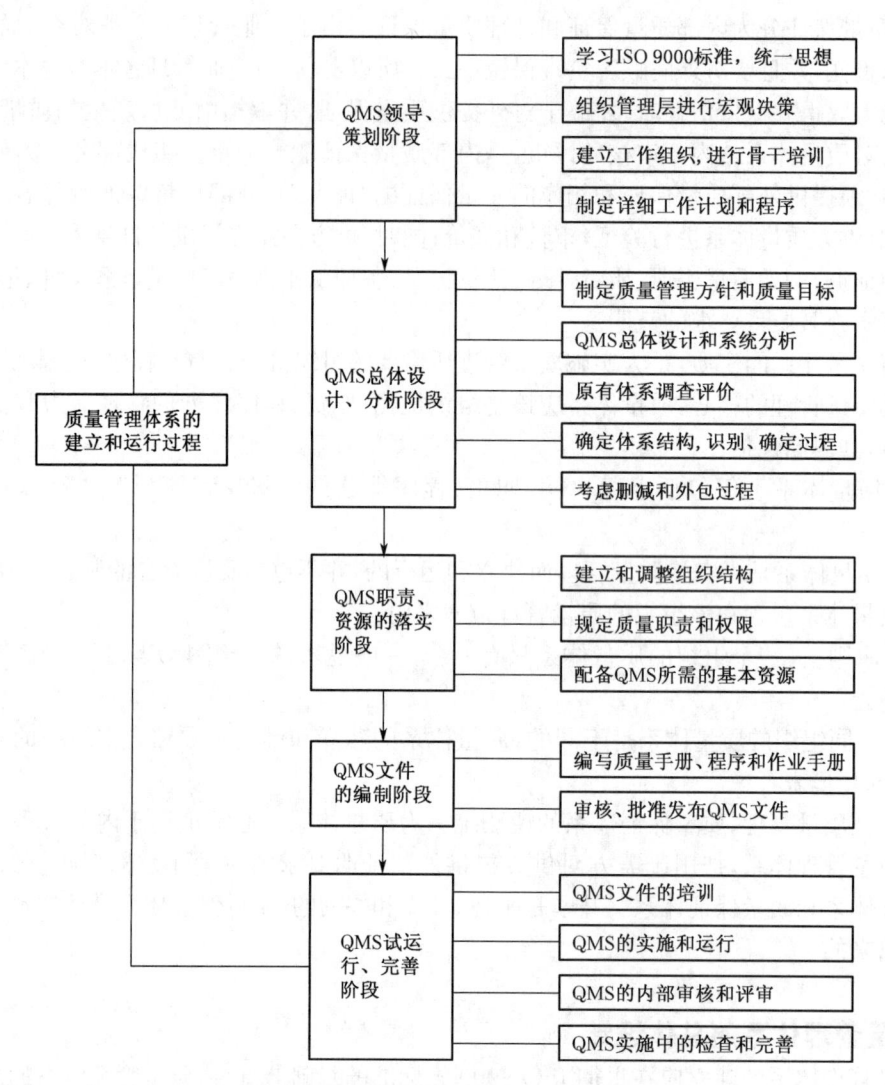

```
质量管理体系的          ┌─ QMS领导、      ─── 学习ISO 9000标准,统一思想
建立和运行过程         │   策划阶段       ─── 组织管理层进行宏观决策
                      │                   ─── 建立工作组织,进行骨干培训
                      │                   ─── 制定详细工作计划和程序
                      │
                      ├─ QMS总体设       ─── 制定质量管理方针和质量目标
                      │   计、分析阶段    ─── QMS总体设计和系统分析
                      │                   ─── 原有体系调查评价
                      │                   ─── 确定体系结构,识别、确定过程
                      │                   ─── 考虑删减和外包过程
                      │
                      ├─ QMS职责、      ─── 建立和调整组织结构
                      │   资源的落实     ─── 规定质量职责和权限
                      │   阶段           ─── 配备QMS所需的基本资源
                      │
                      ├─ QMS文件        ─── 编写质量手册、程序和作业手册
                      │   的编制阶段     ─── 审核、批准发布QMS文件
                      │
                      └─ QMS试运         ─── QMS文件的培训
                          行、完善       ─── QMS的实施和运行
                          阶段           ─── QMS的内部审核和评审
                                         ─── QMS实施中的检查和完善
```

图8-1 质量管理体系建立与实施过程

及各个相关部门的职责权限、体系各过程及其子过程的运行、运行结果的验证和证实及持续改进等;同时将标准要求的内涵与企业固有的体系进行全面的比较和分析,特别在技术文件、规章制度、职责权限等方面。为便于质量管理体系的建立的工作顺利进行,必须企业管理层进行宏观决策。

(3)建立工作组织,进行骨干培训。建立 ISO 9000 族标准是一整套的系统工程,企业的最高管理者应任命一名管理者代表,负责企业质量管理体系的建设工作,然后根据企业的规模、产品及企业组织结构,建立不同形式、不同层次的贯彻标准的机构。一般是成立由企业最高管理层成员做总体规划、协调的指导机构,建立各职能部门领导参加的工作机构负责实施总体规划,再由各职能部门或业务骨干参加的体系设计和体系文件编写工作,同时必须对骨干人员在标准的全面理解、把握、应用等方面进行培训。

(4)制定详细的工作计划和程序。制定工作计划是对贯彻 ISO 9000 族标准,建立质量管理体系全过程各阶段工作的全面安排。工作计划的内容包括:宣传教育,培训人员;体系分析,

要素选择;过程展开,责任分派;文件编制;资源配备;体系运行等。

2. 质量管理总体设计与策划

(1) 确定质量方针和质量目标。质量方针是在产品质量方面既定的宗旨和方向,是企业在某一时段内的发展预期。质量方针应包括对产品质量和服务顾客的承诺,体现顾客的需求和期望,以顾客为中心,持续改进质量管理体系的有效性,并为企业制定质量目标提供框架。

在制定质量方针时,要满足以下要求:

① 质量方针要与其质量管理体系相匹配,即要与本组织的质量水平、管理能力、服务和管理水平一致。

② 质量方针要对质量做出承诺,不能提空洞的口号,要反映出顾客的期望。

③ 质量方针可以集思广益,经过反复讨论修改,然后以文件的形式由最高管理者批准、发布,并注明发布日期。

④ 质量方针的遣词造句应慎重,要言简意明。

⑤ 质量方针要易懂、易记、便于宣传,要使全体员工都知道、理解并遵照执行。

纺织企业质量目标是企业及其相关职能和层次上分别在质量方面的追求,它是在质量方针框架内与目标保持一致,在战术上产品质量应达到的高标准和高要求。质量目标应符合以下要求:

① 需要量化,是可测量、评价及达到的指标。

② 要先进合理,起到质量管理水平的定位作用。

③ 可定期评价、调整,以适应内外部环境的变化。

④ 为保证目标的实现,质量目标要层层分解,落实到每个部门及员工。

(2) 识别产品和顾客的要求。纺织企业建立质量管理体系的最终目的是所提供的产品满足顾客的要求,因此无论是直接购买者、最终使用者还是中间商顾客必须明确。为满足顾客对产品的要求,在确定产品质量要求时,包括:顾客对产品规定的要求;产品的规定用途或已知预期用途所必须的要求;与产品有关法律法规有关的要求;企业的附加要求等。

(3) 企业现状调查与识别。企业的现状调查可以按照标准的要求,从四个方面进行比较和分析:体系文件中,质量方针和目标、企业企业机构和职能分工形式、人员状况、企业内部及其协作单位的布局及其关联程度;技术文件中,产品特点和质量标准、工艺流程、各项操作规范、检测设备状况等;管理类文件中,技术标准、计量工作、环境管理等;外来文件中,产品的国家、地方或企业标准,以及与产品有关的国家和地方法律、法规,如产品质量法、环境保护法等。

(4) ISO 9001 标准 2015 版内容。ISO 9001 标准 2015 版增加了组织背景环境分析和确定组织目标和战略、绩效评估、变更控制管理、领导作用和承诺及组织的知识、风险和应急措施和机遇的管理,取消了质量手册、文件化程序等大量强制性文件的要求,合并了文件和记录,统称文件化信息。标准条文架构改变为十个章节,设计了七项质量管理原则。

ISO 9001 标准 2015 版的主要特总体现在几个方面:①采用高层结构,规定了通用的章节结构,以及具有核心定义的通用术语,目的是方便使用者实施多个 ISO 管理体系标准,管理术语增加至 13 类、138 个术语,特别注意产品和服务、设计两个术语;②采用了基于风险的思维,以期组织能够确定可能导致其过程和质量管理体系偏离策划结果的重要因素,以便实施控制,最大限度地降低不利影响,并最大限度地利用出现的机遇;③更少的规定性要求,如不再规定最高管理者应在组织的管理层中指定一名成员担任管理者代表,而是以分配类似的职责和权

限代替，对质量管理体系形成文件的要求也更加灵活；⑧灵活的成文信息要求，标准允许组织灵活地选择质量管理体系形成文件的方式，组织可以根据行业特点保留原有质量手册、程序、作业指导书等，以便员工和相关方理解使用；⑤提高了服务行业的适用性，将"服务"与"产品"并列，突现了服务特点，旨在强调在某些要求的应用方面，产品和服务之间存在的差异，对于服务型组织，其服务是以活动和过程展开的；⑥更加强调组织环境，组织环境是对组织建立和实现目标的方法有影响的内部和外部因素的组合，只有认清组织所处的环境，清晰组织的定位，才能抓住环境变化带来的机遇，并经受与组织环境有关的风险考验；⑦增强对领导作用的要求，更加强调最高领导者应对质量管理体系的有效性负责，以确保质量管理体系实现预期结果；⑧更加注重实现预期的过程结果，以增加顾客满意；⑨确定质量管理体系边界。

(5) 组织机构及职责设计。质量管理体系是依托组织机构来协调和运行的。质量管理体系的运行涉及内部质量管理体系所覆盖的所有部门的各项活动，这些活动的分工、顺序、途径和接口都是通过本组织机构和职责分工来实现的，因此必须建立一个与质量管理体系相适应的组织结构。为此，需要完成以下工作：

① 分析现有组织结构，绘制本组织"行政组织机构图"。

② 分析组织的质量管理层次、职责及相互关系，绘制"质量管理体系组织机构图"，说明本组织的质量管理系统。

③ 将质量管理体系的各要素分别分配给相关职能部门，编制"质量职责分配表"。

④ 规定部门质量职责和管理、执行、验证人员的质量职责。

⑤ 明确对质量管理体系和过程的全部要素负有决策权的责任人员的职责和权限。

(6) 资源配置。

资源是质量管理体系有效实施的保证，包括依据标准要求配置各类人员和专业技能，设计、生产、检测设备、仪器仪表、计算机软件和基础设施。在对所有质量活动策划的基础上，规定其程序和方法，以及规定工作信息获得、传递和管理的程序和方法等。在纺织印染企业中，资源有专业生产技术人员、产品开发人员、检测人员、新印染技术研发人员，以及印染设备、检测装备等。

三、编制质量管理体系文件

对企业整个质量体系进行描述的文件系统称为质量体系文件。编制适合企业自身特点并具有可操作性的质量体系文件是质量体系建立过程中的中心任务。在 ISO 9001：2015 标准中，条款"4.3"明确了质量管理的范围，其包含组织及其产品、服务、主要过程和地点；条款"4.4"对质量管理体系的建立、过程及其相互作用、实施与保持和持续改进等方面，通过"过程方法"的细则加以说明。其中，质量手册是描述质量体系的纲领性文件。程序文件是描述为实施质量体系要素所涉及的各职能部门的活动，是质量体系有效运行的主要依据。程序文件应具有系统性、先进性、可行性及协调性。质量计划是针对特定产品或项目所规定的措施和活动顺序的文件。作业指导书、质量记录属详细的作业文件，企业可根据需要增加或减少。质量手册、程序文件的编制顺序可依企业情况而定，具体可参见 ISO/TR 10013《质量体系文件编写指南》。

1. 编制质量管理体系文件的原则

(1) 体系文件间的协调性原则。

质量管理体系文件之间的协调性是指质量方针和质量目标之间的协调，质量方针、目标与企业总方针之间的协调,质量方针、质量目标、程序文件、作业文件、记录之间的协调,以及每个文件各条款之间的协调等。协调是各个文件在进行编写时,对活动或过程之间使用描述语言和制约程度等的划一和适当,编写体系文件前后呼应、上下照应,所有文件各自所负的使命虽然不同,但却是一个条理清晰、协调一致的系统文件。

(2) 体系文件合理优化的原则。

质量管理体系文件的编制过程应是质量管理体系优化的过程。体系文件不是对质量管理体系现状的简单写实,而是对照 ISO 9000 族标准的要求进行增减优化。在符合 ISO 9000 族标准的原理、原则和基本要求的条件下,做到文字表达简洁,符合实际。企业通过实施标准,定期对质量管理体系过程进行监视和测量,以证实策划质量管理过程实现的结果,同时利用内部审核这一自我发掘体系运行问题和自我完善的机制,不断优化和提高体系运行的有效性。

(3) 体系文件的适用性原则。

体现文件的适用性就是要使编制出来的体系文件能体现企业的特色。除质量方针、质量目标和质量手册必须制定并形成文件外,对于程序文件,标准只规定了具有通用性的形成文件的程序。企业为确保质量管理过程得到有效策划、运行和控制所需的文件,可以依据产品的特点自由取舍。同时,体系文件应具有可操作性和可验证性。凡体系文件编写具体的(如做什么、谁来做、何时何地、怎么做、材料和设备是什么、应获得什么结果、怎样验证等),就能够实现检查、监测和测量。

2. 质量手册的编制

质量手册的核心内容是它对企业所建立的质量管理体系,从质量方针和质量目标的制定,到标准要求与企业提供产品特点的有机结合,对体系运行如何策划、管理、控制实施、效果验证,以及持续改进等过程的相互作用的全面规定和阐述。它的主要作用是与企业实际结合,规定了企业的质量管理体系各过程的运行方式和方法,一是可作为质量管理体系与标准相符合的实证性文件;二是可作为规范企业质量管理体系运行和检验运行效果的法规性文件;三是可作为认证机构在现场审核前进行文件审查的主要对象之一;四是作为向顾客呈送,证明企业质量保证能力的依据性文件,以及作为产品、项目投标时的质量管理、质量保证文件。质量手册包括:质量管理体系的范围(包括任何删减的细节与合理性);为质量管理体系编制的形成文件的程序或对其引用;质量管理体系过程之间相互作用的表述。

质量手册的内容:

(1) 名称、范围和通用领域。

(2) 目录、批准令、引用标准。

(3) 手册说明及本企业概况。

(4) 术语和定义。

(5) 本企业质量方针和质量目标。

(6) 质量管理体系的描述和程序的引用。

(7) 企业结构、职责和权限说明。

(8) 资源管理。

(9) 产品实现。

(10) 测量、分析和改进。

(11) 质量手册附录。

（12）质量手册使用指南。

3. 程序文件的编制

程序文件是为进行质量管理体系某项活动或过程所规定的文件,也是对影响产品质量的特定活动或过程进行策划、管理、运行和控制的基础性文件。它是引用程序文件的质量手册的重要支持,是对体系中特定活动或过程结合企业实际运行途径所进行的规定。在程序文件的运行要求下,企业可以满足对特定活动或过程加以管理和控制的要求。因此,程序文件一是输入转化为输出时对相互关联或相互作用的活动的具体规定;二是要使活动或过程处在受控条件下按照策划的安排运行。

ISO 9001：2015族标准中规定了一些需要形成文件的内容,如文件信息控制(7.5.3)、编制与更新(7.5.2)、内部审核程序(9.2)、不合格和纠正措施(10.2)、持续改进(10.3)等。还有些内容是否形成文件,应由企业决定。

程序文件的内容：
（1）名称、编号和通用领域。
（2）程序目的。
（3）程序的适用范围。
（4）职责和权限。
（5）工作流程和控制要点。
（6）术语和定义。
（7）相关文件。
（8）相关记录与记录表式。
（9）程序文件更新记录。

4. 质量计划的编制

质量计划是质量管理体系文件中的专用性文件。它是针对企业对顾客承诺的特定项目、产品、过程或合同,为对其进行特别的管理和控制,使其符合预期要求而制定的策划性和先期性的文件。质量计划对其特定对象的过程和活动的管理和控制要求,通常包括两部分：一是企业现有通用性体系文件的适用部分,可以将其文件名称及其编码引用到质量计划中,作为对特定对象的管理控制准则;二是对质量计划增加补充的特殊要求控制规定。如增补的质量管理和质量保证措施、所需的相关数据、检验和试验方法和评定准则等。因此,质量计划具有补充性、专用性和一次性。质量计划的对象往往是技术性复杂、产品实现过程难度大、投资费用高、安全性有风险的项目。其需求一是企业通过该方法自荐其质量保证能力,以增加企业市场竞争的能力;二是顾客在对产品的要求中,期望通过编制的质量计划预知企业承担项目的能力。

质量计划的主要内容：
（1）编制质量计划的目的。
（2）适用范围和不适用范围。明确管控范围,以便为产品交付时澄清责任设定依据。
（3）质量计划实施的步骤、起始和失效时机的确定。
（4）项目所需的企业机构和职责权限。
（5）作业内容。项目应实现哪些内容,才能满足顾客的要求。
（6）作业质量目标,即作业内容应达到的质量目标。
（7）质量计划的编制和修改。

(8) 对通用性体系文件引用和增补的管控内容。

(9) 相关记录的保持。

5. 记录的编制

记录作为质量管理体系文件的组成部分,是阐明质量管理体系所取得的结果或提供质量管理体系所完成的活动的证据文件。它们是完成体系中相关程序文件和作业文件所规定的过程及其结果的实证材料。

记录是有原始记录、统计报表和分析报告等构成,它们以不同的形式反映了质量管理体系运行的动态和产品质量状态。原始记录是以数字、文字或图表等形式对生产经营活动的过程进行首次直接记载;统计报表是按质量管理需要,根据原始记录进行汇总统计形成的报表;分析报告是对专项质量活动进行调查研究、总结分析后形成的文字报告。

6. 作业指导书的编制

作业指导书是用来指导某一独立过程或活动运行时所需的步骤方法等细节性描述的可操作性文件。质量管理体系中所使用的作业指导书大多是为管理性和技术性两方面所用。它们是相关程序文件的支持和对某一过程的细化,是对程序文件的一种补充。

作业指导书应依据作业的复杂程度、生产方式、作业精确程度、作业者技能和经验确定。对于比较简单的过程,或作业人员比较熟练,如简要说明、工艺说明、产品图纸和检验规范等,无需编写作业指导书。但在产品实现过程中的关键工序、重要工序和特殊过程等,由于过程间相互作用接口复杂,技术要求和精度要求比较高,应编制详细的作业指导书。

具体的内容包括:

(1) 所用编码和代号。

(2) 文件控制和规范。

(3) 应达到的标准或准则。

(4) 作业顺序及其使用的工具设备、原材料及其用量比,作业时间,控制的参数数据,作业环境要求等。

(5) 实施过程的控制,包括对关键工序、重要工序和特殊过程的控制,作业应遵循的注意事项,附录的文件图表,以及应用示例的细化描述。

(6) 作业者资格的确定。

(7) 作业文件评审批准要求。

(8) 更新和持续改进。

四、质量管理体系的运行与改进

1. 质量管理体系的运行

质量管理体系文件编制是一项涉及面广泛且非常细致的系统工程,其编制完成后将进入试运行阶段。通过质量管理体系的试运行,检验质量管理体系文件在本企业运行的有效性和协调性,对遇到的问题采取改进和纠正的措施,达到进一步完善质量管理体系文件的目的。

(1) 质量管理体系文件的学习和培训。质量管理体系文件经批准后,应由最高管理者发布,并通过一定的形式宣布质量管理体系投入运行和新的质量管理体系文件生效。由于体系的建立是对过去旧体系的一种变革,在满足市场和顾客的需要和期望的同时,企业员工对新体系的理解、掌握和自觉执行变得非常重要,任何工作都依靠人的努力来完成,因此对体系文件

的学习培训及相关配套制度的建立都是必需的。

（2）组织协调和质量监控。质量管理体系运行过程中，各个相关部门的组织与协调的目的是能够在整个企业中顺利实施新体系。必须明确相关的责任部门和人员来具体协调各项质量活动，排除在运行过程中遇到的各种问题。在发现偏离管理标准和技术标准的现象时，通过质量监控对实体进行连续的监视、验证和控制，及时反馈，采取纠正措施，实现质量管理体系建立的根本目的。

（3）质量信息的管理工作。信息的收集、记录与反馈系统，使企业的各项质量活动和产品质量处于动态的控制状态。作为质量管理体系运行的基础性工作之一，信息管理工作不仅是质量管理体系运行的本身需要，也是获得反馈信息的必要条件。同时信息管理与质量监控和组织也是密切相关的。异常信息来自质量监控，信息处理要依靠组织的协调，三者有机结合是质量管理体系有效运行的保证。

同时需要对质量管理体系定期进行内部审核和评审。

2. 质量管理体系的持续改进

在运行过程中，组织"应利用质量方针、质量目标、审核结果、数据分析纠正和预防以及管理评审，持续改进质量管理体系的有效性"。

标准提出了适合持续改进的步骤：

（1）分析和评价现状，以识别改进的区域。

（2）确定改进的目标。

（3）寻求解决的办法并进行选择。

（4）实施选定的解决办法，通过测量、验证、分析，评价实施的效果。

（5）实施新的办法并规范化。

（6）针对已完成的改进措施，评价过程的有效性和效率，确定下一步改进的机会。

第二节　质量管理体系的审核

一、质量管理体系审核的基本概念

审核按其实施的主体可分为内部审核和外部审核。内部审核通常称为第一方审核，外部审核又包括第二方审核和第三方审核。审核按其对象可分为体系审核（如质量管理体系审核）、过程审核和产品审核。质量管理体系审核是为获得与质量管理体系有关的审核证据，并对其进行客观的评价，以确定满足质量管理体系审核准则的程度而进行的系统的、独立的、形成文件的过程。遵循审核原则是审核的基本特征。审核原则包括与审核员有关的原则（如道德行为、公正表达、职业素养），以及与审核有关的原则（如独立性、基于证据的方法）。

评价质量体系，首先看文件化的质量体系是否建立，然后看是否按文件要求贯彻实施，并且在提供预期的结果方面是否有效，以上三个问题的回答，决定了对质量体系的评价结果。内部审核、管理评审和自我评价是企业内部对质量体系评审、检查、评价的方法，在质量管理体系文件中，对开展此项工作的目的、要求、时间间隔等均应有所规定。在质量体系实施、运行过程中，企业应逐步建立起一种长期有效的信息反馈系统，对审核中发现的问题，应及时采取纠正措施,建立起一种自我改进和完善的机制。

二、质量管理体系评价

1. 内部审核

(1) 内部审核的概念。质量管理体系内部审核也称第一方审核,是指企业用于内部目的,有企业自己或以企业的名义进行的对自身的质量管理体系的审核。一般每年进行一两次。ISO 9001 标准 8.2.2 条款对内部审核的要求是通过定期审核,确定质量管理体系的有效性和符合性。其主要目的是:通过内部审核,企业可以综合评价自身质量管理体系的运行状态,评价各项质量活动及结果的有效性,同时对审核中发现的不符合项采取纠正和预防措施。为顺利通过第二和第三方审核扫除障碍,以获得外部审核组对质量管理体系做出好的评价。

质量管理体系内部审核结果可以作为企业自身声明自身合格的基础。从事内部审核的审核员通常是企业内部经过培训的内审员,必要时,也可以请外部人员参加。

内部审核活动必须确定企业的质量管理体系满足审核准则的程度,包括三个方面的内容。

① 符合性。确定企业的质量管理活动是否符合计划安排,质量管理体系现场运行与质量管理体系文件的符合性如何等。

② 有效性。对企业的质量管理体系运行的效果进行评价,对企业的质量管理体系文件是否有效实施进行审核。

③ 适宜性。对企业的质量管理体系及活动是否适宜于既定的质量目标,产品质量活动是否达到预期的要求等。

(2) 内部审核的步骤。

① 确定任务。进行例行内审时,按年度内审计划的按排进行。若临时进行特殊内审时,则由最高管理者会同管理者代表商定后进行,并均需按照程序规定,下达关于进行内部审核的通知及其他相关的准备工作。

② 审核准备。任命审核组长和成员,确定职责权限;制定内审方案;按照体系职责和要求编写检查表中的审核准则;通知各受审部门。

③ 现场审核。按照审核方案的规定,召开首次会议,审核员分别到受审核的部门按计划和时间进行现场审核;通过提问、验证、观察、查阅等现场形式,收集审核证据并详实记录;由审核组长注册召开末次会议,报告审核结果,判定不合格项;请受审核部门在报告单上填写实施纠正计划。

④ 编写审核报告。审核组长或在其指导下,由审核员按规定格式依据审核结果编写审核报告。审核报告经管理者代表审定后,由内部审核主管部门发给各受审核方。

⑤ 改进和实施跟踪验证。不合格的责任部门,应在限定的时间内做出纠正计划,并有效实施。内审主管部门在审核组成员配合下,对计划的实施和有效性进行跟踪验证,并在取得实效后签字确认。

2. 管理评审

(1) 管理评审的概念。最高管理者应按照策划时间间隔评审质量管理体系,以确保其持续的适宜性、充分性、有效性和效率。管理评审应包括评价质量管理体系改进的机会和变更的需要,包括质量方针和质量目标。管理评审定期进行,最长的间隔时间不得超过 12 个月。应保持管理评审的记录。

(2) 管理评审的输入和输出。ISO 9001 标准中,条款"9.3 管理评审输入"包括以下方面

的信息:审核结果;顾客反馈;过程的业绩和产品符合性;预防和纠正措施的状况;以往管理评审的跟踪措施;可能影响质量管理体系的变更;改进的建议。

"管理评审输出"包括以下方面有关的任何决定和措施:质量管理体系及其过程有效性的改进;与顾客要求有关的产品的改进;资源需求。

管理评审在运行过程中值得参考的建议:

① 因管理评审需要审核结果作为输入,因此,评审需在内部审核之后进行。如果第二方审核方在管理评审之前,也可以作为输入。唯有第三方审核一般在管理评审之后进行。

② 管理评审输入的文件编制直接影响到评审实效,因此输入文件的收集信息详实、客观、应对措施得力非常重要。

③ 最高管理者对管理评审的主持和引导是确保评审成功的重要过程。

④ 管理评审输出主要是围绕质量方针和质量目标,对质量管理体系及其过程的有效性,对企业持续改进为中心的,同时要关注与顾客要求有关的产品的改进。

3. 自我评价

评价的目的是确定企业改进的资金投向,测量企业实现目标的进展;评价的实施者是企业的最高管理者;评价的结论是企业有效性和效率,以及质量管理体系成熟水平方面的意见或判断。不过,在具体使用时,要依据企业的情况制定一系列适合自身需求的问题。其实,在进行内部审核过程中,企业也是采用设立问题这种方法对各项主条款和细则进行评价的。

第三节 质量认证

质量认证是由一个独立的第三方权威机构,对组织的产品质量及其质量管理体系进行证实的活动。它是国家宏观调控管理的重要手段。通过有效的宏观管理,为组织创造良好的质量环境,提供公平的竞争机会,从而激发组织的内在动力,向社会提供更优秀的产品。

一、认证制度的产生与发展

认证活动是随着市场经济活动的发展而逐步发展起来的。在现代质量认证产生之前,组织为推销自己的产品,往往采取"合格声明"的方式,以此取得顾客对产品质量的信任。随着科学技术的发展,产品结构和性能日趋复杂,产生了顾客对组织进行质量保证能力的评定或称为"第二方合格评定"。

1903年,英国创立了世界上第一个认证标志,即使用BS字母组成的"风筝标志",标志用在钢轨上,表明钢轨符合质量标准,该标志以英国国家标准为检验依据,具有公正性和科学性。此后,许多国家起而效仿,建立起以本国标准为依据的认证制度。二战后,世界经济格局发生了较大的变化,国际贸易迅速增长,以欧盟和关贸总协定(现为世界贸易组织)的建立为标志,世界经济呈现出国际化和区域化的趋势。在这种情况下,国家认证制度的局限性暴露出来,一些国家的政府为了维护本国产品的出口,开始谋求双边以至多边的认证制度,以区域性标准为依据的认证制度首先在欧盟出现。这种区域性认证制度的建立克服了欧盟各成员国之间标准不统一和管理技术上的差异,简化了贸易手续,保护了各成员国的利益,促使国际电工委员会(IEC)考虑建立国际性的质量评定制度。1976年,IEC成立认证委员会(Certification Management Committee，CMC)。

自 CMC 成立以来，完成了国际电工委员会电子元器件国际标准认证制度的基本章程和程序规则的制定和颁布工作。受关贸总协定的影响，1971 年，国际标准化组织(ISO)成立"认证委员会(Committee on Certification，CERTICO)"，并于 1985 年改名为"合格评定委员会(Committee on Conformity Assessment，CASCO)"，开始从技术角度协调各国认证制度的内容，促进各国认证机构和检验结果的相互认可，以消除各国由于标准、检验、认证过程中存在的差异所带来的贸易困难，并进一步制定出国际性的认证制度。1993 年结束的"乌拉圭回合"谈判，将质量认证扩展为"合格评审程序"。我国于 1983 年 4 月正式加入 IEC 的认证管理委员会，现已成为检查协调委员会的成员。部分国家和地区的产品质量认证标志如图 8-2 所示。

国家 Country	认可标志 Mark	国家 Country	认可标志 Mark
中 国 China		法 国 France	
欧 洲 Europe		荷 兰 Holland	
德 国 Germany		瑞 士 Switzerland	
美 国 USA		奥地利 Austria	
日 本 Japan		意大利 Italy	
加拿大 Canada		俄罗斯 Russia	
巴 西 Brazil		澳 洲 Australia	
挪 威 Norway		韩 国 Korea	
丹 麦 Demark		新加坡 Singapore	
芬 兰 Finland		以色列 Israel	
瑞 典 Sweden		南 非 South Africa	
英 国 England		阿根廷 Argentina	
比利时 Belgium			

图 8-2 部分国家和地区的产品质量认证标志

1995 年在澳大利亚成立了"国际审核培训和认证协会(IATAC)"，制定了《培训统一要求》和《审核员准则》，实现了各国审核员的互认。1993 年，国际认可论坛(IAF)正式成立。1998 年在我国广州召开了首次国际认证机构的互认会议，17 个国家签署了互认协议。这 17 个国家是中国(CNACR)、日本(JAB)、澳大利亚-新西兰(JAS-ANZ)、加拿大(SCC)、美国(ANSI-RAB)、法国(COFRAC)、英国(UKAS)、瑞典(SWEDAC)、西班牙(ENAC)、意大利(SINCERT)、瑞士(SAS)、丹麦(DANAK)、芬兰(FINAS)、挪威(NA)、荷兰(RVA)、德国(DAR/TGA)。

中国质量认证中心(CQC)和中国方圆标志委员会(CQM)还参加了国际认证联盟(IQ-NET),联盟成员之间的认证书相互承认。目前,国际认证联盟成员及机构缩写如下:

中国 CQM/CQC	日本 JQA	韩国 KFQ	新加坡 PSB
中国香港 HKQAA	以色列 SII	比利时 AIB	丹麦 DS
法国 AFAQ	德国 DQS	荷兰 KEMA	瑞士 SQS
奥地利 OQS	芬兰 SFS	爱尔兰 NSAI	意大利 CISQ
西班牙 AENOR	希腊 EIOT	挪威 NCS	葡萄牙 APCER
斯洛文尼亚 SIQ	澳大利亚 QAS	罗马尼亚 SRAC	波兰 PCBC
墨西哥 ANCE/IMNC	巴西 FCAV	阿根廷 IRAM	捷克 CQS
哥伦比亚 ICONTEC	加拿大 QMI	匈牙利 MSZT	
委内瑞拉 FONDONRMA		俄罗斯 TESTSTPETERSB	

二、认证的含义与分类

1. 认证制度的含义

根据《中华人民共和国认证认可条例》,认证是指"由认证机构证明产品、服务、管理体系符合相关技术规范、相关技术规范的强制性要求或者标准的合格评定活动"。认证按其性质可分为强制性认证和自愿性认证,按其对象可分为产品认证、服务认证和管理体系认证,管理体系认证又可分为质量管理体系认证、环境管理体系认证、职业健康安全管理体系认证、食品安全管理体系认证等。根据认证的定义,质量管理体系认证是指:由质量管理体系认证机构证明质量管理体系符合相关技术规范或者标准的合格评定活动。合格评定包括认证和认可,如表8-1所示。根据《中华人民共和国认证认可条例》,认可是指"由认可机构对认证机构、检查机构、实验室以及从事评审、审核等认证活动人员的能力和执业资格,予以承认的合格评定活动"。

表8-1 合格评定的主要活动

合格评定(认证)	认证	产品认证
		管理体系认证/注册
	认可	实验室认可
		认证机构认可
		评审机构认可
		审核员和审核培训机构认可

(1)认证。所谓认证,是指认证机构证明产品、管理体系符合相关技术法规或者标准的合格评审活动,其中包括以下四种含义:

① 认证是由认证机构进行的一种合格评定活动。这里的认证机构是指具有可靠的执行认证制度的必要能力,并在认证过程中能够客观、公正、独立地从事认证活动的机构。即认证机构是独立于制造厂、销售商和使用者(消费者)的、具有独立的法人资格的第三方机构,故称认证为第三方认证。

② 认证的对象是产品和管理体系。产品可分为服务、软件、硬件和流程性材料。管理体

系可分为质量管理体系、环境管理体系、健康安全管理体系等。相应地,可以分为按照产品标准和技术规范实施的产品认证、按照管理体系标准进行的管理体系认证。

③ 认证的技术法规或者标准。这里,技术法规是指规定执行的产品特性或相关工艺和生产方法,包括适用的管理规定在内的文件,在我国通常指强制性标准和技术规范。这里的标准是指公认机构批准的、非强制执行的、供通用或重复使用的产品或相关工艺生产方法的规则、指南或特征的文件,在我国是指非强制性标准。

④ 认证的内容是证明产品、管理体系符合技术规范要求或标准。即通过审核,确认产品或管理体系符合标准、技术规范的要求,通过认证证书或认证标志给予证明并公示。相应地,可以分为按照质量标准进行的质量认证、按照环境标准进行的环境认准、按照安全卫生标准进行的安全卫生认证。

(2) 认可。认可是指由认可机构对认证机构、检查机构、实验室,以及从事审核、评审等认证活动人员的能力和职业资格予以承认的合格评定活动。它包括以下三层意思:

① 认可是由认可机构进行的一种合格评定活动。我国的认可机构由国务院认证认可监督管理部门确定,包括三个机构:中国认证机构国家认可委员会(CNAD)、中国认证人员和培训机构国家认可委员会(CNAT)和中国实验室国家认可委员会。

② 认可的对象是认证机构、检查机构、实验室以及从事审核、评审等认证活动的人员。

③ 认可的内容是对上述机构及从事认证活动的人员的职业资格予以承认。

至2020年底,我国已累积批准认证机构724家,颁发有效认证证书270万,获证组织80万家,加入21个国际认证认可组织,71家国内机构加入国际互认体系。

(3) 我国的认证制度总体构架。我国的认证制度起步于1981年,即在我国参加国际标准化组织两年之后。西方认证制度主要由民间机构负责,而我国实行统一的认证认可监督管理制度,由国务院主管部门统一负责。同时,我国的质量认证制度也注意与国际惯例接轨,最大限度地实现国际协调,保证了我国在国际市场竞争中与别国的平等地位。

2003年8月,我国制定并通过了《中华人民共和国认证认可条例》,规定国家对认证认可工作实行在国务院认证认可监督管理部门的统一管理、监督和协调下,由各有关方面共同实施的工作机制。2021年3月,《中华人民共和国认证认可条例(2020年修订版)》发布。该条例依据2020年11月29日颁布的《国务院关于修改和废止部分行政法规的决定》进行了第二次修订,形成了我国认证制度的总体架构,它共有7章77条:

第一章 总则 强调国家实行统一的认证认可监督管理制度。在定义认证认可机构合格评定性质前提下,明确认证机构和认可机构应当遵循客观独立、公开公正、诚实信用的原则。国家鼓励平等互利地开展认证认可国际互认活动。国家对认证认可工作实行在国务院认证认可监督管理部门统一管理、监督和综合协调下,各有关方面共同实施的工作机制。

第二章 认证机构 取得认证机构资质应当符合的条件,以及申请和批准程序,应当经国务院认证认可监督管理部门批准,并在批准范围内从事认证活动。认证机构不得与行政机关存在利益关系。境外认证机构在中华人民共和国境内设立代表机构的登记,按照有关外商投资法律、行政法规和国家有关规定办理。

第三章 认证 国家根据经济和社会发展的需要,推行产品、服务、管理体系认证。认证基本规范、认证规则由国务院认证认可监督管理部门制定;涉及国务院有关部门职责的,国务院认证认可监督管理部门应当会同国务院有关部门制定。任何法人、组织和个人可以自愿委托依法设立的认证机构进行产品、服务、管理体系认证。指定的认证机构、实验室开展国际互认活动,应当在国务院认证认可监督管理部门或者经授权的国务院有关部门对外签署的国际互认协议框架内进行。

第四章　认可　国务院认证认可监督管理部门确定的认可机构,独立开展认可活动。认可机构的职能是制定认可准则并以此开展对认证机构、检查机构、实验室和审核人员的资格认可。认可机构应当具有与其认可范围相适应的质量体系,并建立内部审核制度,保证质量体系的有效实施。境内的认证机构、检查机构、实验室取得境外认可机构认可的,应当向国务院认证认可监督管理部门备案。

第五章　监督管理　国务院认证认可监督管理部门可以采取组织同行评议,向被认证企业征求意见,对认证活动和认证结果进行抽查,要求认证机构以及与认证有关的检查机构、实验室报告业务活动情况的方式,对其遵守本条例的情况进行监督。应当重点对指定的认证机构、实验室进行监督,对其认证、检查、检测活动进行定期或者不定期的检查。

第六章　法律责任　未经批准擅自从事认证活动的予以取缔、认证机构接受可能对认证活动的客观公正产生影响的资助,或者从事可能对认证活动的客观公正产生影响或者与认证委托人存在利益关系的,伪造、冒用、买卖认证标志或者认证证书的均依法进行查处。

第七章　附则　对条例实施的范围、收费、培训机构管理办法等做了相关说明。

2. 认证的分类

在认证实践中,人们从认证的各个层面区分、认识和实施认证活动,如表 8-2 所示。其中,每个具体的认证常具备几种类型的综合特征。

表 8-2　常见的认证分类

分类标志	具体类型	
认证对象和适用的标准	产品认证	产品质量认证 产品安全认证
	管理体系认证	质量管理体系认证 环境管理体系认证 健康安全管理体系认证
认证的性质	强制性认证 自愿性认证	
认证的范围	国家认证 区域认证 国际认证	
认证标志	合格标志认证 安全标志认证	

(1) 按认证的对象分类。如前所述,按认证的对象分,有产品认证和管理体系认证;在质量领域,常见的是产品质量认证和质量管理体系认证。

① 产品质量认证是指依据产品标准和相应的技术规范,经认证机构确认并通过颁发认证

证书和认证标志证明某一产品符合相应的标准和技术规范的活动。

② 质量管理体系认证是指依据国际通用的 ISO 9001《质量管理体系　要求》,经过认证机构对组织的管理质量体系进行审核,并以颁发认证证书的形式,证明企业的质量管理体系和质量保证能力符合相应的要求,授予合格证书并予以注册的全部活动,又称质量管理体系注册。

需要明确的是,在进行产品质量认证的同时,往往要进行企业质量管理体系的检查和评定。这意味着产品认证包括了质量管理体系的认证。实践证明,仅仅依靠对最终产品的抽样检查来进行质量认证是不可靠的,它只能证明一个产品批的质量,不能证明持续批的质量。然而,认证最重要的目的是保证到达用户手中的产品质量是可靠的,这就需要解决产品持续地符合标准要求的方法。通过检查、评定企业的质量管理体系,来证明企业具备持续稳定地生产符合标准要求的产品的能力,是一种较经济、简单的方法。表 8-3 说明了产品质量认证和质量管理体系认证的主要区别。

表 8-3　产品质量认证与质量管理体系认证的区别[11]

项目	产品质量认证	质量管理体系认证
认证对象	特定产品	质量管理体系
认证目的	证明供方的特定产品符合规定标准要求	证明供方质量管理体系有能力确保其产品满足规定的要求
获准认证的条件	产品质量符合指定的标准要求,质量管理体系满足指定的质量保证标准要求及特定产品的补充要求	质量管理体系满足 ISO 9000：2000 族标准要求和必要的补充要求
证明方式	产品质量认证证书及认证标志	质量管理体系认证(注册)证书及认证标记
证书的使用	证书不能用于产品,标志可用于获认可的产品上	证书和标记不能在产品上使用
性质	一般为自愿,对于实行强制认证产品的企业必须申请产品质量认证	自愿性
认证的保持	对认证产品实施监督检查,对质量管理体系实施监管检查(审核)	定期监督供方质量管理体系,不对产品实物实施监督检查

(2) 按认证范围分类。按认证范围分类,有国家认证、区域认证和国际认证。国家认证是以本国批准颁布的技术标准为基础。区域认证是以一个地区的参加国共同制定的标准为依据,例如欧洲标准化委员会认证委员会有自己的标准和认证标志。国际认证是以国际标准(ISO 或 IEC 标准)为基础。

(3) 按认证标志分类。按认证标志分类,有合格标志认证和安全标志认证。合格标志认证是以技术标准、技术规范为基础的自愿性认证,认证合格后发给"合格认证标志";安全标志认证是以安全标准为基础的强制性认证,认证合格后发给"安全认证标志"。合格认证与安全认证也是密不可分的,只是具体要求不同。对一个产品而言,这两个认证是不可少的,没有合格认证的产品则无从谈起安全认证,没有安全认证的产品通常也不可能获得合格认证。

3. 认证的模式

在 ISO 和 IEC 公布的指南中,推荐了典型的认证过程和认证制度模式。各国的认证制度和认证的模式通常是在这个基础上建立的。

根据不同的认证对象和认证要求,世界各国现行的认证制度主要有八种模式,也称为类型。由于每一种类型的认证对象各有侧重,因此它们适用于不同的认证要求,提供的信任程度也各不相同。

(1) 型式试验,又称为典型试验。它按照规定的试验方法对产品的样品进行试验,以证明样品符合技术标准,但无任何监督措施。这是一种最简单和最有效的产品认证形式。认证机构只能证明样品符合技术标准,但不能证明以后生产的同样的产品是否继续符合技术标准。因此,认证机构只能向申请企业颁发合格证书,不准许企业使用认证标志,主要是证明产品设计符合技术标准规范的全部要求,一般又称此种认证为型式认可。

(2) 型式试验加市场抽样检验。这是一种带有监督措施的型式试验,监督办法是从市场上购买样品或从批发商、零售商的仓库中随机抽样并进行监督检验,以证明认证产品的质量持续符合标准或技术规范的要求。显然,这种类型能向购买方提供更多的质量信息,并能取得购买方较高的信任。

(3) 型式试验加工厂抽样检查。这种认证制度与第二种相类似,只是监督方式有所不同,不是从市场上抽样,而是从生产厂发货前的产品中随机抽样进行检验。

(4) 型式试验加认证后监督(市场和工厂抽样检验)。这种认证制度是上述第二、第三种认证制度的综合,监督检验所用的样品来源,既可从市场上购买,又可从工厂随机抽取。

(5) 型式试验加工厂质量管理体系评定加认证后监督(质量管理体系复查、市场和工厂抽样检验)。这种认证制度的显著特点是,在批准认证资格的条件中增加了对产品生产厂家的质量管理体系的检查和评定,在批准认证后的监督措施中也增加了对生产厂家的质量管理体系的复审。这种制度比前四种更完善,能够向购买方提供更详尽的信息,便于取得购买方更大的信任。

(6) 工厂质量管理体系评定。这种认证制度是对生产厂家按所要求的技术标准生产的产品的质量保证能力进行检验、评定,因此也称为质量保证能力的认证。这种认证的对象不是产品,而是质量管理体系、质量保证能力,因而按这种认证审核批准的企业,不能在产品上使用认证标志。

(7) 批检。根据规定的抽样方案,对一批产品进行抽样检验,并据此做出该批产品是否符合标准或技术规范的判断。对于这种类型的认证,只是对认证合格的这批产品办理认证证书,但不授予认证标志。

(8) 百分之百检验。经认可的独立检验机构对每一件产品依据标准进行检验。这种类型的认证使认证人员担负的责任较大,对被认证的每件产品都要承担风险,而且所需要的费用是很高的。因此,除非政府专门规定,一般不采用这种类型的质量认证制度。

表 8-4 中,就提供产品质量信任程度而言,第五种类型的认证制度是一种最完善的产品质量认证制度,因此是各国最常采用的一种产品质量认证制度;第六种类型的认证制度就是我们通常所说的质量管理体系认证制度。

表 8-4 认证模式的构成要素

认证模式	型式试验	质量管理体系评审	认证后监督		
			工厂抽查	市场调查	质量管理体系复审
(1)	◆				
(2)	◆			◆	
(3)	◆		◆		
(4)	◆		◆	◆	
(5)	◆		◆	◆	◆
(6)		◆			◆
(7)	◆				
(8)	◆		◆		

三、认证程序

1. 产品质量认证

产品质量认证证书是认证机构证明产品质量符合要求的标准和技术规范的具有法律效力的文件。产品质量认证标志是认证机构为了证明某个产品符合认证标准和技术要求而设计、发布的一种专用质量标志。我国已颁发的产品质量认证标志可分为三类,即方圆标志及其变形、PRC 标志和 3C 标志。

产品质量认证按认证的性质分类有合格认证和安全认证,安全认证属于强制性认证的范畴,合格认证一般是自愿性的。自愿性认证是企业自愿申请接受认证,它适用于一般性产品。强制性认证是必须接受国家指定机构认证,适用于有关人身安全、身心健康和具有重大经济价值、关系国计民生的产品的认证。产品未经认证,不许销售,否则依法惩处。

我国于 2001 年 11 月,由国家质量监督检验检疫总局制定并发布了《强制性产品认证管理规定》《第一批实施强制性产品认证的管理目录》《强制性产品认证标志管理办法》《实施制性产品认证的有关问题的通知》等文件,于 2002 年 5 月 1 日实施。文中确定了强制性产品认证的法律依据、强制性产品认证范围、认证的模式或类型组合、认证的企业、实施与监督管理等。这个认证的名称为"中国强制认证"(英文名称为"China Compulsory Certification",缩写为"CCC",即通常简称的"3C"标志认证)。

产品质量认证的工作流程见图 8-3。

2. 质量管理体系认证

(1) 获得 ISO 9000 认证的条件。

① 建立符合 ISO 9001:2015 标准要求的质量管理体系文件。
② 质量管理体系至少已经运行 3 个月以上,并被审核判定为有效。
③ 外部审核前至少完成一次或一次以上全面有效的内部审核,并可提供有效的证据。
④ 外部审核前至少完成一次或一次以上有效的管理评审,并可提供有效证据。

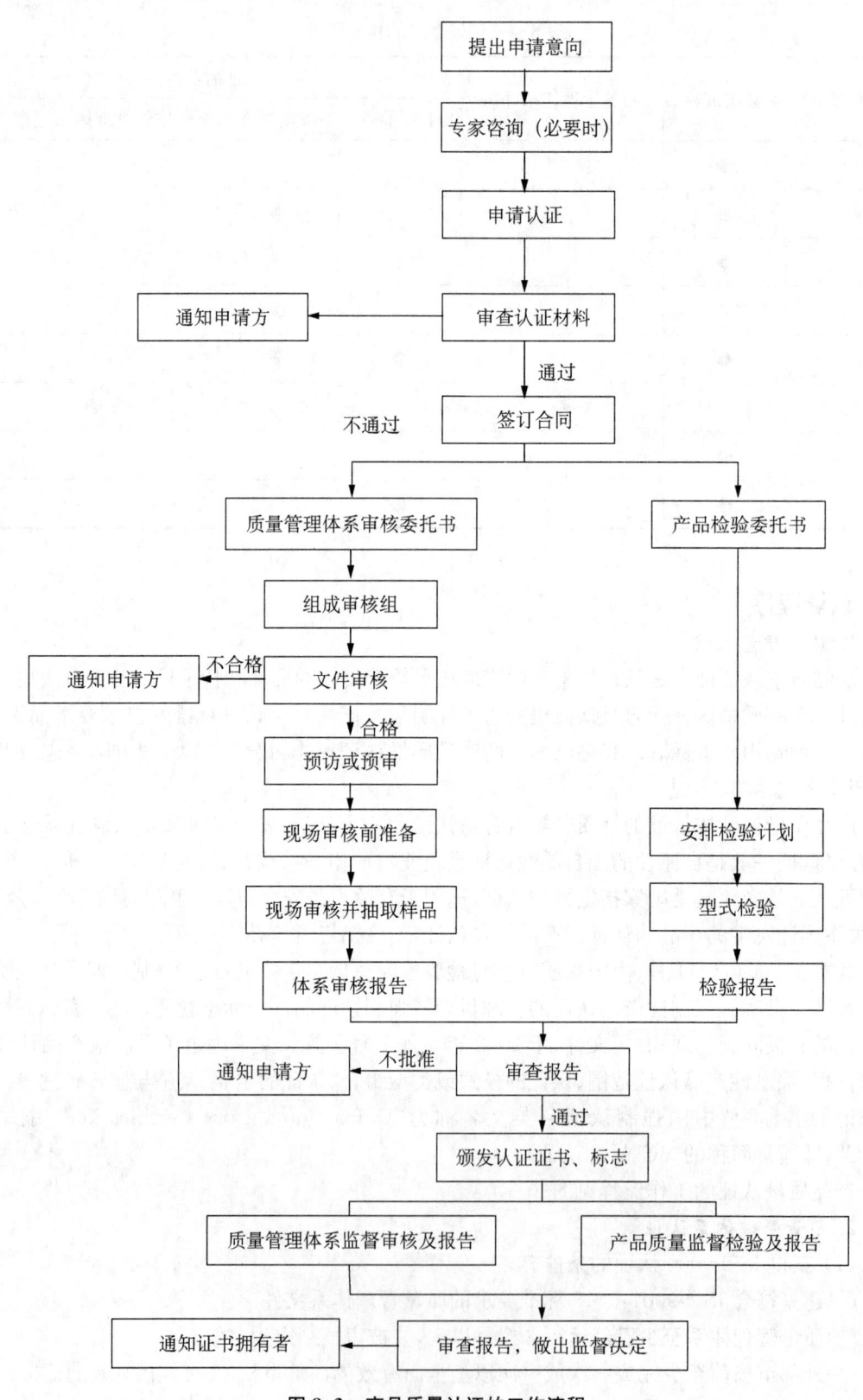

图 8-3　产品质量认证的工作流程

⑤ 体系持续有效并同意接受认证机构每年的年审和每三年的复审作为对体系是否得到有效保持的监督。

⑥ 承诺对认证证书及认证标志的使用符合认证机构和认可机构的有关规定。

(2) 质量管理体系认证的程序。

① 认证的申请和受理。企业若需要进行质量管理体系认证,应向经过国家认可委审核认可的认证机构提出申请,填写《质量管理体系认证申请表》及其附件《认证信息调查表》。企业可以根据顾客的要求、自身专业和实际情况,自由选择权威的、合适的认证机构。

认证机构在接到申请后应通过信息交流、必要的初访和会谈等方式,了解申请与申请人的基本情况,在规定的时间内对申请进行评审,以决定是否受理。在获得申请组织明确的合同签定意向并通过合同评审后,双方签订《质量管理体系认证服务合同》,认证公司将指定审核组长自合同生效日起负责审核活动的开展与实施。

② 认证审核的准备与文件审核。认证合同签订后,认证机构负责组建企业审核组。审核组的成员一般为国家注册审核员。审核组一般由2~4人组成,其中1人为组长。必要时,可邀请熟悉申请方特点的技术专家协助审核。审核组成员确定后应通知对方。如果申请方认为审核组的某个成员可能与本单位存在利害关系,可要求认证机构更换。

进入预评审阶段,受审核方将正式发布的质量管理体系手册、程序文件送交认证公司,由审核组长根据认证要求在组织现场进行文件审查,并将审查结果书面告知受审核方。如有不符合处,受审核方应作修改直至满足相应要求为止。

根据合同要求和文件审核的情况,审核组组长负责编制审核计划,经认证机构负责人审批后执行。审核计划与日程安排应征得受审核方的同意。

③ 现场审核。现场审核的目的是通过收集客观证据,评定质量管理体系运行与质量管理体系文件的规定是否一致,证实其符合质量保证标准要求的程度。现场审核首先召开首次会议,目的是对审核范围和审核计划给予确认,介绍审核日程安排和最后报告的方式,确认审核资源的落实,重申保密承诺等。然后进入现场审核阶段,按照审核计划逐项报告。审核结论通常有三种:推荐注册、不推荐注册、纠正措施实施有效后推荐注册。

受审核方针对审核组提交的不符合报告中所列的不符合项,通过分析原因,采取积极有效的纠正措施,并向认证机构报告纠正措施执行的情况。经审核组对其有效性进行跟踪审核、验证并获得确认后,将结果记录在案,整个审核过程结束。整个跟踪过程应在正式审核后3个月内完成。

④ 注册发证。认证机构对审核组提交的审核报告进行全面的审查,若批准通过认证,则由认证机构向受审核方颁发有统一注册编号的、有认证机构认证标志和国家认可标志的质量管理体系认证证书,有效期3年。

⑤ 监督审核和复审。在3年的证书有效期内,认证机构负责监督审核受审核方的质量管理体系的保持情况,检查企业质量管理体系是否持续满足审核准则的要求,同时审核应覆盖获证方所申请的质量保证标准涉及的全部要素和部门。一般首次审核在获证6~9个月内进行,以后每次不超过12个月。基本程序参照初次现场审核进行。根据监督审核结果,需编写审核报告,审核结论中认证公司将做出保持、扩大、缩小、暂停、注销认证的决定。

认证证书有效期届满时,获证方至少应提前3个月向认证公司提出复评申请,复评合格后,换发新证书,复评程序与认证程序一致。复评可与有效期内的最后一次监督审核结合进行。复评审核结论中的建议可以是推荐换证，不予推荐换证，或企业采用纠正措施并经过审核组对其有效性进行跟踪审核验证获得确认后推荐换证。

通过认证的产品或管理体系，通常由认证证书或标志确认和证明，向产品消费者和社会传递正确可靠的质量信息。

附录1　关于 ISO 9000 族质量管理体系文件的编制

A. ISO 9001：2008 质量管理体系文件的建立

——某纺织服装进出口股份有限公司（摘要）

4.2.3　文件控制

1. 目的

确保文件的正确性及每个场合所使用文件均为有效版本。

2. 适用范围

适用于全部质量体系文件及资料的控制。

3. 职责

3.1　总经理负责审批质量手册和以公司名义发出的文件、资料。

3.2　企划部负责质量体系文件及资料的建立、更改、发放、管理和归档。

3.4　经理办公室负责公司文件、资料的发放、归档和管理。

3.5　商务中心负责公司业务传真和 E-mail 的收发。

4. 程序概要

4.1　文件和资料的批准和发放

受控文件包括质量手册、程序文件、质量计划、作业指导书及公司经营计划、合同等文件。与质量体系有关的文件由企划部发放；其他适用公司的文件由经理办公室发放；适用各部的文件由各部发放。

所有受控文件发放前，均由总经理或授权人进行审批，应做到：

（1）保证质量体系运行场所使用的是有效版本。

（2）失效和作废文件统一由原发放部门收回处理。

（3）因故留存的任何作废文件应予标识，以防误用。

4.2　文件和资料的更改

（1）文件和资料的更改由原审批部门和人员进行，按文件管理归口部门进行管理。

（2）不同文件按不同要求，经过一定次数的修改后重新印发。

4.3　公司使用的外部法规、标准等资料，应定期检查，防止使用失效版本。此类文件的发放要按程序规定进行，以便追溯。

4.4　电子资料的管理

企划部负责公司网络电子资料的管理，任何人不得私自下载网络数据。各部门负责本部门电子资料的管理。

5. 相关文件

5.1　文件和资料控制程序

5.5.1 职责与权限

1. 总经理

a. 组织公司员工贯彻执行国家有关方针、政策、法令法规以及本公司制定的质量方针和质量目标。

b. 主持制定和批准本公司的质量方针、质量手册和主持管理评审。

c. 完成上级交办的任务以及负责公司重大合同的批准。

d. 任命和授权管理者代表。

e. 负责公司质量体系工作,负责组织解决落实管理评审中出现的质量问题。

2. 副总经理

f. 负责分管部门的质量体系工作,掌握他们的职责和权限及协调接口。

g. 负责组织解决落实管理评审中,在分管范围内出现的质量问题。

3. 业务部

(包括美加公司、欧洲公司、亚东部、中南美部、国际业务一部、国际业务三部)

h. 负责组织合同评审,并履行合同。

i. 负责分承包方的评审,签订采购合同、组织采购和验证。

j. 负责实施对顾客的服务。

k. 负责合同流转全过程的质量记录。

l. 负责商品和单证的标识。

m. 负责审核商品是否合格,确保不使用不合格品。

n. 负责商品和服务中不合格品的纠正和预防措施和验证。

o. 负责面料和商品的交付。

p. 负责相关要素职能的实施。

4. 报运部

q. 负责审核单证是否合格,确保不流转不合格品。

r. 负责公司结汇单证标识的记录、管理。

s. 负责报运分承包方的评审及制定配载计划。

t. 负责运输、运杂费和单证中不合格项纠正和预防措施的实施和验证。

u. 负责相关要素职能的实施。

5. 货源业务部

v. 负责分承包方的评审、签订采购合同、组织采购和验证。

w. 负责不合格品和服务中不合格项纠正和预防措施的实施和验证。

x. 负责审核面料是否合格,确保不合格品不得使用。

y. 负责相关要素职能的实施。

6. 一号仓库

z. 负责面料及成品的搬运、贮存、包装、防护和交付。

aa. 负责商品的标识。

bb. 负责相关要素职能的实施。

7. 企业策划部

cc. 在管理者代表的领导下,负责制定ISO有关工作的计划、组织编写质量手册、程序文件和操作文件。

dd. 负责质量手册及程序文件的管理工作。

ee. 协助管理者代表收集管理评审材料和内审工作的实施。

ff. 负责公司计算机网络和统计工作。

gg. 负责公司业务所需的许可证的申办和管理。

hh. 负责相关要素职能的实施。

8. 商务中心

ii. 负责公司进出口业务传真和 E-mail 的收发。

jj. 负责公司办公设备的维护、维修。

kk. 负责公司谈判间的卫生和管理。

9. 人力资源部

ll. 负责制定年度培训计划,及公司各级人员的培训。尤其是需持证上岗人员和持资格证人员的培训。

mm. 负责相关要素职能的实施。

10. 经理办公室

nn. 负责公司文件的发放、存档、管理(ISO 9002 文件除外)。

oo. 负责顾客满意度的调查。

pp. 负责相关要素职能的实施。

11. 物业中心

a. 负责公司办公设备的维护、维修。如:水、电、空调、照明、办公楼的维护、维修。

b. 负责公司办公环境卫生的监督和管理。

7.2 与顾客有关的过程

1. 目的

通过对顾客提供的商品和服务进行验收、控制等项工作,确保顾客提供的产品和服务满足合同规定的要求。

2. 适用范围

顾客提供产品和服务的控制。

3. 职责

3.1 出口业务部负责顾客提供国外的产品报关、审核和验收。

3.2 供方的验证不能免除顾客提供可接受产品和服务的责任。

4. 程序概要

4.1 业务员和提供产品和服务的客户签订出口所需的合同,如来料加工合同和运输合同等。

4.2 业务员和报关员按合同要求,完成报海关、商检等各项法定手续。

4.3 业务部收到专用发票后,记账人员、统计人员、财务人员要核实进来料商品数量、金额;对空运期、海运期、陆运期及路线、价格也要核实。

4.4 进、来料加工产品加工后出口。如有丢失、损坏或不适用的情况,应予以记录并向顾客报告。

5. 相关文件

5.1 采购控制程序。

5.2 检验和试验控制程序。

5.3 不合格品控制程序。

5.4 搬运、贮存、包装、防护和交付控制程序。

5.5 顾客提供产品控制程序。

6. 质量记录

6.1 进口商品入库单。

7.4 采购

1. 目的

对采购的商品及服务进行控制,保证符合规定要求。

2. 适用范围

适用于购进的所有商品及相关服务。

3. 职责

业务部(含货源业务部)负责组织采购、验证。

4. 程序概要

4.1 公司采购实行分级管理。

4.2 业务部实施《采购控制程序》,保证采购物资和服务质量。

4.3 公司将合格分承包方作为商品和服务的来源。业务部根据采购商品和服务的重要性,实施《分承包方评定控制程序》,采取不同的方法进行合格分承包方的评定。

4.4 公司统一使用的采购文件,采购文件中应明确规定采购要求。

4.5 公司规定或公司需要到分承包方处验证采购商品和服务时,业务部安排人员实施,验证结果应有记录。

4.6 合同规定顾客到分承包方处验证商品时,业务部应协助安排,但顾客的验证不能代替公司的验证。

4.7 公司采取措施,与分承包方之间建立联系,有效处理双方在质量方面的事宜。

4.8 业务部做好进货质量记录,保证这些资料能够评价分承包方的质量情况。

5. 相关文件

5.1 采购控制程序

5.2 分承包方评定控制程序

8.2.2 内部审核

1. 目的

定期或不定期开展内部质量审核、验证和评价质量活动,确保公司质量体系的符合性和有效性。

2. 适用范围

适用于公司内部质量体系的审核。

3. 职责

3.1 管理者代表负责公司内部质量体系审核。

3.2 企划部分负责制定内部质量体系审核计划。
3.3 公司内部质量审核员参加内部质量审核,并负责纠正和预防措施的跟踪和最后评价。
3.4 各部积极配合内部质量审核,针对审核中发现的问题采取有效的纠正和预防措施。
4. 程序概要
4.1 审核计划的编制。
4.1.1 每年不少于一次审核。
4.1.2 审核组长编制覆盖质量体系要素的审核计划。
4.1.3 出现下列情况时可以增加审核频次。
1) 重大质量事故或顾客投诉。
2) 公司内部组织机构发生大的变动,公司的质量方针、目标发生变动时。
4.2 管理者代表任命审核组长,审核组长负责组成审核小组和制定审核日程表,审核人员应与被审查部门无直接责任关系。
4.3 审核组长编写审核报告,按程序反馈相关部门,要求各部门对不合格项提出纠正措施,限期完成,管理者代表组织人员对纠正措施进行检查,并对改进效果进行验证和记录。
4.4 内部审核结果经管理者代表批准后,提交管理评审。
5. 相关文件
5.1 内部质量体系审核控制程序。

8.5.3 预防措施

1. 目的
消除实际或潜在的不合格因素,减少质量问题的重复发生和可能发生。
2. 适用范围
适用于不合格产品、单证、不合格项的纠正、预防、实施、验证和控制。
3. 职责
3.1 出口业务部、货源业务部、报运部和仓库负责商品、服务工作纠正和预防措施的制定实施和验证。
3.2 出口业务部负责进出口工作中的索赔和理赔工作。
3.3 报运部负责不合格单证的纠正和预防措施的制定、实施和验证。
3.4 企划部负责质量体系不合格项的纠正和预防措施的制定实施和验证。
3.5 经理办公室负责文件和资料不合格项的纠正和预防措施的制定实施和验证。
3.6 人力资源部负责培训中不合格项的纠正和预防措施的制定实施和验证。
3.7 商务中心负责传真、E-mail 中的不合格项的纠正和预防措施的制定实施和验证。
3.8 物业中心负责办公设备不合格项的的纠正和预防措施的制定实施和验证。
4. 程序概要
4.1 出口业务部、货源业务部、报运部和仓库负责商品、服务工作及纠正和预防措施,并负责实施,发现质量问题及时解决,保证公司质量体系、商品和服务质量不断提高。
4.2 采取纠正和预防措施,需先查明原因并做记录。采用的纠正和预防措施应能防止类似问题的再发生或可能发生。在纠正和预防措施的实施过程中,采用的决定如有效,可纳入有关文件,文件更改按"文件和资料控制程序"规定办理。

4.3 纠正措施

4.3.1 购销过程中,发现不合格商品和单证、质量体系中的不合格项均应认真查找原因,采取切实可行的方法进行纠正,防止今后再次发生。

4.3.2 因不合格或顾客投诉引起的理赔,按有关文件规定处理,并认真分析原因,采取纠正措施,避免今后再发生。

4.4 预防措施

收集各方面信息,进行分析,清除潜在不合格存在的可能,公司分层次制定和实施预防措施。

4.5 采取纠正和预防措施应对其有效性进行验证,并落实职责,保证纠正和预防措施的有效实施。

5. 相关文件

纠正和预防措施控制程序。

B. 与质量管理体系相关程序文件的建立

——某服装进出口股份有限公司(摘要)

《国外采购操作细则》

国外采购分为代理进口、自营进口及进料加工三种形式。代理进口是指为没有进口经营权的企业做进口业务或为没有进口经营权且经营范围受限的企业做进口业务,并收取一定的代理费。自营进口是指为满足本企业生产所需的原材料、辅料的进口业务。进料加工是指从国际市场上购买原材料、元器件,经加工成成品后出口,在我国又称"以进养出"。

一、国外采购的基本原则:国外采购的商品必须是公司经营范围内的进口产品。

二、公司依据合同金额,实行分级管理:

A. 信用证付款条件合同:

a类:合同金额在20万美元(不含20万美元)以下,由部门经理审批;

b类:合同金额在20万~50万美元(不含50万美元),由公司副总经理审批;

c类:合同金额在50万美元(含50万美元)以上,由公司总经理审批。

B. 其他付款条件合同均需总经理审批。

三、外销员必须根据信用证的要求,严格审核银行转来的单据。出现不符合点情况(单据有误、单据不符)时,外销员在信用证通知书上签署意见,或正常付款或暂缓付款或全额拒款,并向部门经理汇报。外销员需将通知书交与所在部室付汇员,由付汇员通知财务人员到银行办理手续。

具体细则如下:

(一)代理进口

1. 热情接待国内来访客户及有目标地拜访可能进口的潜在客户,寻求贸易机会,或者通过电话、传真等形式联系,仔细了解客户的需求,包括准确的中、英(外)文品名、规格、数量、包装、可接受的价格水平和货物产地等情况。

2. 直接或间接地了解委托方的资信情况,特别是资金能力。与委托方洽谈时,应该掌握两条原则:

(1) 要求委托方在签订代理进口协议及开证前将100%保证金记入我公司账户。

(2) 委托方全款到位有困难,可根据进口产品在国内市场情况酌情调整保证金的比例(不得低于总金额的 30%)。货到后,若委托方不能及时付清全款(不予退货,同时考虑),造成不及时提货,应遵照公司有关代理进口的规定执行。

3. 根据委托方询购条件,定向或选择有供货可能的国外客户作为分承包方,并于当日(最迟不超过三个工作日)向分承包方发出询盘,形式有信函、电传、传真、电话、E-mail、当面洽谈等。

4. 收到报盘后,根据分承包方报价情况、银行汇率、海关关税、增值税、银行开证费(开证金额超过 10 万美元的银行担保费)、保险费、代理手续费、预估港杂费等,核算成本后,由委托方进行确认。

5. 双方因价格、质量标准等条款未达成一致,可继续与分承包方磋商、还盘,直至双方意见一致,否则可立即终止业务。

6. 交易达成后,

(1) 与委托方签订代理进口协议(协议内容以公司规定为原则),并向委托方收取保证金(保证金数量可根据上述第二条中列明的原则商定)。

(2) 缮制进口合同,填写代理进口成本测算表,由部门经理或主管副总经理签字,附上保证金收账凭证复印件,加盖公章并请分承包方回签。

(3) 提交财务人员代理进口协议、合同正本各一份备查,本部门留存一份正本建档。

7. 建立合同档案,凡与该笔业务有关的记录、文件及代理进口协议、进口合同、往来函电等书面文件,必须全部保留在合同卷中。

8. 按照合同规定期限和合同条款,及时填写开证申请表,征得送死同意后盖章,递交我国银行,同时向分承包方(合同卖方)或卖方指定受益人开立信用证。

9. 实施催装。一旦接到对方的装船通知,即做接货准备,在 FOB 和 CFR 条款下,及时办理保险,同时仔细审核全套单据,确保万无一失。

(1) 在正点(单据相符、单单相符)情况下,通知银行对外付汇赎单或远期信用证下承兑赎单(领取全套正本单据)付汇前遵守以下原则:

A. 如果委托方的保证金符合本章节第二条中的第一点,在到期日向银行付汇。

B. 如果委托方的保证金符合本章节第二条中的第二点:

a. 信用证即期付款条件下,必须在银行指定付汇时间前,将委托方的余下货款全部催齐记入我公司账户,并向银行付汇,否则,严格按照协议中违约条款执行。

b. 信用证远期付款条件下,即使已经向银行承兑赎单,也必须保证委托方将余下货款全部记入我公司账户后,才能安排提货。

(2) 如果出现不符合点(单据不符、单单不符)情况,及时与委托方联系,并按照委托方意见决定是否向银行付汇提货。付汇提货前,依然掌握本条款中第一点中的 A、B 两条原则。如不赎单提货,代理委托方必须向分承包方(卖方)提出拒付原因。

10. 付汇赎单或承兑赎单后,根据提单,掌握船只抵达时间,与船公司保持联系。在货物抵达目的港后,及时将有关单据通过储运公司报关员或异地报关代理行递交至海关,进行申报、纳税、清关。

11. 海关放行后,如果委托方要求商检,在提货前进行验货,领取验货证书,并协助委托方提货。

12. 货物交接至委托方后,将有关单据如发票、装箱单、提单副本、产地证各一份及海关关税和增值税交款书(正本)、我公司出具的结算凭证(结算清单)提供给委托方。余下单据归入合同卷留存。

13. 每笔业务结束后,归档备查。

(二) 自营进口

1. 广泛了解国内市场信息,定期做好市场调研,特别是国内市场,发掘紧俏商品,仔细研究其需求趋势及一段时间内的价格走向。同时了解国外多家分承包方的报盘情况。核算成本,预算进货后的盈利情况,并研究其销售渠道和销售方式。

2. 在时机成熟并有十分把握的情况下,根据公司规定,逐项写出可行性报告(包括国内市场情况、进口成本销售方式、盈利预测等)。

3. 根据进口产品的质量、品质、包装、交货期、产地等方面的情况,从合格分承包方中确定几家资信良好(可依据企划部调查和业务交往过程中了解)的分承包方,进一步洽谈、比价、压价,最终选择适合我公司的贸易伙伴,确认订单。

4. 缮制进口合同,建立合同卷,将与业务有关的记录、往来传真、函电等文件归卷,并在进口合同正式签约后,按照合同条款要求,填写开证申请表,征得公司同意盖章后递交我方银行开证。

5. 实施催装。接到分承包方(合同卖方)发出的装船指示后,应做好接货准备,同时见单后仔细审查单。若采用CFR条款,还应及时保险。

(1) 正点情况下(单据相符,单单相符),到期付款期日通知银行对外付汇。

(2) 如有不符合点(单证不符、单单不符)情况发生,可以考虑下列因素再决定是否赎单付汇:

a. 该产品在国内市场上是否依然走俏,价格上扬。

b. 货物进口后,是否按照销售方案执行,其间有无大的波动影响利润或不利因素产生。

6. 付汇赎单或承兑赎单后,及时掌握船期动态、抵达目的港的时间,并在货物抵港后,尽快或在不超过海关规定的申报日期内,将有关单据(发票、提单、装箱单等)递交给储运公司报关员或异地报关代理行,及时向海关申报,办理清关、纳税等手续。

7. 海关放行后,根据货物品质、性能,确定需要商检上网产品。提货前,必须报验、商检,领取品质、重量等检验证书,作为今后推销或向承包方索赔的依据。

8. 提货后或货物抵达前,着手实施销售方案并随时注意国内市场动态,争取获得更大利润。

9. 在销售过程中,如遇到意料之外的不利因素,及时向主管副总经理汇报,并采取有效措施,化不利为有利,以达到预期或更好的效果。

10. 在货物销售过程中,将有关记录、文件及时归档。货物销售完毕,及时总结,寻找不足,并归档结案。

(三) 进料加工

1. 选择上网国外分承包方必须价格合理,质量、交期有保证。

2. 进料加工进出口合同签订后,外销员需交给付汇员进、出口合同副本各一份,用来对外开立信用证。

3. 外销员在收到买方银行信用证通知后,方可开立进口信用证。

4. 付汇员根据进出口合同的内容,逐条填写《公司进出口付汇审批表》,经审批后,再填写开证申请书,连同进出口合同一并交给财务人员办理对外开证手续。

5. 财务人员收到单据后,根据进出口合同核对申请书的内容,申请无误后,将单据送交银行,办理开证手续。

6. 收到银行电话开证后,财务人员需将信用证号通知业务部付汇员。付汇员将电开证交给外销员。外销员以此作为通知客户进口信用证已开立的依据。

7. 收到银行进口信用证单据通知书后,外销员必须确认,在规定期限(银行出单七日内)交给财务人员。

8. 报关员根据进出口合同和外销员开具的有关单据,缮制所需单据,向经贸委申报加工贸易批准证书,并向海关申请加工贸易备案,建立银行台账。

9. 进口料件到货后,报关员向海关报关员和出入境检验检疫局申报,验货后放行。报关员要保留进出口保管单,核销时使用。

10. 报关员根据合同执行情况,适时更换备案手册。

11. 报关员随时了解合同执行进度,在核销期内完成经贸委、海关、银行、银行台账的核销工作。

《进出口合同管理规定》

为加强公司进出口合同的统一管理和宏观指导,进一步理顺部门内和各部门之间的分工协作关系,明确职责,减少不必要的重复,真实、全面、及时地反映业务情况,特制定进出口合同管理规定如下:

一、进出口合同管理

(一)出口合同的履行

1. 为保证出口合同的顺利履行,做到正点出单,单据、票证必须严格按照公司制定的程序流转。

2. 外销员应与下厂员、报关员、商检员密切配合,团结协作,保证生产正常进行,单据正常流转。

3. 凡不符点出单,担保证(必须附有客户电函)报部门经理和主管副总经理签字后方可生效。

4. 出现不合格品,如需降价,外销员须填写《不合格品降价审批表》,部门经理审批后,报主管副总经理和总经理审批。

(二)出口合同的撤销

1. 遇有客户撤约情况,外销员需在《撤约申请单》上注明撤约原因,撤约金额在10万美元(不含10万美元)以下的,由部门经理审批;超过10万美元需主管副总经理审批;超过20万美元需总经理审批。

2. 撤约批准后,外销员将《撤约通知单》传递到相关部门。

(三)进口合同的履行

1. 为保证进口合同的顺利进行,及时提货,及时核销,单据、票证必须严格按照公司程序流转。

2. 外销员、报关员、商检员应密切配合,团结协作,保证业务正常进行,单据正常流转。

二、进出口合同的流转

(一)出口合同流转

1. 合同经买卖双方签字或盖章后即生效。外销员需在两个工作日内,将双方签字或盖章

的合同输入计算机,未经输入不得进入下一环节。

2. 收到信用证后,报运部需将信用证基本信息及时输入计算机,未经输入不得进入下一环节。

3. 外销员向货源业务部或面料厂下达面料采购合同,未经下达,不得进入下一环节。

4. 综合员或业务员向仓库开具《调入商品结算、进仓凭证》或《面料收购进仓凭证》;报关员向仓库开具《进口商入品库单》,未经开具,不得进入下一环节。

5. 下厂员向服装厂下达服装生产合同,未经下达,不得进入下一环节。

6. 服装厂报销单和商检报验申请单,未经办理,不得进入下一环节。

7. 商检员负责申请商检,未经办理,不得进入下一环节。

8. 外销员填写八联单,由报运部审核确认,未经确认,不得进入下一环节。

9. 外销员申请配额许可证、产地证,企划部配额组人员负责缮制办理配额许可证和产地证。未经办理,不得进入下一环节。

10. 外销员提交结汇所需各种单据,报运部制单组复核制单,交银行结汇。收汇后,业务部负责核销手续。退税人员收集各类退税单据,交财务人员复核统一退税。报关员在海关规定类退税单据,交财务人员复核同意退税。报关员在海关规定时间内,收集所用单据,送海关报销。

(二) 进出口合同流转

1. 合同经买卖双方签字或盖章后即生效。外销员需在两个工作日内,将双方签字或盖章后的合同输入计算机,未经输入的合同不得进入下一环节。

2. 报关员根据进出口合同向经贸委、海关办理进口备案手续,未经办理,不得进入下一环节。

3. 货物到岸后,报关员依据提单、发票办理提货手续,未经办理,不得进入下一环节。

4. 报关员在海关规定时间内,备齐所有单据,送海关核销。

三、出口合同的保管

(一) 出口合同的保管

1. 执行完毕的合同

合同执行完毕,业务部门保存一年后,外销员需将所有资料交经理办公室存档。主要包括:

(1)合同正本及附属协议;(2)信用证副本及其修改;(3)发票副本;(4)提单副本;(5)海运委托书;(6)八联单;(7)装箱单;(8)进口报关单;(9)出口报关单;(10)往来函电。

2. 部分发货不再执行的合同

若合同执行了一部分,剩余的不再发货,外销员除需保存上述材料外,还需保存客户的变更单,一并存档。

3. 合同撤约

若合同撤约,外销员需将《撤约申请单》连同合同正本一并归档。

(二) 进口合同的保管:

1. 执行完毕的合同

合同执行完毕,业务部门保存一年后,外销员需将所有资料交经理办公室归档。

2. 部分发货不再执行的合同

若合同执行了一部分,剩余的部分不再发货,外销员除保存上述材料外,还需保存变更通知单,连同对余料的处理意见,一并归档。

3. 合同撤约

若合同撤约,外销员需将《撤约申请单》连同合同正本一并归档。

《进出口合同审核细则》

进出口合同是买卖双方贸易愿望的文字体现,也是卖方为满足客户需要的书面承诺。因此,合同条款、内容、文字必须完整、规范、无误,并合乎法律、国际贸易惯例和双方要求,经双方确认后,方可生效。合同规范语言为英语或其他国家的文字。语言表达应准确。进出口合同的审核是对外贸易业务中非常重要的一环。为保证公司进出口业务的顺利开展,减少合同执行中的误解和摩擦,特制订本细则。

一、进出口合同的内容

（一）出口合同内容

1.客户名称;2.合同号;3.签约日期;4.签约地点;5.品名;6.数量;7.单价;8.成交总金额;9.价格条款;10.付款方式;11.商品编码;12.装运期;14.包装及辅料要求;15.保险;16.索赔;17.不可抗力条款。

根据不同地区的情况,合同还应注明服装的规格、尺码、签约双方国别、地区、地址电话号码、E-mail 地址或双方约定的其他联系方式。

自营出口合同必须注明详细的面料名称、成分。

进料、来料加工的进口合同必须注明面辅料名称、成分、规格、数量、单价、价格条款、进口总值、生产国别、装运期、付款方式、用料率,配额品种必须注明配额号。

（二）进口合同内容

1.客户名称;2.合同号;3.签约日期;4.签约地点;5.品名;6.规格;7.数量;8.单价及价格条款;9.总值;10.生产国别;11.装船期限;12.到货口岸;13.包装;14.装船唛头;15.付款方式。

二、签订进出口合同的基本原则

1. 选择的客户必须资信好、有履行合同的能力。

2. 客户名称应使用客户在所在地正式注册的名称。如英文有多种译法,应明确只使用约定的一种,防止因译名出现偏差而产生纠纷。

3. 出口合同必须使用公司统一的合同纸,经确认的订单必须制成合同,合同书应打字或印制,除出国外,不得手写。

4. 每年 12 月,企划部统一编制下一年度合同号。

5. 业务部需保存双方谈判记录或往来函电记录。

6. 合同经双方法定代表人或授权人签字或盖章后生效。合同一经签字盖章即生效,不得修改。如必须修改,需经合同双方重新确认。

7. 若一笔合同包括多种商品,必须注明每种商品的详细规格。

8. 合同中品名的外文名称应准确、一致、无误。如需要以其他文字表示或佐证的,应加以注明。

9. 为防止双方对品名产生误解,必要时,注明中英(外)文对照或双方确认的其他形式。

10. 如接到客户所取样本的要求,应确认品名、成分、纱支、数量、寄送要求等,选择有代表性的且与以后交货一致的样品,做好样品登记,留部分底样备查;同时给客户发出寄样通知,客

户同意后,依据样品签订合同。

11. 合同中数量应使用法定单位(如吨、千克)及双方约定的符合法律规定或国际贸易惯例的其他度量单位,如件、打、码、套等。

12. 合同中商品规格应完整、明确,符合商品属性、性能及国际贸易惯例,注明商品适用标准。

13. 对无明确国内、国际规格或标准的商品,合同双方应规定一致的看货、装货和验货标准,并由双方以文字确认。

14. 支付条款是合同的关键内容之一。本条款应严格遵照国际贸易惯例、公司各项规定和双方确认的其他方法,不得自行规定付款方式。

15. 合同中价格条款应注明货币名称、单位。金额必须注明大写和小写。

16. 合同中装货期应明确、合理。除特殊商品、特殊要求外,一般不要规定很严、难于做到(如某日装船)的条款。

17. 对进出口合同涉及的佣金、暗扣等条款,公司实行分级管理原则。除5%以下佣金由部门经理审核批准外,超过5%的佣金或采用回扣、暗扣形式支付的佣金,一律由副总经理审批。付佣协议为合同不可分割的一部分,经双方签字后生效。

18. 如合同在执行过程中产生纠纷,原则上选择中国国际经济贸易仲裁委员会为仲裁单位。

三、进出口合同的审批和评审

(一)出口合同的审批和评审

A. 信用证付款条件下合同:

a类:合同金额在30万美元(不含30万美元)以下,由部门经理审批;

b类:合同金额在30万~60万美元(不含60万美元),由公司副总经理审批;

c类:合同金额在60万美元(60万美公司元)以上,由总经理审批。

客人要求远期付款的信用证,合同签订前,外销员必须填写《远期信用证审批表》,经部门经理或主管副总经理或总经理批准后方可执行。

B. D/P付款条件下合同:

对资信不可靠的客户,必须投保信用险,并由公司副总经理审批。

C. D/A付款条件下合同:

所有D/A均由总经理审批。

D. T/T付款条件下合同:

a. 客户必须至少预付合同总金额的15%,业务部收到预付款后,方可安排面料生产,特殊原因做不到,需经理审批。

b. 客户付清全部货款后,业务部方可发货,特殊情况做不到,由总经理审批。

c. 对资信不可靠的客户,必须投信用险,由总经理审批。

d. 所有T/T付款合同均需总经理审批。

E. 其他付款条件合同均需总经理审批。

(二)进口合同的审批和评审

A. 信用证付款条件下合同:

a类:合同金额在20万美元(不含20万美元)以下,由部门经理审批;

b类:合同金额在20万~50万美元(不含50万美元),由公司副总经理审批;

c类：合同金额在50万美元（50万美公司元）以上，由总经理审批。

B. 其他付款条件合同均需总经理审批。

（三）审批和评审原则

1. 公司依据合同金额（按美元折算）大小和不同的付款方式，实行分级管理，业务员须按公司授权范围签订合同，不得越权。

2. 外销员根据谈判结果，在计算机中输入合同，填写《合同评审记录表》，并按评审权限逐级审批。公司就合同草案进行审批，由参加评审的人员、审批领导或授权人在《合同评审记录表》上会签。（只限信用证付款条件合同和D/P付款合同）。

3. 评审内容。合同内容与客户要求是否一致；各项内容是否都已形成书面文件；公司是否有能力履行合同。

4. 合同评审后未能通过，须由业务部与客户重新洽商合同条款，待双方达成一致意见后，重新评审。合同评审合格后，方可对外表示"接受"或"签约"。

5. 所有合同评审合格和授权审批后，业务部记入《出口合同进程登记表》或《自营进口合同进程登记表》。

《申领出口配额许可证工作程序》

经贸委每年分别为我司下达美国、加拿大和欧盟地区纺织品出口配额，业务部按照业务需要分别申请当年的纺配许可证。

一、公司内部申办程序：

1. 由业务部室缮制纺配许可证申请单，并附相应合同。

1) 申请单须填写内容：

a.出口人名称、地址；b.收货人名称、地址；c.配额年度；d.配额类别号；e.我司出口发票号码（可以不填）；f.出口商品名称、面料成分；j.我司出口合同号；h.包装方式及唛头；i.出口数量、重量、单价及金额。

2) 申请单填写要求：

a.申请单须是打印机或打字机打印的正本，不得使用传真件，不得复印，不得手填。

b.申请单要清晰整洁，不得涂改。

c.申请单须注明申请人。

3) 合同内容要求：

a. 合同上的出口商品类别应同申请单上的申请类别相符。

b. 合同应有双方经理签字并加盖我司公章。

c. 合同应在有效期内。

2. 业务部向企划部配送组送交申请单和合同，由配额组人员根据业务员的申请单缮制有关许可证。

1) 配额许可证缮制内容及要求：

a.出口人代码名称及地址；b.收货人名称及地址；c.许可证号码；d.协议年度；e.纺配类别号；f.发票号码；g.装运地、装运期及目的地；h.商品名称、包装挂件及唛头；i.出口数量、重量、单价及出口总值；j.出口厂家代码；

以上内容须按经贸委编制的程序缮制，不得复印、涂改。

2) 缮制出的配额许可证需向经贸委抽报其相应数据。

3) 纺织品配额发送清单内容要求：

发送清单上须注明企业名称、发送人姓名、发送日期、发送时间、发送份数、许可证的国别、许可证的类别、许可证号码。

3. 撤销许可证要求。撤销许可证，必须将许可证的正本和撤销许可证联系单送交经贸委。联系单上要注明类号、许可证号、品名、数量、单价、金额、客户名称、撤证原因，由业务员、业务科长、部门经理、主管副总经理一次签字，并加盖我司公章。

4. 配额组将缮制好的许可证和拟撤销的许可证送交市经贸委审批。

二、经贸委办证要求

1. 办理正常许可证

经贸委正常办理许可证时间为三个工作日，即星期一送达、星期四取回，以此类推。公司办证在这个基础上加半个工作日缮制和办理许可证时间。因经贸委只在上午对外办公，所以业务部应在当日下午十五时前送交许可证申请单，以便有时间缮制许可证。

2. 办理急证

经贸委要求急证时间为一个工作日，即星期一送达、星期二取回，并需要提供有关的箱单、信用证、合同及办理急证的说明。

《信用证审核细则》

为确保合同顺利进行，满足客户开立的信用证各项要求，特制定本细则。在接受客户开立的信用证前，有关人员要审核信用证条款。在审核信用证时，严格执行以下规定：

一、审核原则

以《跟单信用证统一惯例国际商会第 500 号》(《UCP500》)为依据，做到单证相符、单单相符。发现信用证条款与合同规定不一致时，如我方不能接受，应立即要求开立人改证。

二、银行信誉保证：选择信誉好的银行作为开证行和议付行。

三、主要审定内容

（一）报运部审核内容

1. 信用证

1) 信用证形式：如不可撤销、不可分割、可转让等；2) 信用证号码和开证日期；3) 受益人；4) 开证申请人；5) 信用证金额：币种及金额大、小写是否一致；6) 有效期。

2. 汇票

1) 出票人；2) 付款人；3) 收款人；4) 汇票期限；5) 出票条款；6) 出票日期。

3. 货运单据

1) 商业发票；2) 运输单据；3) 保险单据；4) 其他单据：商检证、许可证、产地证、装箱单、客检证等。

4. 关于运输

1) 装运港或起运地；2) 卸货港或目的地；3) 装运日期；4) 可否分批装运；5) 可否转运；6) 运输方式。

5. 其他事项

1) 开证行对议付行的指示条款：开证行对付款责任的书面承诺；A.议付金额背书条款；B.

索汇方法;C.寄单方法。

2) 开证行负责条款:开证行对付款责任的书面承诺;

3) 开证行的名称及签字;

4) 其他特别条款;

5) 适用《UCP500》的申明。

(二) 外销员审核内容

1. 信用证

1) 信用证内容:与合同一致,发现不一致时,如我方不能接受,应立即要求开立人改证并通知报运部;2)信用证形式:如不可撤消、不可分割、可转让等;3)信用证号码和开证日期;4)受益人;5)开证申请人;6)信用证金额:币种及金额大、小写是否一致;7)有效期。

2. 汇票

1) 出票人;2)付款人;3)收款人;4)汇款期限;5)出票条款;6)出票日期。

3. 货运单据

1) 商业发票;2)运输单据;3)保险单据;4)其他单据:商检证、许可证、产地证、装箱单、客检证等。

4. 关于运输

1) 装运港或起运地;2)卸货港或目的地;3)装运日期;4)可否分批装运;5)可否转运;6)运输方式。

5. 其他事项

1) 寄单方法;2)其他特别条款;3)适用《UCP500》的申明。

6. 关于商品

1) 商品的说明:名称、规格、成份、纱支等;2)数量:注意单位和总量;3)价格条件、单价、总值;4)包装及唛头。

四、审核方法

1) 逐字、逐标点符号审核,注意所要求的单证种类、名称、正副本数量、有效期和装运期的间隔能否满足出单时间的需要、溢短装条款等。

2) 对特殊条款要严格注意,如制定船藉、船龄、船级、船公司、不准在某港停靠、悬挂某种旗帜等,应认真研究有关国际国内法律法规,不能轻易接受。

五、对信用证中出现某些不能接受的条款,需要求开立人通过开证改证,直到修改内容我方可以接受为止,但为节省金钱和时间,对需修改的内容应周密考虑,尽量一次性提出。

六、审证人员需填写《信用证审证记录表》,提出接受或要求修改的书面意见。

七、审证人员应在两个工作日内完成审核工作。

附录2 关于 ISO 9001 标准的实施

案例1　ISO 9001 标准的实施(一)

某厂在组织机构设置上有进出口贸易部,其主要职责是从国外购进某种纺织原料,更换包装后在国内出售,即 OEM 方式操作。但是工厂申请认证范围时不包括进出口贸易部。审核员在查看工厂质量管理体系覆盖的产品范围时,却看到这几种 OEM 方式的产品也列在产品目录中。

审核员问:"为什么质量管理体系的范围不包括进出口贸易部?"质管部长回答:"进出口贸易部的几个人工作很难推动,于是我们只好把他们排除在体系之外,以免审核时出问题。"

【案例分析】 组织对过程的删减应以不影响组织提供满足顾客和适用法律法规要求的产品的能力或责任的要求为前提,而本案中很明显,进出口贸易部的工作直接与产品质量有关,因此不能从组织的质量管理体系中删减。

【违反条款】 本案违反了标准条款"4 组织的背景环境",包括"4.1 理解组织及其背景环境""4.2 确定质量管理体系的范围""4.3 确定质量管理体系范围"。

【常见问题】 未对标准的"组织的背景环境"条款给予应有的关注,只考虑标准其他条款的具体内容,致使体系出现不协调或顾此失彼的现象;未按照本条款体现的过程方法、管理的系统方法以及 PDCA 循环的思路指导质量管理体系的建立和运行。

【应对措施】 重新确定质量管理体系需要的过程,检查有无删减的过程的理由及合理性,控制过程的输入和输出及与内外部顾客的关系,按照 PDCA 模式指导质量管理体系的具体运行,促进每个过程的改进活动,增强企业质量管理体系的总体自我完善能力。

案例 2　ISO 9001 标准的实施(二)

某厂市场部的职责之一是负责与顾客沟通。审核员在审查市场部时询问市场部经理:"你们部门的工作目标是什么?"市场部经理说:"我们主要以销售人员的销售业绩作为主要的考核目标。因为现在市场竞争太激烈,我们采取末位淘汰制,如果销售业绩不好就只好下岗。"

【案例分析】 根据标准的要求,我们的企业要成为顾客导向型的企业,就必须不断收集顾客和过程反映的数据和信息并加以应用,引导持续改进,才能始终满足顾客要求。但是仅以员工的销售业绩考核员工,把销售业绩与员工收入甚至是否下岗挂钩,员工对于顾客的服务目的仅仅在于成交多少钱,而成交又意味着顾客的付出,这就使买卖双方站在对立的立场上。应该以顾客的满意程度作为员工的考核依据,这样双方关注的焦点都是"顾客满意",利益一致可以使双方变得更亲近,提供的产品和服务就更能发自内心,在使顾客满意的同时也增加企业的收益。

【违反条款】 本案违反了标准条款"5.1.2 针对顾客需求和期望的领导作用与承诺""8.2.4 顾客沟通"。

【常见问题】 有些组织只将"顾客第一"作为口号,流于形式,缺乏一套以顾客为焦点的切实可行的运作体系;组织未确定并实施与顾客沟通的有效安排,造成与顾客沟通不力,致使顾客抱怨增多。

【应对措施】 将"以顾客为关注焦点"作为组织的经营理念,并通过一系列过程,将以"顾客为关注焦点"落实到实处,对顾客是否已满足其要求的感受、信息进行全方位的监视,特别要获取和利用那些顾客不满意的感受、信息;与顾客的沟通应贯穿于产品实现的全过程中所有与顾客有关的事项,这种沟通应该是双向的,企业要主动地与顾客进行多种渠道地沟通,确保销售合同的履行,提高顾客的满意程度。

附录 3　关于 ISO 9000 族质量管理体系的审核

案例 3　质量管理体系的审核(一)

某纺织企业经技术监督局备案的《企业产品标准》规定 A 类面料产品的吸光度值为 0.4 以

下,但是为了严格控制质量,企业还编制了《内控标准》,其中规定的吸光度值为 0.04。对企业进行内部审核时,审核员问检验室主任:"如果吸光度实测值为 0.1,产品是否合格?"检验室主任回答:"当然合格,因为我们的产品是按企业产品标准的规定值出厂的。"审核员又问:"如果产品指标低于内控标准,你们还采取什么纠正措施吗?"检验室主任认为不需要。审核员再问:"那么内控标准有什么用呢?"检验室主任:"为了严格控制质量。"

【案例分析】 如果企业对外宣传称产品按企业标准出厂的,上述吸光度值为 0.1 的产品为合格产品。但是,如果按照内控标准要求,这就属于不合格产品。内控标准言语企业标准是值得肯定的,但如果用内控标准来控制产品质量,就应该对吸光度值大于内控标准的产品进行返工以达到内控标准要求,这样才能真正达到内控标准的本意。

【违反条款】 按照内控标准的要求,本案违反了标准"8.8 不合格品产品和服务"的要求。

【常见问题】 未对标准的"8.8 不合格品产品和服务"条款给予应有的认识,仅仅是建立了高的内控标准,而没有按照本条款体现的过程方法、形成的文件程序进行具体的执行。同时可以看到企业标准和内控标准的差异较大,执行过程中致使体系出现不协调的现象。

【应对措施】 首先应结合企业和市场具体的实际情况确定企业标准和内控标准,对已经建立的质量管理体系中相关工作和运行程序必须认真执行,应当增强企业质量管理体系的自我完善能力和自我约束能力。

案例 4　质量管理体系的审核(二)

某丝绸厂在生产过程中,按工艺要求,桑蚕丝原料需要进行浸渍工艺的处理,其中需要各种浸渍助剂。不过,浸渍助剂已经有按配方配置好的成品,车间工人只要领取后再按比例加水形成浸渍液就可以使用。但是,由于这是一项人工操作的工序,工人的技术水平不同,浸渍助剂的用量也会不同,有些甚至浪费或未按工艺要求的比例进行操作,结果不仅造成该工序产品质量不稳定,还会影响后面的络丝、并丝、捻丝、织造等各工序的顺利进行,以及导致最终产品质量下降。为此,检验科在《纠正和预防措施处理单》中制定的纠正措施:"在《浸渍液使用管理规定》中增加一条规定:质检员不定时、不定位对使用中的浸渍液进行含水量的检测。"

【案例分析】 "不定时、不定位"进行检测的纠正措施,实际上没有可控制的操作性。因为 1 天检一次,3 天检一次都可以,无法保证对所有有关的工位都进行检查。既然发生了影响产品质量的现象,为杜绝此类现象的再次发生,就应该对检测的时间和工位数量进行量化,按严格的规定执行,保证对所有与此类有关的工位进行检测,以保证产品质量。

【违反条款】 本案违反标准"10.1 不符合与纠正措施,10.2 改进"的规定。

【常见问题】 生产企业在制定质量管理体系时是花了大量的精力和人力,在体系建立完成后可能会随着问题的出现不断进行改进和完善,但在完善的过程中也需要对体系中的标准要求的细化进行了解,达到可执行的目的。因为增加的项目其实都是需要人来完成的。企业常在没有增加人员的情况下制定这样的检测规定。

【应对措施】 在质量管理体系"10.1 纠正措施,10.2 改进"被明确必须形成文件的程序和建立并保持记录,而程序文件的可操作性和记录的过程是和实际的效用是紧密联系在一起的。既然保持记录就必须通过定时和量化的手段进行测试,测试的数据才能表达纠正措施的效果。

思考题：

1. 简述质量管理体系建立与运行的过程，其中包括哪些内容？
2. 如何确定质量管理体系中的质量方针和质量目标？
3. 阐述质量管理体系文件的构成和编制质量管理体系文件的原则。
4. 简述内部审核的作用和步骤。
5. 如何理解管理评审？管理评审的输入和输出内容有哪些？
6. 何谓认证与认可？认证的分类如何？
7. 八种认证模式的特点与构成要素是什么？
8. 获得 ISO 9000 认证的条件有哪些？
9. 质量管理体系认证的程序是怎样的？
10. 产品质量认证的工作流程是怎样的？
11. 阐述产品质量认证与质量管理体系认证的区别。
12. 程序文件和作业文件有什么不同？
13. 如何理解标准的合理删减？
14. 阐述我国的认证制度总体构架。
15. 简述强制性产品认证。
16. 简述质量计划的概念和特点。

参考文献

[1] [美]约瑟夫·M. 朱兰(Josepf M. Juran). 朱兰质量手册(第六版)[M]. 北京：中国人民大学出版社，2014.
[2] 张公绪，孙静. 质量工程师手册[M]. 北京：企业管理出版社，2005.
[3] 廖永平. 工业企业质量管理[M]. 北京：北京工业大学出版社，2001.
[4] 万志琴，宋惠景，张小良. 服装品质管理[M]. 北京：中国纺织出版社，2001.
[5] 张兆麟. 纺织品质管理手册[M]. 北京：中国纺织出版社，2005.
[6] 刘广第. 质量管理学(第三版)[M]. 北京：清华大学出版社，2018.
[7] 李锋，朱仲华. 质量工具简单讲[M]. 广州：广东经济出版社，2009.
[8] 李南筑. 丝绸企业技术管理[M]. 南京：东南大学出版社，1992.
[9] 常振江. 概率方法在纺织产品质量检验中的应用[J]. 数理统计与管理，2003(5)：41-43.
[10] 秦静，方志耕，关叶青. 质量管理学[M]. 北京：科学出版社，2005.
[11] 吴伟建，祝宝一，祝天敏. ISO 9000：2000认证通用教程(第二版)[M]. 北京：机械工业出版社，2004.
[12] 郝凤，王毓芳. 质量管理体系文件编写与运行参考[M]. 北京：中国计量出版社，2002.
[13] 李亨. 质量管理体系内部审核及案例[M]. 北京：中国计量出版社，2002.
[14] 袁建国，秦士嘉，周尊英. 抽样检验原理与应用[M]. 北京：中国计量出版社，2002.
[15] 尤建新，邵鲁宁，武小军，等. 质量管理理论与方法[M]. 大连：东北财经大学出版社，2009.
[16] 韩福荣. 现代质量管理学(第四版)[M]. 北京：机械工业出版社，2018.
[17] 梁工谦，刘德智，陈洪根. 质量管理学(第三版)[M]. 北京：中国人民大学出版社，2018.
[18] 马风才，谷炜. 质量管理(第三版)[M]. 北京：机械工业出版社，2017.
[19] 宋明顺. 质量管理学(第三版)[M]. 北京：科学出版社，2017.